中国经济文库

理论经济学精品系列（二）

河北省社会科学重要学术著作出版资助项目

当代中国公共经济与民间经济关系优化研究

Study on Optimizing the Relationship Between Public Economy and Private Economy in Contemporary China

王彦林◎著

北 京

图书在版编目（CIP）数据

当代中国公共经济与民间经济关系优化研究／王彦林著．
北京：中国经济出版社，2013.12（2024.1 重印）
ISBN 978－7－5136－2636－1

Ⅰ.①当… Ⅱ.①王… Ⅲ.①中国经济—公共经济学—经济关系—研究
②中国经济—经济关系—研究 Ⅳ.①F12

中国版本图书馆 CIP 数据核字（2013）第 137697 号

责任编辑 贾轶杰
责任审读 贺 静
责任印制 马小宾
封面设计 华子图文

出版发行 中国经济出版社
印 刷 者 三河市同力彩印有限公司
经 销 者 各地新华书店
开　　本 710mm×1000mm 1/16
印　　张 16.5
字　　数 224 千字
版　　次 2013 年 12 月第 1 版
印　　次 2024 年 1 月第 2 次
书　　号 ISBN 978－7－5136－2636－1/F·9534
定　　价 59.00 元

广告经营许可证 京西工商广字第 8179 号

中国经济出版社 **网址** www.economyph.com **社址** 北京市东城区安定门外大街 58 号 **邮编** 100011
本版图书如存在印装质量问题，请与本社销售中心联系调换（联系电话：010－57512564）

序　言

经过改革开放以来的快速发展，中国已经成长为世界第二大经济体和中等收入国家，但仍处于经济社会深刻变革的历史转型期。这一阶段既存在着实现社会全面发展的战略机遇，又面临深层矛盾与问题凸显的各种难题。中国能不能在这一时期“鱼跃龙门”、避免堕入“中等收入陷阱”，取决于各种因素的合力，其中实施正确的经济发展战略和不失时机地全面深化改革是决定性的因素。所谓正确的经济发展战略，自然包括正确处理公共经济和民间经济的关系，使之和谐互动，这同时也是经济体制改革所要解决的重要问题。为此，就要求我们深入研究和解决公共经济、民间经济的现存问题，努力协调、优化二者关系，推动中国经济沿着科学发展的轨道前进。由中国经济出版社出版的这本专著——《当代中国公共经济与民间经济关系优化研究》，是王彦林同志对该问题深入探索、系统研究的重要成果。

观察当今我国经济实践，不难发现，公共经济缺位、越位、错位问题的凸显阻碍着中国经济的深层改革和发展；而民间经济发展则面临着诸多来自外部和其自身的约束因素；民间经济与公共经济之间存在着直接的和间接的、宏观的和微观的、深层的和浅层的、现存的和未来的矛盾与问题。本书从马克思主义的立场和观点出发，运用实证和规范的方法，考察和分析了当代中国公共经济与民间经济关系的现实状况、存在的问题及其原因，系统研究了当代中国公共经济、民间经济及其关系优化思路，提出了公共经济与民间经济关系优化的价值性目标，深化了公共经济、民间经济及其逻辑关系和历史演进的一般理论，创新性地从定位发展空间、完善经济调节机制、规范产权关系、营造和谐发展环境四个方面提出了优化我国公共经济和民间经济关系的具体路径和策略。

本书具有如下几个特点：一是系统性与精深性相结合。本书围绕我国现阶段公共经济、民间经济及其相互关系提出问题、分析问题、解决问题，论证涉及经济学、政治学、社会学、制度学及其交叉的相关知识领域，内容广泛、丰富，逻辑严密、清晰。同时，本书对问题的分析透彻、深入，不乏精到的见解，如对公共经济、民间经济及其关系的逻辑分析和历史分析等。二是创新性与基础性相结合。本书主要在以下三方面展示了其创新性：（1）提出了优化公共经济与民间经济关系的目标、原则、内容、机制及评价理论，初步构建了二者关系优化的理论分析框架；（2）系统论证了优化公共经济与民间经济关系的“四路径”理论；（3）提出了优化公共经济与民间经济关系的具有可操作性的具体对策。本书对公共经济、民间经济二者含义、特征、功能、关系、历史演进以及对我国现阶段存在问题和原因的分析，则体现了其对基础理论的一般性研究。三是理论性与实践性相结合。本书推动了我国关于公共经济与民间经济关系的理论研究，是关于该课题的一项理论成果，同时也是从我国现阶段公共经济、民间经济实践出发提出的一项政策研究成果。书中对优化公共经济与民间经济关系的具体策略的论述，为经济发展与改革提供了一种可供借鉴的思路和方法，具有实践指导意义和决策参考价值。

我国关于公共经济与民间经济关系优化问题的研究起步较晚，不仅研究成果不足，系统研究更为鲜见，极大落后于改革实践的需要。本书从理论和实践相结合的角度进行了系统研究，颇富特色、很有新意，具有明显的学术价值和实践意义。尽管本书也存在一些值得推敲的地方，需要进一步完善，但不失为一部具有探索性、创新性的好著作。

希望王彦林同志在公共经济理论研究方面更为深入、更为系统，围绕构建中国特色的公共经济体系和公共经济学理论体系的重大问题多出优秀成果，为实现中华民族伟大复兴的中国梦做出不愧于时代的贡献。

2013 年 11 月 15 日于北京

目 录

第一章　绪　论

21世纪，世界新经济发展呈现出加速性、带动性特征，社会经济诸要素之间互动性、协调性的要求进一步加强，但引起经济周期性波动的因素仍然广泛存在。拉动经济增长、推动社会发展应更加注重社会经济各部分之间的关系调适。在中国经济发展的现阶段，优化公共经济与民间经济的关系，是转变经济发展方式、实现包容性增长和促使经济持续、快速、健康发展的基本路径。

近年，我国对于公共经济、民间经济的研究日益加强并取得了相当丰富的理论成果。但是研究者大多是在公共经济或民间经济各自的系统中加以研究，而很少把公共经济与民间经济的关系离析出来单独加以研究，因而在统筹和协调国民经济的公共部分和民间部分时就缺乏较为明确、科学的理论依据，这使得经济建设实践的某些方面陷入了一定的盲目性。本书尝试从理论和技术层面把公共经济与民间经济联袂组合在一起，作为一个独立的理论体系予以构建性的主题探讨，试图形成一个公共经济与民间经济关系优化的理论体系，并以此推进对这一关系问题的理论研究和实践探索。

一、问题的提出

当代中国正处于经济高速增长并逐步转型升级阶段，公共经济、民间经济范畴及其所涉及的许多问题开始大量涌现出来，“以人为本，全面、协调、可持续”发展的要求更加迫切。公共经济的改革与发展、民间经济的调整与繁荣以及二者关系的协调与优化，正成为中国社会经济的一个非常重要、极其关键的新课题。

（一）中国经济的深层发展与公共经济难题的凸显

新中国成立后，在无产阶级专制下，我国建立了“全国一盘棋”的计划经济体制。经过国民经济恢复和社会主义改造，生产资料公有制在国民经济中开始居于绝对主体地位。在这样的社会条件下，我国经济迅速发展，虽然几经挫折，尤其是十年“文革”动乱，但到1978年还是成功地构造了相对独立、比较完整的工业体系和国民经济体系。

1978年我国开始被称作“第二次革命”[①] 的改革开放。它是在坚持四项基本原则的基础上，调整我国上层建筑和生产关系中不适应生产力的部分和环节，是社会主义制度的自我完善和自我发展，其目的“就是扫除发展社会生产力的障碍”[②]。改革主要从两个层面上展开。第一个层面是经济体制从传统的计划经济转向市场经济，这是个根本性转变，它是通过渐进式改革路径实现的。这一改革路径可以分为两条轨道：一条是在政府扶持下改革国有企业的运行轨道，在改革进程中维持传统体制主要受益者的利益，以保持转轨中经济运行的连续性；另一条是市场机制的发生、发展和运行的轨道。这两条轨道相互配合、相互支持——在国有经济更具活力的同时，市场经济机制下的一些新的经济成分在国有经济的边缘迅速崛起，这才使我国的经济改革在存量和增量两个方面产生了如此巨大的效应。第二个层面是在政治体制方面，在保持社会主义制度的前提下使传统的社会主义制度更加丰富和进步，既强调了继承性和稳定性，又强调了改革的创新性和后继性。政治体制改革是在经济改革的相关环节上进行的，相对于经济改革而言，它显得有些滞后。经济改革和政治改革的相互配合、共同推进是我国改革的典型特点。

在这两个改革层面上，我们取得了巨大成果——在政治稳定、政策创

①邓小平文选（第3卷）［M］．北京：人民出版社，1993：113.

②邓小平文选（第3卷）［M］．北京：人民出版社，1993：134.

新的基础上，基本上建立了独立的、比较完整的、有相当规模和较高技术水平的现代工业体系，实现了由工业化起步阶段到工业化初级阶段、再到工业化中期阶段的历史大跨越，推动我国从一个物资极度匮乏、产业百废待兴的国家发展成为世界经济发展引擎、全球的制造基地，并成为世界第二大经济体，可以说创造了人类社会发展史上的一个奇迹。仅以国内生产总值（GDP）指标看，1978 年中国的 GDP 按照当时汇价计算只有约 1350 亿美元，人均国内生产总值约 140 美元，是当时世界上最穷的国家之一。2012 年中国的 GDP 达到约 82622 亿美元，人均 GDP 约 6100 美元，34 年分别翻了约 61 倍、43.6 倍，中国经济 34 年来年均增长约 9.6%。“中国只花了一代人的时间完成了西方国家或者说某些发展中国家花两代人、三代人才能完成的现代化进程，压缩式地浓缩在这个过程之中，使得我们既发展得很快，又发展得极不平衡，各类矛盾也非常凸显。”①

但是，站在新的历史起点审视我国改革所走过的道路、面临的问题和展望未来的发展前景，我们应当看到道路是曲折的、面临的问题是不容乐观的、未来的前景是值得期待的。正如党的十八大报告所指出的，我国经济社会发展的“前进道路上还有不少困难和问题。主要是：发展中不平衡、不协调、不可持续问题依然突出，科技创新能力不强，产业结构不合理，农业基础依然薄弱，资源环境约束加剧，制约科学发展的体制机制障碍较多，深化改革开放和转变经济发展方式任务艰巨；城乡区域发展差距和居民收入分配差距依然较大；社会矛盾明显增多，教育、就业、社会保障、医疗、住房、生态环境、食品药品安全、安全生产、社会治安、执法司法等关系群众切身利益的问题较多，部分群众生活比较困难……”②

一方面，这些矛盾和问题是在经济和社会发展过程中出现的，是经济、社会中各部分、各环节之间不协调的产物；另一方面，这些矛盾和问题的解决则需要从公共经济学的视角，注重公共经济的作用，科学、适度地收

①胡鞍钢．科学发展观与中国之路［OL］．http：//news.tsinghua.edu.cn/new/readnews.php？id＝20228.

②胡锦涛．坚定不移沿着中国特色社会主义道路前进　为全面建成小康社会而奋斗［N］．人民日报，2012－11－18.

放政府职能，加强政府调控的有效性。韩康教授甚至说“中国继续前进需要研究解决的几乎所有问题和矛盾，都同公共经济有关”[①]。

的确，在中国当前国情条件下，改革和发展公共经济对于解决当前我国各个层次、环节的矛盾和问题都具有直接或间接的意义和作用。这主要是因为公共经济的强大有利于提高宏观调控的力度和效果。公共经济的某些表现形式其本身就是宏观调控的工具和手段，从而构成宏观调控的物质基础，如作为公共经济重要表现形式的财政收支的总量与结构对于调节经济发展、解决公共问题、发展社会事业都具有重要意义。

（二）民间经济进一步发展遭遇众多约束因素

三十多年来的改革实践充分证明，放开、搞活、做大、提高民间经济对于壮大我国国民经济具有根本性的决定意义。单就民间经济中的民营部分而言，它已成为我国“经济结构中最活跃、最积极、最具竞争力的经济成分”[②]，它与国有经济中的民间经济部分共同构成国民经济的重要组成部分，有力地支持了国民经济的持续、快速、健康增长，促进了所有制结构和产业结构的调整和优化，成为拉动经济增长、调整经济结构、启动民间投资和拓宽就业渠道的主要力量。然而，随着我国社会经济发展和改革开放的逐步深化和扩展，民间经济的进一步发展遇到了众多环境约束和自身实力的挑战。

民间经济内部各种经济成分面临不公平的竞争环境。当代中国，市场机制调节下的各种民间经济成分，在所有制上有国有经济、集体经济、个体经济、私营经济和“三资”经济以及各种混合所有制经济形式。其中作为公有制两种形式的国有经济和集体经济，尤其是国有经济，由于制度安排、路径依赖、现有实力等原因，在市场竞争和政府调控中常具有其他经济成分无法比拟的优越性。而其他民间经济成分则在不同方面面临制度约

①韩　康．中国公共经济的改革与发展——中国公共经济研究报告 2009［M］．北京：经济科学出版社，2009：1．

②汪段泳．民营经济论文精品选·总序［C］．北京：北京大学出版社，2007：1．

束和自身实力的不足。现阶段，我国民营经济在市场准入方面仍然存在着很大的政策差异。尽管经过三次宪法修改（1988 年、1999 年和 2004 年），民营经济在国家中的地位、作用和权利得到不断确认，又有国务院关于非公有制经济发展的“新旧 36 条”[①]，但由于思想上、体制上、自身条件上的限制，民营经济仍然很难得到事实上的市场公平。另外，由于没有程序规定，也就缺乏透明度，往往由领导批准个别企业进入尚未开放的领域，从而造成即使是民营企业之间也存在不平等待遇。概括起来，民间经济（主要是民营经济）这方面问题主要有：一些部门的行业垄断和歧视性准入政策依然存在；一些领域体制性障碍导致的“玻璃门”、“弹簧门”现象难以解决；行政审批环节繁多；企业自身竞争力有限而融资困难；存在较多道德风险问题和产权结构制约问题，等等。

民间经济发展诸多约束因素的解放，需要突破旧的思想观念的限制，以发展民营经济为战略和政策基点，确立人们对民营经济是经济增长主力、社会主义市场经济的主要成分定位的新意识，逐步消除民营经济只是“边缘经济”、“小狗经济”、“草根经济”的错误看法；要放开投资领域准入限制，对行政垄断行业、行政审批制度、市场准入制度加以改革和完善；不断完善和调整民营经济融资体系，支持民营经济拓宽直接和间接融资渠道；建立发展民营经济所需要的社会化服务支持体系。显然，民间经济的发展需要调整好与公共经济的关系。

（三）发展国民经济需要优化公共经济和民间经济的关系

我国社会发展的主要矛盾是人民群众日益增长的物质文化生活需要与社会产品供给的相对短缺之间的矛盾，如何解决这一矛盾在很长一段时期内仍是我国社会经济改革发展面临的主要问题。解决这一矛盾当然需要从两方面着手：一是要积极发展民间经济，凭借其拉动经济增长的本源性作

①“旧 36 条”是指《国务院关于鼓励支持和引导个体私营等非公有制经济发展的若干意见》（国发〔2005〕3 号）；“新 36 条”是指《国务院关于鼓励和引导民间投资健康发展的若干意见》（国发〔2010〕13 号）。

用及其范围广、灵活性强等特点在更大程度上满足人民的个人需要；二是政府要积极改善公共物品供给政策，进一步调整公共物品的供给结构和供给总量。

但如果更为深入地分析我国整体国民经济的各个方面和环节，可以发现单从民间经济或公共经济任何一方着手，国民经济都不足以全面、快速、可持续地发展，而必须把二者结合起来、统一起来，作为一个既相互对立又彼此统一的矛盾体来看待。我国现阶段公共经济、民间经济以及二者之间的现实关系中存在着诸如公共经济失位、民间经济环境约束以及二者的失衡等问题，这就需要界定公共经济与民间经济的边界，分析当代中国公共经济与民间经济关系的现实状况及问题，优化公共经济与民间经济的关系，通过多种具体可行的优化路径和策略，实现经济发展方式的转型和国民经济的整体发展。

二、研究意义

现代公共经济学被西方经济学界称为“经济学的令人激动和富于挑战性的分支”①，所谓“令人激动”即是说公共经济学的研究对于社会经济发展的指导意义值得期待；所谓“富于挑战性”则是说公共经济学的研究还很不完备，处于初始阶段。这一论断对于我国现阶段的公共经济学研究及其应用的实际情况更为恰切。随着我国经济市场化和政治民主化进程的不断扩展和深入，对于公共经济以及与其对称的民间经济的研究已具有时代使命和历史价值。

1. 实践和理论意义

中国正面临大国崛起的历史性机遇，这将是莫大的历史巨变。这一巨变包含着众多经济、政治、文化、社会等因素的变革。经济转型、社会规则的优化是其中的关键环节。在经济转型中，公共经济的宏观导向与保障

①Brown. C. V. and P. M. Jackson. Public Sector Economics［M］. Oxford：Martin Robertson，1988：10.

作用举足轻重，民间经济的微观发育与增长意义重大，公共经济与民间经济关系的优化已成为我国经济建设中的一个重大实践问题。从实践上深入研究公共经济与民间经济的关系优化，使之上升为科学理论，对于我国的经济转型、社会变革，对于增益我国在该领域的研究成果，更为科学地指导实践具有重大的理论意义和深远的实践指导意义。

2. 创新性意义

公共经济与民间经济虽在不同历史时期、不同社会经济领域相互关联、主次有别、互有交错、动态变化，但在当代中国二者的界区应当是确切、可辨的。科学地界定二者的概念及其逻辑关系，梳理二者关系演进的历史进程，分析当代中国二者的现实问题及其成因，确立二者关系优化的目标、原则、内容、机制及其评价标准，在此基础上探索优化二者关系的现实路径及对策，这本身就是一种创新性研究。另外，在以往的研究中，多有政府调控机制与市场机制、公共物品供给与私人产品生产、公共经济的边界的相关论述，少有二者关系优化的深入研究，本书尝试从这一角度做整体、深入、系统研究。总之，处理好公共经济与民间经济的关系意义重大，而在现实上，公共经济与民间经济之间的失衡与错位则严重阻碍了国民经济的生长，因此研究二者的关系优化具有创新性意义。

3. 批判性意义

西方公共经济学理论以市场失灵、政府失灵和公共选择理论为理论基石，分析政府经济行为，它虽然反映了市场经济中某些普遍性、规律性的东西，是正确处理国家和社会、政府和市场关系的一些经验的理论总结，但从根本上说，它是站在资产阶级立场上，维护以私有制为基础、三权分立为特征的西方民主政治学说的。本书从所涉及的理论范围内，试图运用唯物辩证法和马克思主义经济学理论对西方公共经济学的相关内容加以批判。

另外，从我国已发表的与本命题相关的研究成果看，这一领域仍有“淘金”的可能和现实的理论生长点。

三、关于公共经济与民间经济关系的理论综述

国内外关于公共经济的理论脱胎于财政学，多镶嵌在公共部门活动、市场与政府关系、政府职能、公共物品供给等相关理论中，并由此形成了公共经济学理论体系。但关于公共经济与民间经济关系的优化问题则少见论及，因此，以下文献综述主要沿着公共经济学的发展脉络，试图梳理、抽象和概括公共经济与民间经济的相关理论。

（一）西方关于公共经济与民间经济关系的相关理论综述

以公共经济学历史发展为线索，公共经济与民间经济理论在经济学领域中的生长可分为四个阶段：17 世纪至 19 世纪后期为萌芽和开端阶段；19 世纪后期至 20 世纪初为成形和初步发展阶段；20 世纪 20 年代至 60 年代，为进一步发展和丰富阶段；20 世纪 70 年代至今为成熟和应用阶段。

1. 萌芽和开端阶段

在民间经济发育、发展的基础上，人们很早就注意到了公共物品的存在与作用。古希腊经济学家色诺芬在其《雅典的收入》一文中，从银矿业、奴隶买卖角度说明“怎样安排公共事务，使全体雅典人民可以借助于我们的公共资源来维持充裕的生计”①。色诺芬还多次使用过公共收入、公共事务、公共资源等公共经济概念。在柏拉图的《理想国》中，“哲学王统治”可以作两种意义上的理解：一种意义上可以理解为通过一个中央政府或计划者的集中决策来完全代替个人决策；另一种意义上可以理解为政府提供包括法律在内的公共物品和作为个人选择的必要的补充的集中决策。亚里士多德把国家看作是为实现“最高的善”社团，这种“最高的善”在现实社会中的物化形式就是公共利益。他认为教育应当是国家的，“教育事业应

①［古希腊］色诺芬．经济论雅典的收入［M］．张伯键，陆大年，译．北京：商务印书馆，1961：75.

该是公共的，而不是私人的。”① 他还注意到“公地悲剧”，“凡是属于多数人的公共事物常常是最少受人照顾的事物，人们关怀自己的所有，而忽视公共事物；对于公共的一切，他至多只留心到其中与他个人多少有些相关的事物。”②

公共部门的源起、作用、服务的范围和程度等问题最早是从哲学和政治学角度提出的。1657年英国学者托马斯·霍布斯在其《利维坦》中提出了社会契约论和利益赋税论。霍布斯指出，人们都享有“生而平等”的自然权利，又都有渴望和平与安定生活的共同要求，于是人们相互间同意订立契约，把自己的自然权利托付给某一个人或集体，这个人或集体能把大家的意志化为一个意志，能把大家的人格统一为一个人格，这个集体就是国家。在霍布斯看来，国家和政府本身就是一件最重要的为个人提供公共服务的“公共物品”，政府收支是公共收支。霍布斯的这些观点成为公共经济理论的重要思想源头。

早期古典经济学家威廉·配第虽然主张个人自由、政府尽量少干预经济，但在其《赋税论》中，他全面讨论了政府、公共经费以及从哪些方面以怎样合理有效的方法才能筹得那些经费的问题，较为系统地阐述了公共支出的必要性及其影响。他认为应削减国防费、行政费、宗教事务费，同时增加生活救济费及公共事业费等。英国哲学家、经济学家休谟在其《人性论》中指出，两个邻人可能达成协议，共同在一片平地上排水，但一千人之间却难达成协议，因此，某些对多个人有益的事情，只能通过集体行动或者由政府参与来完成。这就触及了公共经济存在的原因及价值，但休谟并未对这一问题做深入研究。

亚当·斯密最先将公共支出与市场失灵联系起来。他在《国富论》中认为，市场机制调节这只“看不见的手”能在大多数情况下通过私有经济有效配置社会资源，但在一些领域也会发生市场失灵，如国家安全、公共秩序、公共工程、公共服务、公债等，这就需要公共财政来提供。斯密的

①［古希腊］古希腊教育论著选［C］．北京：人民教育出版社，1994：294.

②［古希腊］亚里士多德．政治学［M］．吴寿彭，译．北京：商务印书馆，1965：48.

这些观点指出了公共经济存在的依据和范围。他认为政府存在有其必然性：一是保护社会不受其他独立社会的侵扰；二是尽可能保护社会每个成员不受任何其他成员的侵犯和压迫，即要设立严正的司法机关；三是建设并维护某些公共事业和公共设施。这样就从社会公共利益的角度确定了政府的职责和活动范围。斯密还发现，由于公共事业投入不能弥补其成本，而导致市场失灵。这些思想已成为公共经济学的重要内容，也成为研究公共经济学的理论起点。

法国经济学家西斯蒙第是第一个与经济自由主义传统决裂的经济学家。他主张国家干预经济，限制经济自由，由政府去调节消费、生产、收入、资本和人口的发展，要求国家采取一整套立法和措施来调节经济生活。他甚至把政治经济学定义为“对国家财产的管理”。[①] 法国庸俗古典经济思想创立者萨伊在其《财富的消费》中阐述了公共消费和私人消费问题。他认为，除那些从私人消费中得到满足的个人需要与家庭需要外，还有由于个人集合组成社会而产生的社会作为整体的需要，满足这种需要是公共消费的目的。公共消费是私人消费的集合，但又不是私人消费，而是政府履行职责时购买并消费的个人劳动的集合。这些公共消费，是为了对外防御、对内保护私人权益的司法活动等，是政府最基本的职责。萨伊从消费角度考察财政问题是西方公共财政理论转向公共经济论的起点。

约翰·穆勒对公共经济的范围界定作了较大贡献。他详细探讨了政治活动的适应范围，包括制定保障人们生命和财产安全的法律制度，发行货币，统一度量衡的标准，绘制地图和航海图，建设道路、港口、灯塔和堤坝等。他认为政府只有“提供普遍的便利”才会获得赞同。他也意识到“搭便车”问题，提出在某些情况下，公共服务是非常重要的，但因为不能获得相应报酬而没人感兴趣，这就需要政府出面提供。穆勒把政府职能分为“必要的职能”（所有政府一向在行使而未遭到任何反对的职能）和“任选的职能”（应不应由政府行使尚有疑问的职能）两个部分。穆勒认为在教育、对儿童和青少年等的保护、永久性契约、委托经营、对实现当事人愿

---

①［法］西斯蒙第．政治经济学新原理［M］．北京：商务印书馆，1983：24.

望不可或缺的干预等方面，政府应当加以干预，但他极力反对政府实施贸易保护主义、高利贷法、控制商品价格、保护垄断、禁止工人联合、限制思想和出版自由等不当干预行为。穆勒还以灯塔为例说明市场机制的失灵。

17 世纪至 19 世纪后期的古典政治经济学时期，经济学家们已经注意到了公共经济的存在和作用，把公共经济看成是私人经济的补充，属于公共经济思想的萌芽和开端阶段。

2. 成形和初步发展阶段

19 世纪以后，资本主义经济开始出现较激烈的社会矛盾和经济周期性波动，人们自然想到利用政府来介入经济活动。康德研究了政府的生产性问题；黑格尔称政府是一种“非物质资本”，提出市民社会必须以国家的存在为前提；沙夫勒提出了公共需要和私人需要应该等比例地予以满足；史泰因则认为，课税潜力创造课税，课税创造公共服务，公共服务又创造课税潜力的结论。

德国社会政策学派的杰出代表瓦格纳把国民经济分为个人经济组织、慈善经济组织和公共经济组织，认为各种经济组织的活动原则和活动范围都不同。他比较了公共经济和私人经济的异同，阐述了公共经济的性质：(1) 公共经济是一个经济组织，它的主体是代表国家的政府；(2) 公共经济为国家提供安全，完成国家赋予的任务，特别是生产无形产品；(3) 公共经济部门由大量的政府雇员组成；(4) 如果将国家和公共经济作为一个经济整体，那么它的活动就是将有形产品变为无形产品。所谓无形产品，如法律和公安等，是指那些无法被分割消费的产品，这些产品对社会经济生活是不可缺少的，对私人经济组织而言，这种产品和服务完全是生产性的，所以财政支出也是生产性的，作为这些产品和服务的受益者，私人经济必须补偿财政经费。另外，瓦格纳还发现，随着经济的增长，公共部门的职能不断扩大，公共支出在整体经济中的比重会不断上升，他认为这种增长的原因主要是人口密度的增大、都市化以及财政的社会政策目标日益复杂等技术因素，即所谓的“瓦格纳法则”。瓦格纳是第一个提出公共经济理论并对之加以深入研究的经济学家。

19 世纪 80 年代，一些经济学家开始把边际效用价值论应用于公共经济领域。从效用价值观点来看，政府提供公共物品成为创造价值的活动，公共物品的供应也与个人纳税建立起等价交换关系，因此，私人经济的效用原则也适用于公共经济，公共物品的生产和提供成为社会经济的组成部分。奥地利学者萨克斯运用边际效用价值理论分析公共财政，认为公共服务是具有一定价值的公共物品。1883 年，意大利学者帕塔罗尼在《公共支出的分配原则》一文中认为，在确定预算时，必须把边际效用的概念运用到各项支出的决定中，从而根据最大效益原则，安排支出以满足公众对公共物品的需要。马佐拉提出，公共物品是对私人物品的补充，其消费具有不可分性，这种不可分性来自对公共物品需求的统一性，这成为公共物品“非竞争性”和“非排他性”的思想渊源。

19 世纪末到 20 世纪初，瑞典学派的理论家们发展了公共经济理论。1896 年维克赛尔在其论著中认为，公共物品供应使个人效用最大化，政府供给公共服务给予个人的边际效用应与个人因纳税而损失的财富的边际效用一致。他还将公平问题引入了公共经济领域，并提出政治程序介入。1918 年，林达尔建立了“林达尔模型”，分析了两个政治上平等的消费者共同分担公共产品的成本问题，提出公共产品价格不是由政治选择机制和强制性税收决定的，而是每个人根据自己意愿确定的价格。

19 世纪后期至 20 世纪初，相关学者们对公共经济的相关问题做出了较为全面的分析，也涉及了公共经济与民间经济的关系问题，是公共经济形成和初步发展的阶段。

3. 进一步发展和丰富阶段

20 世纪初，福利经济学逐渐兴起，标志着国家加强了对经济的干预。霍布森在其《帝国主义》一书中主张政府干预提高社会福利，最早提出要以“社会福利”作为经济学的研究中心。1920 年庇古在其《福利经济学》中提出两个福利基本命题：国民收入越高，社会福利就越大；国民收入分配越平均，社会福利就越大。他认为，实现分配结果的公平就必须将国民收入从富人手中向穷人那里转移。这种转移有两种方式：一是自愿转移，即由富人自愿举办娱乐、教育、保健等福利事业；二是强制转移，即国家通过征收累进的所得税和遗产税等税收来实现。庇古还提出了外溢性的概念，并以外溢性为中心来区分社会净产品和个人净产品。他认为，当社会净利益超过个人净利益时，政府应对没能由市场价格体现而生产者无法获得的外部利益予以补贴；而当社会净成本超过个人净成本时，政府应对外部成本征税。政府应对市政规划、警察和贫民窟清除等活动拨付全额款项，从而将外溢性概念扩大至接近公共物品的概念。

1922—1933 年的大萧条后，人们对政府活动进行反思。1936 年凯恩斯在其《就业、利息与货币通论》一书中对外部性、垄断、分配不公、信息不对称等第二层次的市场失灵进行了深入研究，认为政府要弥补这些市场缺陷就必须进行干预，政府干预是市场经济正常运转的条件，因此，市场经济的一般性特征决定了政府与市场的职能界定。凯恩斯还分析了政府对社会资源进行配置的合理性和必要性。从经济状态看，政府与市场的职能界定，就是公共经济与民间经济的边界；政府对社会资源的配置作用，就是公共经济的主体对社会资源的配置。

1936 年意大利学者马尔科的《公共财政学》在美国翻译出版，他把“政府收支”改变为“公共经济”。1947 年阿兰（Allen，E. D.）和布朗里（Brownlee，O. H.）在其合著的《公共财政学》中，认为政府是作为经济单位展开活动的，并将经济增长与就业问题和财政收支联系起来。

1954 年，萨缪尔森使公共经济理论有了长足进展。萨缪尔森认为，当代西方国家的经济是一种混合经济，而政府在现代混合经济中，在扩大财政支出规模、对国民收入进行再分配和直接调节经济生活等三方面起着重要作用。萨缪尔森对公共物品做出了最为经典的表述——纯公共物品是“每个人消费这种产品不会导致别人对该产品消费的减少”的产品。他还运用序数效用、无差异曲线、一般均衡分析和帕累托效率等经济学基本理论分析公共物品的最佳供应，并建立了萨缪尔森模型。

4. 成熟和应用阶段

这一阶段，公共经济学相关问题的研究发生了巨大的变化——更加注重理论的严谨性和经验实证分析，更加关注实际政策，更多地涉及政府的支出和税收问题。

在20世纪50—60年代，以布坎南为代表的公共选择理论诞生。公共选择理论试图研究怎样通过政治程序来实现公共物品的最佳供给，丰富和完善了公共物品理论。到20世纪70年代，公共选择理论完善了公共物品偏好显示及其最佳供应，而且说明了政府干预市场失灵的根源。公共选择理论把市场经济分析方法运用于财政领域，试图在政府征税决策和社会、个人选择之间建立起内在联系，这是他们对公共经济理论的重要贡献。

1959年美国著名学者理查德·马斯格雷夫出版的《财政学原理：公共经济研究》一书标志着公共经济学作为一门独立的经济学分支开始成熟起来。马斯格雷夫在这部经典著作中，第一次使用了“公共经济学”这一词语。随后，在1964年和1965年，他又以法文和英文分别出版了《公共经济学基础：国家经济理论概述》和《公共经济学》，直接把“公共经济学”用作书名，他也因此被称为“公共经济学之父”。马斯格雷夫把宏观经济学、微观经济学、公共部门政策、政治决策等理论融入财政税收理论，从而更加丰富了公共经济学思想。他认为，政府职能通过资源配置、收入分配和经济稳定三个方面贯彻。财政的存在，首先是由于存在着公共物品，它们是非排他性的，其供给无法由市场机制决定，只能靠政府运用税收手段筹措费用；其次是由于社会分配不公平，造成许多社会矛盾，必须由政府进行再分配，以实现分配公平的目标；最后是由于经济的不稳定，市场经济不能实现充分就业的目标，必须加强政府干预，实现稳定职能的最适当工具是税收水平的增减变化。

1966年开始，出现了在公共经济学名义下召开的定期会议和阿特金森主持的公共经济学会及会刊。1972年，美国《公共经济学杂志》出刊。在此之后，公共经济学进入了一个快速发展时期，一批高水平的公共经济学著作不断涌现出来。

20世纪70年代，市场经济国家出现了经济“滞涨”局面，以供给学派和货币学派为代表的经济理论应运而生，他们认为要医治“滞涨”的经济顽症，就要重新肯定萨伊定律，重视供给管理政策和货币政策，降低税率以刺激经济增长，减少国家干预经济，提高私人经济的效率，强调税收的中性原则和削减税收，反对赤字财政政策。

美国学者J. 斯蒂格利茨认为，在混合经济体制下，政府的存在是必要的，公共部门经济是整个混合经济中的一个有机组成部分。他还认为，市场的“常态”是信息的不完善性和市场的不完全性，公共物品、外部效应性、自然垄断等“市场失灵”现象界定了政府活动的范围；市场失灵现象的根源在于没有人对市场负责，没有人干预市场；与其他社会组织相比，政府的普遍性、合法性、强制性等特点决定了政府应该出面干预。至于如何干预，斯蒂格利茨针对“科斯定理”提出了“非分散化基本定理”、“没有政府干预，就不能实现市场的有效配置，即纠正市场失灵，政府责无旁贷。但政府对经济干预所起的辅助性作用，只能由弥补市场失灵所决定”，并将“科斯定理”称为“科斯谬见”。他也认为，在解决外部性和产权明晰等难题时，“科斯定理”及其“自愿解决”或称“协商解决”将克服不了“搭便车”问题，高昂的交易费用将导致无效率；恰恰相反，要依靠政府的依法调控，否则就不能实现市场有效配置资源的作用，并由此确定了公共财政的三大功能——收入分配功能、稳定经济功能和资源配置功能。①

综合以上国外关于公共经济与民间经济的相关论述，我们可以抽象出西方经济学关于公共经济与民间经济关系的如下认识：

关于公共经济与私人经济②的关系。在公共经济与民间经济的关系上，西方存在着两种截然不同的认识——平行论和主从论。德国的历史学派大多主张平行论。德国旧历史学派弗里德里希·李斯特把国民经济划分为公共经济和私人经济的双元组合，二者具有同等的天赋，并认为如果没有由政府主持的公共经济，私人经济也不能顺利进行。19世纪后期的德国经济学家沙夫勒把整个国民经济看作是由私人经济和公共经济组成的统一体，

①[美] 约瑟夫·E. 斯蒂格利茨．政府为什么干预经济［M］．北京：北京中国物资出版社，1998.

②在我国，私人经济的外延小于民间经济，即民间经济除私人经济外还包括公有经济中提供私人物品的经济形式。

二者相互融合、相互促进，他把社会产品在国家需要和个人需要之间的适当分配，视为财政学的最高原则①。美国经济学家马斯格雷夫在一次演讲中旗帜鲜明地指出：公共部门对市场而言是补充性的不是竞争性的，是平等的而不是低人一等的②。主从论认为在国民经济体系中以市场经济为基础的私人经济或民间经济是主体，以国家为主体的公共经济则依赖于、服务于私人经济或民间经济。这种观点的理论渊源至少可以追溯到亚当·斯密，从发展角度看则是从古典经济学到新古典经济学一脉相承的。③ 1924 年卢兹在其《公共财政学》中专门分析了“公共经济与私人经济差异”的问题，首开英美财政学著作分析公共经济与私人经济相互关系的纪录。

关于公共经济与私人经济的边界问题。西方经济学家们基于对私有制、个人自由和市场经济的理念，始终尽可能地限制公共经济部门的扩展。他们大体上坚持这样的原则：凡是能由私人经营而不会损害国民经济整体效率的生产和服务事业，全部由私人部门经营，相应地由市场机制调节；相反，只有在由私人部门经营和市场调节必然会导致国民经济效率净损失的情况下，才允许公共经济部门介入。但是，随着时间的推移，资本主义内在矛盾不断发展和积累，需要政府介入的经济社会事务越来越多，公共经济部门的规模呈现日益膨胀趋势，基于前述理念，他们对这一趋势极为担心并时而迫使政府加以抑制。到目前，公共经济部门的活动范围大体上包括五个领域：其一，国防、外交、法律秩序等传统的“守夜人”职能活动；其二，配置资源，提供国民教育、公共保健、市政设施、道路交通等公共物品；其三，抑制自然垄断，克服经济垄断，健全市场活动规则，维护公平竞争，消除外部经济对整体经济效率的损害，为私人部门正常开展经济活动创造外部环境；其四，实施宏观调控，促进经济稳定发展和科技进步，提高国际竞争力，增加就业，平衡国际收支；其五，调节收入分配和劳资

---

①[日] 坂入长太郎．欧美财政思想史 [M]．北京：中国财政经济出版社，1987：294—295.

②[美] 布坎南，马斯格雷夫．公共财政与公共选择：两种截然不同的国家观 [M]．北京：中国财政经济出版社，2000：39.

③齐守印．中国公共经济体制改革与公共经济学论纲 [M]．北京：人民出版社，2002：264—265.

关系，提供社会保障，促进区域间均衡发展。[①]

（二）马克思主义经典作家关于公共经济与民间经济关系的相关理论综述

马克思主义经典作家们虽然没有专门研究公共经济、民间经济的著作，却有大量关于经济运行、市场机制、国家职能、国家计划等方面的理论论述。这些思想对于丰富和发展公共经济学，指导我国公共经济与民间经济的关系的优化有着重要理论意义。

1. 马克思、恩格斯关于公共经济、民间经济的相关思想

马克思、恩格斯关于公共经济、民间经济的相关思想散见在诸如《伦敦笔记》（1850—1853 年）、《1857—1858 年经济学手稿》、《资本论》、《哥达纲领批判》、《私有制、阶级、国家的起源》等著作中。客观地说，马克思、恩格斯关于资本主义经济制度的研究大部分理论就是关于资本主义社会民间经济现象和规律的研究（这一方面的相关理论已被广泛阐发和发展，这里不再赘述），而对资本主义公共经济的研究则是在研究民间经济过程中所必然涉及的内容。这些公共经济的相关思想主要是在对国家本质的科学认识基础上对公共秩序、公共收支、公共事务、国家计划、公共福利等方面的论述，概括起来主要有以下几个方面：

（1）关于国家的公共性

马克思、恩格斯站在无产阶级立场上运用阶级分析的观点来分析国家，认为国家在本质上是社会分裂为不同阶级以后阶级斗争不可调和的产物，是统治阶级剥削和镇压被统治阶级的暴力工具，同时，“国家的本质特征，是和人民大众分离的公共权力”[②]，国家的职能具有双重性，“政府的监督劳动和全面干涉包括两方面：既包括执行由社会的性质产生的各种公共事务，又包括由政府同人民大众相对立而产生的各种特殊职能。”[③] 可见，在马克

①齐守印．中国公共经济体制改革与公共经济学论纲［M］．北京：人民出版社，2002：58.
②恩格斯．家庭、私有制和国家的起源［M］．北京：人民出版社，1972：116.
③马克思．资本论［M］．北京：人民出版社，1975：432.

思和恩格斯看来，国家作为阶级统治的暴力工具，首先是一种“公共权力”，这种“公共权力”不属于即便是统治阶级的任何个人，而是一种属于统治阶级集体的公共权力，因而国家“必须至少在某种程度上代表公共利益、执行公共职能”①。恩格斯也认为“政治统治到处都是以执行某种社会职能为基础，而且政治统治只有在它执行了它的这种社会职能时才能继续下去”②。马克思、恩格斯较为系统地论述了资本主义国家在维护社会秩序、公共事务等方面的国家职能，认为“现代国家政权只不过是管理整个资产阶级共同事务的委员会罢了”③，国家“只有在它们是管理和处理生产的资产者的共同利益的委员会这个情况下，才是正当的”④。即使到了社会主义社会和共产主义社会，马克思、恩格斯认为作为公共权力的国家仍然会存在，只是不再具有阶级压迫的政治性质，“当阶级差别在发展进程中已经消失而全部生产集中在联合起来的个人手里的时候，公共权力就失去政治性质”⑤。马克思、恩格斯的这些论述深刻表明了国家的公共性特征，而国家的公共性正是公共经济产生的依据和赖以存在的基础。

(2) 关于公共收支理论

马克思认为公共收支起源于原始社会。“罗马尼亚各州……原始的生产方式是建立在公社所有制的基础上的……共同劳动的产品，一部分作为保险金用于防灾备荒和应付其他意外情况，一部分作为公共储备用于……公共开支。”⑥ 在产生阶级和国家之后，马克思认为公共收入主要依靠赋税所得，赋税是“国家的措施”之一，“是喂养政府的奶娘”⑦，是依靠“为榨取一定劳动量而颁布的强制性法令”⑧ 而取得的。赋税是公共支出的主要来源，诸如修筑道路这样一些社会公共工程或社会基础设施的费用就是通过

①齐守印．中国公共经济体制改革与公共经济学论纲［M］．北京：人民出版社，2002：282.
②马克思恩格斯选集（第 3 卷）［M］．北京：人民出版社，1995：523.
③马克思恩格斯全集（第 4 卷）［M］．北京：人民出版社，1958：468.
④马克思恩格斯全集（第 26 卷 I）［M］．北京：人民出版社，1972：314－315.
⑤马克思恩格斯选集（第 1 卷）［M］．北京：人民出版社，1995：294.
⑥马克思恩格斯全集（第 23 卷）［M］．北京：人民出版社，1972：265.
⑦马克思恩格斯全集（第 7 卷）［M］．北京：人民出版社，1959：94.
⑧马克思恩格斯全集（第 48 卷）［M］．北京：人民出版社，1985：118.

征收直接税或附加税取得的。马克思论证了公共支出的必要性和范围。他认为公共支出并不仅仅限于政府、军队、官员等的消费性支出，随着资本主义经济发展必然产生修筑道路、铁路及其他公共工程的必要性。“一切一般的、共同的生产条件——只要它们还不能由资本本身在资本的条件下创造出来——必须由国家收入的一部分来支付，由国库来支付，而（创造公共生产条件的）工人不是生产工人，尽管他们提高了资本的生产力。”[①] 马克思考察了政府职能范围的变化与公共支出的关系。他提出，随着社会化大生产的发展，与之相适应的各种社会生产条件（如交通运输、通信联系、城市建设、生态资源利用、人力资源的综合开发等）成了资本主义经济发展的必要条件，而由于这些必要生产条件的供给是微利或亏本的，所以其供给必然转嫁到政府的肩上。所以资本主义国家的经济职能会随着生产社会化而膨胀。在无产阶级掌握政权后，马克思、恩格斯认为公共财政仍然存在，但其本质不同于资本主义财政，而是满足公共需要，中央财政的职能则是满足国家的一般公共需要或者说是提供纯公共物品，而且认为无产阶级掌握政权后国家对于各种公共需要上的财政支出仍有必要进行监督。

（3）关于“市场失灵”、“政府失灵”、宏观调控的理论

在马克思、恩格斯看来，机械化、社会化大生产要求在生产资料公有制基础上进行。马克思抨击了自由市场经济中存在的无政府状态造成社会巨大浪费，提出要用计划经济代替市场经济，即在无产阶级取得政权后，资本主义生产的无政府状态“就让位于按照全社会和每个成员的需要对生产进行的社会的有计划的调节”[②]。他指出：“一切规模较大的直接社会劳动或共同劳动，都或多或少地需要指挥，以协调个人的活动，并执行生产总体的运动——不同于这一总体的独立器官的运动——所产生的各种一般职能。一个单独的提琴手是自己指挥自己，一个乐队就需要一个乐队指挥。”[③] 在市场经济条件下，这个“指挥”只能由国家——政府来担当。恩格斯注

①马克思恩格斯全集（第46卷）［M］．北京：人民出版社，1995：26—27.

②马克思恩格斯选集（第3卷）［M］．北京：人民出版社，1995：754.

③马克思恩格斯全集（第23卷）［M］．北京：人民出版社，1972：367.

意到国家公共权力的滥用问题，认为掌握公共权力的人员，即使是人民选出的公职人员也有可能发生基于个人或局部利益而滥用权力，导致公共权力机构违背社会公众共同的根本利益等政府失灵。为解决该问题，恩格斯在总结巴黎公社经验教训时提出：公社“应当保证本身能够防范自己的代表和官吏，即宣布他们毫无例外地可以随时撤换”①。马克思也注意到了货币政策和财政政策对于经济稳定和增长的作用。他分析 1847 年和 1857 年英国两次金融危机时指出：在私有制商品经济条件下，货币金融危机是不可避免的，正确的货币金融政策可以缓解危机，错误的货币金融政策可以加深危机。马克思还在其《〈政治经济学批判〉导言》中指出，财政支出结构影响产业结构，财政支出的流向和流量可以制约产品结构，调节国民经济各部门发展的比例关系，制约积累与消费的比例关系，控制固定资产投资规模和调控投资结构的重要手段。②

(4) 关于公共物品的思想③

马克思和恩格斯的论著中包含着丰富的关于公共物品的思想。首先，马克思对公共物品给予非常的关注，并做了详细分类。他在《哥达纲领批判》中认为，“劳动的解放”要求把劳动资料“变为社会的公共财产”；他还认为，社会总产品应作三方面的扣除用于分配，其中第三方面——“用来应对不幸事故、自然灾害等的后备基金或保险基金”显然是作为特种形式而存在的公共物品。在作三方面扣除后，“剩下的总产品中的其他部分是用来作为消费资料的。在把这部分进行个人分配之前，还得从里面扣除：第一，和生产没有关系的一般管理费用；第二，用来满足共同需要的部分，如学校、保健设施等；第三，为丧失劳动能力的人等设立的基金，总之就是现在属于所谓官办济贫事业的部分。”④ 这三项扣除用来满足公共利益，具有明显公共物品的特征，同时也是对公共物品的分类。其次，马克思、恩格斯还提出了国家是公共物品供给主体的观点，认为政府的公共职能使

①马克思恩格斯选集（第 3 卷）[M]．北京：人民出版社，1995：12.

②曹　新．马克思关于宏观调控的思想及其现实意义［J］．学习与探索，1994（6）．

③鄢　奋．马克思公共产品思想解读［J］．中共福建省委党校学报，2009（9）．

④马克思恩格斯选集（第 3 卷）[M]．北京：人民出版社，1995：303.

其成为公共物品供给主体的前提，“正是由于私人利益和公共利益之间的这种矛盾，公共利益才以国家的姿态而采取一种和实际利益脱离的独立形式，也就是说采取一种虚幻的共同体的形式。”① 而政府的财政收入则使国家为公共物品供给主体提供了物质保证，同时，公共物品的特征也使国家成为公共物品提供的必然主体，正如马克思指出“修筑铁路对于生产所产生的直接利益可能如此微小，以至于投资只能造成亏本，那时资本就把这些开支转嫁到国家肩上。”②

2. 列宁、斯大林关于公共经济、民间经济的相关思想

列宁、斯大林关于公共经济与民间经济的相关论述与苏联的社会主义建设的实践紧密相连，从苏联不同时期的经济政策可见一斑。

十月革命胜利后的经济政策。俄国十月革命胜利后，建立了世界上第一个工人阶级政权，颁布、实施了一系列民主化的法令、政策。主要内容有：(1) 土地国有化。颁布土地法令，废除土地私有制，禁止土地买卖、出租和抵押，全部土地、地下资源和水域收归国有，牲畜、农具和建筑物也同土地一起没收。(2) 银行国有化。苏维埃政府控制银行系统，没收了俄国国有银行和私人银行的全部股份资本，宣布废止股票。(3) 工业、交通和对外贸易国有化。这些政策是在无产阶级专政下，取缔资本主义私有制，建立社会主义公有制的必要准备，体现了国家公权力的增强和公共经济成分的急剧增多。

战时共产主义政策。1918 年夏至 1921 年春，内战、粮荒等迫使苏维埃政权实行战时共产主义政策，主要内容是：第一，由国家按严格的集中制管理一切工业生产，把大中型工业以及一部分小型工业收归国有；第二，实行余粮收集制，要求农民把全部剩余产品交纳给国家；第三，禁止私人买卖粮食和工业品；第四，取消货币流通而代以实物交换；第五，实行普遍的义务劳动制。这种战时共产主义政策显然是权宜之计，不得已而为之。列宁曾明确指出：“战时共产主义是战争和经济破坏迫使我们实行的。它不

①马克思恩格斯全集（第 3 卷）[M]．北京：人民出版社，1960：37－38.

②马克思恩格斯全集（第 46 卷下）[M]．北京：人民出版社，1980：24.

是而且也不能是适应无产阶级经济任务的政策。它是一种临时的办法。"①从其政策本身看，它是在国家公权力的强制下，使整个国民经济完全公共经济化，为社会主义国家的生存服务。

新经济政策。针对战时共产主义在经济建设中的失误和不当，列宁提出并创立了新经济政策学说，主要内容包括：第一，在农业建设中，用粮食税制代替余粮收集制；第二，利用国家资本主义形式来恢复工业建设和振兴国民经济；第三，在社会主义过渡时期利用商品货币关系、自由贸易和市场机制发展国民经济；第四，从资本主义向社会主义间接过渡。从公共经济学的角度看，粮食税、国家资本主义属于公共经济范畴，而利用商品货币关系、自由贸易、市场机制则属于民间经济范畴，公共经济与民间经济相互协调、互有补充、共同发展，为整个国民经济的壮大服务。新经济政策是在国家公权力下的一次体制性改革的尝试，它使经济机制的内在力量得到了解放，市场的力量也获得了解放，解放了生产力。

社会主义经济改造。苏联的社会主义经济改造是在国家政权这一公共权力推动下进行的。苏联"一五计划"的完成，建立了社会主义的物质技术基础，一批用新技术设备装备的原有工厂和新型工厂建立起来，农业也基本实现了集体化，这为向社会主义过渡奠定了物质基础。在苏联"二五计划"期间，苏联的工业化程度进一步加强；集体农庄制度完全建立，并开始农业技术改造；取消配给制，改善供给和改革商业系统，人民福利和文化水平显著提高。到 1937 年，苏联固定生产基金、国民收入、工业总产值、农业总产值零售商品流转额等各项指标中社会主义成分都在 98.5%以上，国民经济的社会主义改造完成。这样，传统的社会主义计划经济就诞生了。

在传统社会主义计划经济下，苏联的经济建设取得了巨大成就，同时也产生了诸多问题。计划的集中性较强，但统筹性不足，尽管这时公共经济在整个经济中起到了决定性作用也取得了很大成绩，但民间经济的消除

①列宁选集（第 4 卷）[M]．北京：人民出版社，1972：517.

削弱了经济的活力和生长点，致使社会各个环节越来越僵化、越来越没有活力和创造力。当新的社会制度焕发的生产积极性渐趋消弭时，生产发展的速度就会渐趋缓慢。这从反面警示我们必须注重公共经济与民间经济、国家计划与市场机制的协调并进。

3. 毛泽东等中国第一代领导集体关于公共经济、民间经济的相关思想

以毛泽东为核心的中国第一代领导集体在马列主义指导下，借鉴苏联社会主义建设的经验和教训，在中国的社会主义改造和建设中创造出具有新的实践特点和理论特色的公共经济相关理论，主要有以下内容：第一，通过巩固无产阶级政权，维护社会秩序，为社会发展创造条件。新中国成立后，在国内外强大压力下，毛泽东等第一代领导人迅速采取各项措施，稳定社会秩序，恢复生产，创立了稳定的政治环境。第二，建立了公共经济决策机制，包括经济社会发展计划和财政预算决算在内的整个国家公共事务的重大事项在乡级以上由各级人民代表大会通过民主程序决策，由各级政府负责执行，涉及财税法律纠纷则由县级以上法院、检察院依法裁决；村级政权由村民直接选举产生，村内重大事项实行村民自治。在此公共经济决策体制下，以满足人民公共需要为宗旨的公共经济职能由各级政权机构执行。第三，重视基础设施、公共医疗、社会保障建设。新中国成立后，政府在治理水患、兴修水利、恢复和发展交通事业、电力、邮电通信事业等方面做了大量工作，并取得重大成就，建立了城市公共医疗体系和较为完备的社会保障体系。第四，在农村建立人民公社，把农民组织起来共同生产。第五，民间经济发展方面。在社会主义改造前，《共同纲领》中把新民主主义社会的基本经济制度确定为国营经济、合作社经济、私人经济、资本主义经济、个体经济和国家资本主义经济并存，并确定了公私兼顾、劳资两利、城乡互助、内外交流的政策，达到发展生产、繁荣经济。这一时期，市场经济还在很大的范围内存在，并对国民经济的恢复和建设起了重要作用。社会主义改造完成后，公有制经济份额急剧上升。当时的公有制经济完全在国家计划的控制下，经济的政治化倾向严重，市场经济被压缩到极小的范围内。另外，由于“改变过快”，个体手工业、小商店、小摊贩、小挑贩等民间经济形式急剧减少，民间经济几乎只剩下国营企业形式，且受到国家计划的严格控制，私营的民间经济处于凝结僵死状态。随着我国社会主义经济建设进程的不断前进，单一所有制以及计划经济的弊端越来越明显、越来越阻碍生产的发展。

（三）当代中国关于公共经济与民间经济关系的相关理论综述

国内关于公共经济与民间经济相关问题的研究肇始于 20 世纪 90 年代。近年来，公共经济的研究趋热，不仅以《公共经济学》命名的教材和著述增多，而且北京大学、复旦大学、山东大学等相继开设了公共经济学课程、专业或研究所（中心）。2007 年中国公共经济研究会在北京宣告成立，2010 年河北经贸大学成立了由当代著名公共经济学家齐守印任所长的中国公共经济理论与政策研究中心等。尽管如此，与国外相比，我国公共经济学尚处于起步阶段。到目前为止，国家法律、政策文件中尚未出现“公共经济”这一概念，而用“公共服务”、“公共管理”、“公共事物”、“公共财政”、“公共资源”、“公共卫生”等相关词汇代用。从某种程度上讲，我国公共经济学尚处于“前公共经济学”时代。

1. 公共经济与民间经济边界的理论研究

关于二者的边界，我国有多位学者对此做了较为深入的分析。

齐守印研究员在其《论公共经济活动范围的合理界定》一文中，首先考察了现代西方国家和东亚新兴工业国公共经济活动范围，分析了我国存在的关于二者范围划分的三种观点，提出界定现阶段中国公共经济范围应当遵循以下原则：一是必须全面考虑中国国情的需要；二是必须同时考虑中国社会经济的承受能力；三是必须遵循市场经济条件下的分工规律；四是必须同时界定公共经济范围质和量的规定性。他还对我国现阶段公共经济范围做了具体界定，认为我国现阶段的公共经济范围从公共物品种类角度应包括以下八个方面：（1）维护国家主权，确保国家安全；（2）建立法律基础，动态优化制度（体制）；（3）制定实施正确的政策，保证经济、生态、人口协调可持续发展；（4）适时进行宏观调控，保证经济稳定增长；（5）建设重要的基础设施，提供基本的社会服务；（6）调节收入分配，保护弱势阶层；（7）维护公有制主体地位，增强其生存竞争能力；（8）坚持健康的舆论导向，增强社会的心理凝聚力。

上海大学陈宪教授在其《“公经济”与“私经济”探微》一文中，提出了关于公经济（即公共经济）与私经济（即私人经济）的界分与协调问题。他认为，由于公经济主体和私经济主体在社会经济生活中承担着不同的职能，有着不同的行为目标、行为原则和行为方式，因此，应当对二者有清晰的界分，并在界分的基础上，对二者进行协调。总的原则是，公经济主体为私经济主体服务，提供良好的外部环境；私经济主体向公经济主体照章纳税，遵守其制定的法律法规。他还指出，当时我国经济秩序比较混乱的一个重要原因，就是公经济与私经济边界不清晰，职能交叉，进而导致二者的效率都比较低下，行为都未达到自身的最大化，即前者的公共利益最大化，后者的效用（满足程度或利润）最大化，由此也就无法达到社会福利的最大化。

中山大学郭小东教授在其《论我国公共财政的边界》一文中认为，公共部门经济边界的确定是个复杂的问题，表现在边界确定中的公共部门经济和私人部门经济之间的主次性问题、交错性问题、动态性问题、关联性问题；划分出公共部门与非公共部门的规模边界的基本因素是效率。

西北大学严汉平教授在其《国有经济逻辑边界及战略调整》一书中认为，国有经济应存在于五大领域：自然垄断行业、公共物品领域、国家宏观调控目标涉及的领域、关系国家安全的领域、高科技及前沿领域。这里严汉平教授虽然说的是国有经济的逻辑边界，显然他所论述的这五大领域就是公共经济所处的领域。虽然现阶段我国国有经济与公共经济并不完全重合，严汉平教授的这一观点值得借鉴。

此外，我国多位学者就我国的国有经济合理边界提出了自己的见解。黄书猛认为，市场经济条件下存在一个国有经济边界，当国有经济规模处于该边界以内，社会资源将实现有效配置。于洋等认为，在全盘国有化思想指导下建立、发展起来的我国国有经济，在国民经济的发展中体现出明显的“路径依赖”特征，即全方位、分散性、任意性，从而导致国有经济战线过长、结构扭曲、国家财政负担沉重，因此必须进行科学的规模定位。邱勇分析了国有经济的具体存在领域，认为在经济运行过程中，国有经济和非国有经济各有其优势和适应范围，国有经济的优势体现在有效地提供社会福利、对公共物品的处理和调整经济的外部性等方面，因此国有经济的范围应界定在关系国计民生的行业、公共福利行业和经济外部性很强的行业等。宫希魁认为，国有经济应存在于四大行业，即自然垄断行业、提供重要公共物品和服务的行业、关系国家安全的行业、支柱和高新技术产业行业。一些学者还从数量层面对国有经济合理区间和规模做了计算，如平新乔计算出国有经济存在的边界应为22%；戚聿东等计算国有经济存在的规模应介于17%～32%之间。[①] 这些关于国有经济边界和存在领域的分析，有的从资源配置的效率出发，有的从国家财政状况出发，有的则从国有经济本身的优势出发，并没有形成一个统一的标准。但从这些分析研究中我们可以得出启示：国有经济应适当收缩，退出竞争性领域，退回公共经济领域。

2. 关于公共经济与民间经济的关系研究

齐守印研究员在其《中国公共经济体制改革与公共经济学论纲》一书中，首先比较了民间经济部门与公共经济部门的异同，然后指出民间经济与公共经济之间是对立统一关系。他认为，民间经济部门与公共经济部门有三个相同点：其一，它们都是生产满足人类需要的物品的；其二，它们生产物品都要使用社会资源；其三，它们都要解决生产什么、怎样生产和为谁生产的经营决策问题。两类经济部门的差别至少表现在四个方面：其一，民间经济部门的生产经营、决策活动通常是由众多生产经营者分散进行，而公共经济部门的生产经营活动则需要由代表公共权力的主体集中地进行，其生产经营决策由相应的特定程序做出；其二，支配民间经济部门

①严汉平．国有经济逻辑边界及战略调整［M］．北京：中国经济出版社，2007：54—55.

生产经营者决策的是私人利益和私人意志（至少是个别企业的利益和意志），而支配公共经济部门决策的一般则是某种意义上的公共利益和集体意志（至少在民主制度下是如此）；其三，在商品经济中，民间经济部门通过经济市场上相互交换物品的价格进行价值补偿，以实现再生产循环，而公共经济部门则需要由公共经济组织通过向消费公共物品的社会成员个人按照公认的规则征集产品或税费实现再生产循环；其四，在商品经济中，调节民间经济部门生产经营活动的是市场机制，而调节公共经济部门生产经营活动的则是非市场的政治机制。齐守印认为民间经济与公共经济之间的对立统一，主要表现为二者都以满足人类需要为目的，并且都要消耗劳动和物质资源；民间经济不仅为公共经济提供实现物质和价值补偿的经济资源，民间经济越发达、效率越高，为公共经济提供经济资源的能力就越强；而且民间经济的规模越大、内部分工越发达，也将对公共经济的规模和质量提出更高的要求；反过来，公共经济满足了或大或小范围内人类不可分割的公共需要，公共经济的存在和发展乃是民间经济运行与发展的促进因素；一定的条件下，公共经济与民间经济对经济资源的占用量处于此消彼长的对立状态。

钱军、黄近在其《试论公共经济与私人经济的区别》一文中认为二者的区别表现在六个方面：主体不同；具体目标不同；制度因素和制度安排形式不同；满足的需求对象及其手段不同；资源的获取方式与使用方式不同；个人在公共经济与私人经济活动中的行为存在系统的差异。

四、本书的研究方法

辩证唯物主义和历史唯物主义。马克思主义唯物辩证法和唯物史观作为人类认识世界、改造世界的巨大思想武器，应当内化为经济学研究者的思维习惯。本书注重用普遍联系和动态发展的眼光，从横向联系和历史发展的角度对当代中国公共经济和民间经济加以分析和研究；运用矛盾分析的方法界定、梳理公共经济、民间经济的概念及其相互关系，确定二者的逻辑边界；用唯物史观的观点分析公共经济与民间经济关系的历史演进；从我国公共经济、民间经济的现实问题出发，分析其成因，以此得出优化我国公共经济与民间经济的关系的路径及对策。

逻辑与历史相统一。本书试图按照经济范畴的逻辑关系，从比较简单的公共经济、民间经济的范畴和关系入手，逐步上升到比较复杂的相对具体经济领域的公共经济、民间经济的范畴和关系，从而阐明社会经济现象和经济过程的实质是公共经济和民间经济相互交错、推进的逻辑进程。在研究公共经济、民间经济现象和经济过程时，注重按照它们的历史发展进程来揭示其规律性。

实证方法与规范方法相统一。本书试图从实证的角度，分析当代中国公共经济、民间经济及其关系的现实问题，对这些问题产生的原因进行分析；然后从规范的角度，根据产生问题的原因进行系统性设计，力图找到优化公共经济与民间经济的现实路径与发展策略。

五、研究思路、关键命题及创新之处

（一）研究思路

总的研究思路为提出问题、分析问题、解决问题，具体可表述如下：本书通过对公共经济与民间经济概念及逻辑关系的厘定，考察二者关系的历史演进，对中国当代公共经济与民间经济的现实状况及矛盾进行深入分析，确定二者关系优化的目标、原则、内容、机制及评价，从而生成二者关系优化的路径及对策建议。研究的核心目标在于如何优化当代中国公共经济与民间经济的关系。

（二）关键命题

第一，关于公共经济、民间经济概念及其关系。笔者认为，公共经济是社会公共部门为增进公共福利，通过政府调控而进行的公共物品的生产、分配、交换、消费等经济活动的总称。民间经济是个人、企业等经济主体在市场机制调节下，以利润最大化为目标，进行私人物品的生产、分配、交换、消费的经济活动的总称。公共经济与民间经济是对立统一的逻辑关系：一方面，公共经济与民间经济统一于经济实践中，后者是前者的前提和基础，前者为后者提供服务和保障，二者同时产生，并有着类似的运行机制；另一方面，二者在主体、目的、功能、运行机制、满足需要的性质及客体等方面相互区别，又在资源占有和社会经济系统中此消彼长；另外，二者的良性互动促进着社会经济的发展。

第二，关于现阶段我国公共经济、民间经济的现状及问题。笔者认为，新中国成立以来，我国公共经济、民间经济既取得了巨大成绩，同时也存在着严重问题。现存的主要问题是：公共经济失位与失衡并存；民间经济环境约束与自我约束并存；公共经济与民间经济在界区上、主体上、良性互动上以及在区域和产业布局上关系有待优化。造成这些问题的原因是多方面的，包括经济发展水平整体不高且不平衡、转型期政府职能的伸缩、传统产权制度的弊端以及现行公共经济体制的缺陷等。

第三，公共经济与民间经济关系优化的目标、原则、内容、机制及评价。笔者认为公共经济与民间经济关系优化的目标在于二者的互补、互促、共进的动态目标和协调、均衡的静态目标；优化的原则应包括效率、公平、稳定、可持续发展；优化的内容包括公共经济、民间经济内部及其关系的优化；优化的机制是通过混合经济机制加以调节；对优化的评价包括对前提的评价和对结果的评价。

第四，当代中国公共经济与民间经济关系优化的路径选择及对策。笔者认为，二者关系优化需要科学划分公共经济与民间经济界区，以定位二者发展空间；建立完善、高效、科学的混合经济体制以完善调整机制；规范公共经济与民间经济产权关系，以建立现代产权制度；寻求公共经济与民间经济共生、互补的生态位，营建和谐发展环境，以追求二者“双赢”效应。

（三）创新之处

本书最大的创新点是在全面分析我国公共经济、民间经济及其关系的现状和问题的基础上，提出并论证从定位发展空间、完善调整机制、规范产权关系、营建和谐环境等四个方面优化二者关系的策略主张。

创造性成果主要有：（1）公共经济与民间经济的辩证关系理论。（2）公共经济、民间经济的历史演进理论。（3）当代中国公共经济、民间经济现状和问题及其成因理论。（4）优化公共经济与民间经济关系的目标、原则、内容、机制及评价理论。（5）优化公共经济与民间经济关系的策略理论：合理划分公共经济与民间经济界区与优化二者关系的理论；建立完善、高效、科学的混合经济体制与优化二者关系的理论；规范公共经济与民间经济主体的产权关系与优化二者关系的理论；优化和谐环境，寻求公共经济与民间经济共生、同进的生态位理论。

本书的不足之处在于：由于公共经济与民间经济关系的优化是个“大问题”——涉及国际和国内各个方面，触及政治、经济、文化、社会等各个层面，因此，本书论证欠充分，联系实际尚有不足，具体操作性还不够，等等。

第二章

公共经济、民间经济的概念界定及其逻辑关系

对于公共经济、民间经济的概念界定及其逻辑关系的梳理是研究我国当代公共经济与民间经济关系优化的基本前提。尽管以往的国内外经济学家和研究者多有论述，但囿于各种原因而未能形成一个普适性的概念。本章试图从社会历史角度，运用规范性和经验型相结合的研究方法对公共经济、民间经济的概念进行描述性、分析性和价值性意蕴的阐释，在此基础上对二者的逻辑关系加以梳理，从而为本书的深入研究奠定学术基础。

一、社会与经济

（一）社会

人类社会随着人的产生而产生，而人类的起源是连绵数百万年甚至千万年的过程。恩格斯在《劳动在从猿到人转变过程中的作用》一文中，根据当时的史料从逻辑上论证和描述了从猿到人的进化过程，认为“我们在某种意义上不得不说：劳动创造了人本身”①。人类为了生存，就要制造和使用生产工具进行劳动，以满足人们的衣、食、住、行等生存资料的需要。人类的“第一个历史活动就是生产满足这些需要的资料，即生产物质生活本身。”②

“社会——不管其形式如何——究竟是什么呢？是人们交互作用的产

①恩格斯．自然辩证法［M］．北京：人民出版社，1971：149.

②马克思恩格斯选集（第1卷）［M］．北京：人民出版社，1972：32.

物。人们能否自由选择某一社会形式呢？决不能。在人们的生产力发展的一定状况下，就会有一定的交换和消费形式。在生产、交换和消费发展的一定阶段上，就会有一定的社会制度、一定的家庭、等级或阶级组织，一句话，就会有一定的市民社会。”① 可见，社会是人们相互交往而形成的生活共同体。在人们的相互交往的群居生活中，作为个体的人以他人的存在和活动为自己存在和活动的社会条件；作为群体的人，这个群体在逐步形成共同经济生活、共同语言、共同心理素质等的基础上逐步形成相同或相近的对真、善、美、价值、意义、超越的观点和看法，这就形成了共同的文化。具有共同文化并生活在特定区域的人们就形成特定的社会。这个社会随着生产的发展、经验的积累、社会生活条件的变化而动态地进行着生产关系的调整。“生产关系总和起来就构成为所谓社会关系，构成为所谓社会，并且是构成为一个处于一定历史发展阶段上的社会，具有独特的特征的社会。”②

历史唯物主义认为，社会发展是多类要素互动形成有机系统的有规律的自然历史过程。社会的存在和发展必须具有特定的地理环境和人口因素的自然前提，同时还要具有物质资料的生产方式这个社会基础条件，而由生产力和生产关系构成的物质资料生产方式才是一个社会存在和发展的决定因素。从纵向的历史角度看，社会发展是由生产力和生产关系、经济基础和上层建筑所构成的社会基本矛盾推动的，社会基本矛盾是社会发展的根本动力；从横向的社会横截面看，社会发展是经济、政治、观念、文化、自然等各种因素互动变化的过程。经济发展是社会发展的关键因素，它决定着社会生活的其他方面。

（二）经济的含义

经济是在一定社会制度下，经济主体以满足某种需要为目的，有效利用各种经济资源生产有形产品或无形产品并加以分配、交换和消费的活动。

---

①马克思恩格斯选集（第4卷）[M]．北京：人民出版社，1972：320－321.

②马克思恩格斯选集（第1卷）[M]．北京：人民出版社，1972：363.

我们可以把经济的含义分解为以下几个方面：

第一，经济活动是在一定的社会制度下展开的。随着人的产生、人类社会的开始，人们在交互行为中逐渐形成各个方面、各个层次从微观到宏观的行为规范，这些行为规范小到某项具体事务的行为规则，大到各种具体的社会制度（如经济制度、政治制度、家庭制度等），进而形成特定的社会形态。经济活动必然是在这些社会制度下进行的。这些社会制度规范着经济活动的范围和内容、经济主体的权利和义务、经济活动的环境和秩序，良性社会制度使经济活动有序化、规范化、效率化，使经济活动可预期、可监督、可纠错，从而使经济活动正态运行。与经济活动直接相关、具有决定意义的是经济制度。广义的经济制度主要包括所有制、分配制度、产权制度、公司制度、金融制度、财税制度等，也包括在这些制度基础上形成的经济体制和经济运行机制等。这些经济制度是经济活动的直接依据和行为规范。

第二，经济“包括体现人与自然之间关系的生产力方面和体现人与人之间关系的制度、体制方面。”① 现实生活中，为了自身的生存和发展，人类必须处理好两种基本关系——人与自然、人与人。人与自然关系的本质就是人们为满足自身需要通过各种途径和方式认识自然和改造自然，可持续地获得自然资源和产品，体现这种关系的我们称为生产力。经济活动是人与自然关系的主要的也是关键的方面。人与人的关系就是在特定的生产力水平下，人们为了更好地改造自然而形成的相互关系，主要体现为生产关系。生产力和生产关系相互作用形成生产方式，经济就是生产方式。经济所包含的生产力方面和生产关系方面是一个过程的两个方面，不能分割。研究经济状况和经济活动须从这两个方面展开。

第三，经济以满足某种需要为目的。这是一个不言而喻的命题。人类要生存、要发展就必须进行经济活动，以满足各方面的需要。然而，人类作为社会性动物，其需要是多方面的。对人类需要可以进行不同角度的分类，如：以需要对象的性质分为物质需要和精神需要；以需要所满足的主

①齐守印．中国公共经济体制改革与公共经济学论纲［M］．北京：人民出版社，2002：5.

体性分为个人需要和公共需要；以需要的起源分为自然性需要和社会性需要；以需要的满足主体的形式分为生存性需要、发展性需要、享受性需要；以需要的层次，按照马斯洛的观点可分为生理需要、安全需要、归属与爱的需要、尊重的需要和自我实现的需要五个层次。经济活动是创造产品满足人们各项需要的活动。当然并不是人的所有需要都能靠经济活动加以满足，如人的某些精神需求、社会性需求、爱的需求等在单纯的经济活动中是难以完全满足的。与公共经济、民间经济相一致，本书将在下文中重点讨论公共需求、个人需求。

第四，经济活动是由特定经济主体来完成的。经济主体是指在特定社会制度下从事生产、交换、分配、消费等经济活动的当事人，主要包括从事经济活动的个人、企业、政府等。不同经济主体在经济活动中的地位、作用不同，因而表现在行为方式、利益目标上也各不相同。个人是经济活动的核心主体，是生产要素的提供者，又是消费主体，在一些情况下，也是经济监管的相对人。在市场经济条件下，个人一般以付出劳动力、资本、知识等参与生产，获得相应报酬（实物或货币）而参与分配，并以自己的报酬交换自己所需要的产品进行消费。一定数量的个体存在是社会生产得以进行的基本前提。企业是经济活动的微观主体，是从事生产经营活动的经济组织，是物质产品和服务的提供者，是社会的生产经营主体，是经济监管的主要相对人。它在实现资源配置、产品生产交换、市场繁荣、技术进步等方面起着重要作用。政府是经济运行和经济关系的宏观主体，包括中央政府和地方政府。它是经济活动的管理调节主体、国民总收入的分配主体、经济监管的主体，也是经济国际化的组织者和参与者。它主要充当宏观调控和社会服务的角色，制定、实施经济战略、经济政策，构建经济基础设施，维护经济秩序，创设良好的经济环境，从而满足社会公共需要。

第五，经济活动应有效配置经济资源。资源是一切可被人类开发和利用的物质、能量和信息的总称，它广泛地存在于自然界和人类社会中，是一种自然存在物或能够给人类带来财富的财富。经济资源就是“生产过程中所使用的投入”[①]，也即为生产要素，一般包括劳动力、土地、科技、资本、知识、信息等。理论上说，经济资源的总量是有限的，而人具有主观能动性，这就决定了人能够自觉地利用经济资源使之最优化，也就是说，经济活动应当有效地配置经济资源，使之达到“帕累托最优”，即“对于某种经济的资源配置，如果不存在其他生产上可行的配置，使得该经济中的所有个人至少和他们在初始时的情况一样好，而且至少有一个人的情况比初始时严格地更好，那么这样的资源配置就是最好的。”[②] 现代经济条件下，配置资源的手段和途径主要有市场经济和计划经济两种方式。人类经济实践历史表明，市场经济中存在竞争失效、公共物品缺失、信息不对称、产品外部性以及收入分配不公等市场失灵现象，计划经济中则存在政府代表局限、信息有限、决策的时滞性与实施的有限性、政府干预失控性等政府失灵的现象。显然弥补市场失灵需要政府干预，弥补政府失灵需要开放市场，即需要混合经济。但混合经济是否就完全可以使资源配置达到“帕累托最优”仍需要进一步研究。

第六，经济是生产有形产品或无形产品并加以分配、交换、消费的活动。任何实践活动都会产生物质性结果，经济实践活动必然产生相应有形产品或无形产品。有形产品是看得见、摸得着、具体有形的产品，如物品、设施等。无形产品则是看不见、摸不着、抽象无形的产品，如服务、信息、知识产权、保险、股票、期货，甚至秩序、安全、文化等。无形产品从其内容上看是无形的，但无形产品多以一定的有形的物质载体表现出来。经济包含的生产、分配、交换、消费四个环节在马克思《〈政治经济学批判〉导言》中详细论述，已被普遍接受，这里不做赘述。

（三）研究经济问题要与政治、文化相联系

经济、政治、文化构成社会生活的三个基本领域，它们相互依赖、相互作用、相互影响，构成一个复杂的有机系统。经济、政治、文化三者内

---

①［英］彼得·蒙德尔．经济学解说［M］．北京：经济科学出版社，2000：6.

②新帕尔格雷夫经济学大辞典［M］．北京：经济科学出版社，1996：868.

在地统一于人的实践活动中。研究经济活动必须联系政治、文化等社会的其他方面。

首先，经济、政治、文化的主体都是人（个人或个人的集合）。“经济是人的经济，人的经济活动不可能是纯经济。”[①] 经济活动是由经济主体——个人、企业、政府来完成的，而每项经济活动中都直接或间接充斥或渗透着社会生活的其他方面。政治是经济的集中体现，是对人的社会地位、社会关系的调整、变革过程。政治活动的主体当然也是人——个人、政治团体、政府，而且政治活动的功能就在于“制约和规范人的经济利益和行为，调节经济利益关系”[②]。文化是人类群体创造并共同享有的物质实体、价值观念、意义体系和行为方式，是人的生活状态。文化的本质即人化，人是文化的主体。文化是靠人来创造和传承的。人类社会的一切活动、过程、事件都是属人的，是人为了特定目的（一般是满足需求）而展开的，离开人本身就没有经济、政治、文化等一切社会现象。既然人是三者的共同主体，三者当然不可分割。

其次，同一实践活动往往同时具有经济、政治、文化三重意义。理论上我们把社会生活分为政治、经济、文化三个基本领域，实际上在社会系统中，这三个方面是交互融通的，同一实践活动从不同的方面、层次看往往具有三重意义。例如，农民种植粮食从基本层面看属于经济活动，但粮食问题向来是被提升到政治高度的，朝鲜媒体甚至说：粮食问题、温饱问题是重大政治事业。同时，农民种植粮食在不同区域也产生了不同的农耕文化。又如，加强国防建设，甚至战争，首先是个政治问题，但其中包含的经济因素却具有决定性，同时文化因素也对其起着制约作用。再如，一部电视剧的拍摄与播映，显然是“文化搭台，经济唱戏”，有些电视剧同时折射、渗透着一些政治现象。当然我们也不能机械地认定每一活动都必然是经济、政治、文化的结合体，但从多方考察活动本身还是必要的。

最后，经济、政治、文化具有内在的逻辑统一关系。仇德辉在其

①刘永佶．劳动社会主义［M］．郑州：河南人民出版社，1993：26.
②刘永佶．劳动社会主义［M］．郑州：河南人民出版社，1993：27.

《经济、政治与文化的价值本质及其内在逻辑关系》[①] 一文中，论述了三者统一的内在逻辑，虽然该文某些观点有待商榷，但关于三者的内在统一应当是公允的。社会是由生产力和生产关系构成的生产方式，即经济基础及其上层建筑（包括政治上层建筑和社会意识形态）统一构成的。在价值特性的内在逻辑上，文化事物的价值率围绕相应的政治事务的价值率上下波动，政治事务的价值率围绕相应的经济事务的价值率上下波动。在社会控制的内在逻辑上，经济是对于生产要素运行的状态控制（或位移控制），政治是对于生产要素运行的速度控制，文化是对于生产要素运行的加速度控制，三者都是围绕社会价值资源对于生产要素的配置而进行的。在控制效果的内在逻辑上，政治是为了确保经济的可持续发展，文化又是为了确保政治的可持续发展，最终是为了更深层次地确保经济的可持续发展。在资源分配的内在逻辑关系上，经济实现了新增价值资源的第一次分配，政治实现了新增价值资源的第二次分配，文化实现了新增价值资源的第三次分配。

既然经济、政治、文化具有上述紧密关系，我们研究经济问题——公共经济、民间经济问题，当然要运用系统的观点加以整体研究。

二、公共经济概念的界定

（一）公共经济的源起与发展

从人类社会经济发展的历史过程来看，公共经济随着人类社会的产生而产生，源起于人们的公共需要。原始社会初期，人们以氏族公社形式群居生活，其需要是多方面的：一方面，公社的每一名成员要满足吃、穿、住、用、行等个体需要，这些需要通过他们共同劳动、平均分配劳动成果得以实现；另一方面，他们也都有生存、安全、发展、自由与享乐等公共

①仇德辉．经济、政治与文化的价值本质及其内在逻辑关系［OL］．http：//www.chinavalue.net/Ar—ticle/Archive/2006/5/13/30642.html.

需要，这些需要则要通过公共部门加以解决。恩格斯指出：易洛魁人已经“有讨论公共事务的部落议事会”，部落“管辖的事情，包括低级阶段上的野蛮人的全部公共事务”；雅典氏族已经“拥有——至少在某些情况下——共同财产以及自己的首长和司库”[①]。到奴隶社会、封建社会，随着国家的形成和国家权力的加强，属于公共经济的事项逐步增加，国家机构成为社会公共职责的承担者和社会公共权力的行使者。在我国历史上，三皇时代的大禹治水，秦灭六国后“车同轨、书同文”，统一度量衡，修建国道，都江堰、灵渠、大运河、万里长城等公共工程的兴建，公学的设立，以及均输、平准等宏观经济管理的实施等，都属于公共经济的范畴。随着社会生产力的提高、社会分工的发展、人类活动范围的扩展以及人的欲望的膨胀，公共需要的范围和规模不断增加，公共经济也逐步发展。当然，在相当长的历史时期内，虽然存在着政府必须处理大量公共事务的公共经济现象，但由于受统治阶级的阶级属性、社会历史条件以及人们认识水平的局限，公共经济并没有被提到相应的地位，也缺少理论研究。人们只是用公共事务、公共工程、公共资源、公共收入、公共支出、公债等相关概念来表述公共机构的职责和任务。进入 20 世纪以后，公共经济逐步发展到空前的规模，公共经济学也随之产生。

（二）公共经济的含义

公共经济作为一个动态经济范畴，在不同历史时期，其内涵不尽相同。即使在同一时期，不同研究者对其理解也有很大差异，这主要是公共经济的动态性、多面性以及不同研究者的着眼角度不同造成的。概括不同研究者对于公共经济的意旨，主要有以下几种：

第一，公共经济即财政。公共经济学是随着财政学的丰富和发展而产生的，一些早期的公共经济研究者据此认为公共经济就是国家的财政收入和支出。如张馨在其编著的《比较财政学教程》中提到“西方公共经济论

---

①恩格斯．家庭、私有制和国家的起源［M］．北京：人民出版社，1972：90—97.

认为公共经济就是公共部门经济，就是财政。”[①] 许廷星也认为“公共经济，亦即我们所说的国家财政。”[②] 这种定义虽然指出了公共经济最为主要的内容，但财政毕竟不是公共经济的全部，因而是不完善的。

第二，从公共经济主体出发，认为公共经济就是政府经济、政府部门经济。美国学者约翰森（L. Johanson）在其《公共经济学》一书中认为公共经济是“公共性质”的“政府经济”[③]。董登新认为“公共经济是指国家或政府的经济以及公共部门的经济活动”[④]。章福宁、高祥钧在此基础上还提出了公共经济调控手段——“公共经济即由国家或政府的经济，主要是通过财政政策和货币政策对社会总需求起调节作用。”[⑤] 这种单从经济主体出发来定义公共经济的方式虽然简单明了，但作为定义是不周延的，而且认为公共经济的主体只有是“政府”的观点值得商榷。

第三，列举公共经济包含内容以解释公共经济。1959 年，美国经济学家马斯格雷夫（R. A. Musgrave）在其《财政学原理：公共经济研究》中认为：“从很大程度上说，问题不是财政问题，而是资源利用和收入分配问题……因此，最好把本书看成是对公共经济的考察。……虽然公共家庭（政府）的活动涉及收入和支出的倾向流量，但基本问题不是财政问题。它们与货币、流动性和资本市场无关，而是资源分配、收入分配、充分就业以及价格水平稳定与经济增长的问题。因此，我们必须把我们的经验看成是研究公共经济的原理……”[⑥]《新帕尔格雷夫经济学大辞典》指出：“公共经济学是关于公共经济的研究，即研究那些并非纯属市场、并非纯属住户或厂商之间的关系的经济问题。”[⑦] 以公共经济所包含的内容、因素解释公共经济使人容易理解，但列举法往往难以穷尽，而难免挂一漏万。

---

①张　馨．比较财政学教程［M］．北京：中国人民大学出版社，2004：22.

②许廷星．对当前财政理论问题的若干探讨［J］．财经科学，1995（1）：28.

③朱柏铭．公共经济学［M］．杭州：浙江大学出版社，2002：3.

④董登新．现代财政与金融［M］．武汉：华中理工大学出版社，1995：4.

⑤章福宁，高祥钧．财政与税收［M］．武汉：武汉出版社，1998：27—28.

⑥［英］彼德·M. 杰克逊．公共部门经济学前沿问题［M］．郭庆旺，等，译．北京：中国税务出版社、北京腾图电子出版社，2000：2.

⑦新帕尔格雷夫经济学大辞典［M］．北京：经济科学出版社，1996：1119.

第四，从主体、目的、内容等方面系统描述公共经济内涵。我国较早研究公共经济的经济学家齐守印认为："公共经济是公共权力机构按照公众意愿和共同利益向社会提供安全、秩序、环境、基础设施以及公共教育、文化、卫生、社会保障等公共物品活动的总称，即从经济学视角来看待的国家管理。"① 邓晓兰认为："公共经济是指社会公共部门为满足社会公共需要，生产并提供公共物品和服务的经济活动。"② 王茂林认为："所谓公共经济是指公共物品和服务或半公共物品和服务的生产、流通和消费的活动，其产品形态可以是有形产品，也可以是无形的服务，其消费对象往往是消费者群体，有的只能是群体消费。"③ 这种系统描述概念内涵的方法是定义的常用方法，其优点是概括性强、概念描述周延，有利于人们认识和理解。

综合以上研究者对公共经济的认识，结合公共经济的现实性和关联性特征，笔者认为，公共经济是社会公共部门为增进公共福利，通过政府调控而进行的公共物品的生产、分配、交换、消费等经济活动的总称。公共经济概念可分解为以下几个方面：

第一，公共经济的主体是公共部门。公共部门包括政府部门、公用企事业单位、政策性金融机构和其他公共组织。这里的政府是广义上的政府，是指国家政权机关的总和，包括横向的国家立法、行政、司法、检察、军事等国家机关，以及纵向的中央政府、地方政府及其附属机构。政府部门是国家公权力的代表，拥有对社会资源的强制调配权，履行国家经济管理职能，向全体社会成员提供纯公共物品，是公共经济主体的核心部分。由中央政府和地方政府出资兴办的各种企事业，如医疗卫生机构、教育机构、运输、电讯、能源等公用事业单位，这些企事业执行国家宏观政策，向社会提供纯公共物品或混合物品，从其设立的公用、公益目的看，它们属于公共经济主体。政策性金融机构是为了实现特定的目的而由中央或地方政府出资兴办的，一般以进出口银行、开发银行、简易人身保险等形式出现，

①齐守印．科学理财与理性从政［M］．北京：中国财政经济出版社，2008：113.

②邓晓兰．财政学［M］．西安：西安交通大学出版社，2007：33.

③王茂林．中国经济社会发展新思考［M］．北京：中国时代经济出版社，2007：209.

它对整个社会的资源配置起直接作用，对国民经济影响极大。其他公共组织是指因特定目的、事项集合在一起，具有组织性、自愿性、自治性和共同利益关系的群体组织，如村落、集镇、协会、志愿团体等，也包括部分国际组织。它们在特定的范围内提供公共物品。当代公共经济学理论认为，特定条件下的私人也可以成为公共经济的主体，即在一定的制度保障和存在排他性技术的特定条件下，私人可以成为某些混合物品的供给者，而成为公共经济主体。需要注意的是，我们说公共部门是公共经济的主体是指公共部门是公共经济的组织者和公共物品的供给者，这并不排斥个人和私人企业在公共部门委托下成为公共物品的生产者和经营者。同时，公共经济关系中，个人和企业作为特定公共物品的消费主体而存在。

第二，公共经济以增进社会公共福利为目的。福利，即幸福和利益。这里的社会公共福利是指某项行为、物品、权利等可以惠及全部或部分公民，使之享有的幸福和利益。考察公共经济的历史和现状，可把公共经济所增进的社会公共福利作如下分类：（1）按福利形式，分为生存性福利、安全性福利、发展性福利、自由性福利、享乐性福利。这五种福利形式没有泾渭分明的界限，依据经济发展水平高低，由生存性福利到发展性福利再到享乐性福利呈正递增趋势。（2）按其性质可分为安全性福利、秩序性福利、公平性福利、效率性福利、保障性福利（环境、设施、卫生）以及其他福利形式。安全性福利包括人身安全、社会安全、国家安全，是第一序列的福利形式。秩序性福利包括伦理秩序、法律秩序、经济秩序、政治秩序等。公平性福利包括民主制度、收入分配政策等；效率性福利包括政策性奖励、政府采购、宏观调控、动态优化制度、财政支出与补贴等。保障性福利如环境保护、基础设施建设等；其他福利，诸如坚持正确舆论导向、增强社会凝聚力、维护社会稳定等。当然依性质划分的福利形式之间的界限也是模糊的，同一福利从不同方面看可能兼具一种或多种性质。

第三，公共经济的内容是公共物品的生产、分配、交换、消费。整个社会经济是在生产、分配、交换、消费四个环节中展开的，公共经济作为公共物品生产、分配、交换、消费有其自身特点。公共物品（公共服务也是一种公共物品）就其本性来说，是用来满足某种群体需要的物品。一般来说，它具有受益的非排他性、消费的非竞争性。但不同公共物品在非排他性和非竞争性两方面表现的强度不同，据此可将公共物品划分为纯公共物品和混合物品。纯公共物品是面向全体社会成员严格满足非排他性和非竞争性两个条件的产品，如国防、环保、制度等。混合物品又可分为俱乐部产品和公共资源。俱乐部产品是在消费上具有非竞争性，但可轻易做到排他，如可以收费的高速公路、电影院、图书馆、公共游泳池等。公共资源的特点是在消费上具有竞争性，但无法有效地排他，如公共牧场、公共渔场、原始森林等。由于公共物品的性质特征不同，公共物品的生产、分配、交换和消费的特征也不同。对于纯公共物品，通常由政府依靠国家财政进行生产、供给，全体公民共同消费。混合物品则可能出现多元供给主体形式：对俱乐部产品通常由政府或私人提供，由部分公众消费；对公共资源通常由政府提供并管制或调节，而由特定公民消费。依据受益范围，可以把公共物品分为地方性公共物品、全国性公共物品和国际性公共物品。地方性公共物品消费受区域限制，主要由当地居民受益，一般由地方公共部门提供，如城市建设维护、地方政府劳务。全国性公共物品使全国公民共同受益，一般由中央政府供给。国际性公共物品指跨国界、由不同国家或世界各国公民共同受益的公共物品，它一般由成员国政府或国际组织供给，如欧盟规则、联合国宪章等。

第四，公共经济的运行机制是政府调控机制。当代商品经济条件下，市场机制在民间经济范围内广泛地发挥着基础性资源配置作用，但在公共经济领域除了要市场机制发挥作用外，更需要政府调控这只“看得见的手”来发挥资源配置的作用。这种政治调控机制是政治体制的一个方面，但不同于政治体制，它只存在于公共经济范围内，通过法律、计划和指令等方式保障市场公平竞争秩序、维持社会安全与稳定、提高公众健康水平、减少贫困等，实现增进社会福利的公共经济目标。而要实现这一目标，政府须在一定程度内以获取税收、发行国债、购买商品或转移支付等手段对宏观经济和微观经济进行预测、决策、计划、组织、领导、协调、控制、监督，从而直接或间接地支配生产要素实现对公共经济的调控。另外，在民主国家，这种政治调控机制一般通过公共选择机制来引导资源配置。在“政治市场”① 上，这种公共选择机制中，个人是选择的主体，集体是决策主体。个人选择只是偏好的显示，决策结果是根据集体决策形成的（专制制度下则是君主、官吏的相应决策），因而选择行为与决策行为分离，选择结果与决策结果则往往不一致。另外，公共选择的责任和利益由于是集体承担（实际上没有真正的承担者），因而也是不明确的。这种借助于政治投票进行的决策难以表达偏好的强度，也不能避免“搭便车”心理的存在，从而使公共需求的表达具有模糊性。

第五，公共经济的外延。公共经济的外延就是公共经济存在的领域和范围。R. A. 马斯格雷夫在其《财政学原理：公共经济研究》一书中，以克服市场失灵、弥补市场失效为尺度，将公共经济的外延概括为三大领域：配置资源以提供公共物品、调节收入分配以实现社会公平、稳定经济以利其增长。齐守印则从中国现阶段的具体情况出发，将公共经济范围，公共物品种类角度概括为八个方面。

（三）公共经济的特征

公共经济的特征是相对于社会经济整体，尤其是相对于民间经济而言的。

1. 公益性

公益性是公共经济的本质特征，它根源于公共需要，即公共经济是为了满足人们的公共需要而进行的经济活动。这种公益性表现在公共经济的主体是公共部门，客体是公共物品，目的是公共福利，服务对象是社会公众，运行机制是政府调控（包含公共选择机制）等。公共经济的公益性决定了它一般是民间经济所不能（如投资额过大）、不愿（如缺乏私人效益）或不宜介入（如国防、司法等）的经济领域。

①詹姆斯 · M. 布坎南比拟经济市场而使用的概念。

2. 无偿性

公共经济的公益性决定了它只能通过向消费公共物品的社会成员按照公认的规则征集产品或税费实现补偿。这时每个社会成员贡献的份额与其消费的份额并非对等，① 甚至不曾缴纳税费的人也可享受公共物品，因而公共经济表现出无偿性的特征，这是与公共物品受益的非排他性和消费的非竞争性联系在一起的。

3. 强制性

公共经济根源于社会公共需要，也是对市场失灵的补充与纠正。公共经济中没有供求双方依照价值规律进行的对等交换形式，在个人利己动机不能实现的情况下，只有强制才能迫使个人接受公共理性。公共经济的公益性与无偿性的特点也必然使公共经济具有强制性的特征。这种强制性一方面表现为政府税费的强制性，另一方面也表现为处在公共物品服务范围内的人必须接受这种“福利”而不能随意脱离或拒绝。

4. 计划性

公共经济的生产经营活动一般由公共部门有计划地集中进行公共决策、组织和实施。如财政收支过程就是以预算形式确定下来的，预算本身就是一种计划。相对于民间经济中的个别经济主体各自为政、分散进行而言，公共经济的计划性是显而易见的。

（四）公共经济的功能

公共经济为满足社会公共需要而产生，其本身就是社会经济发展的一部分，并随着生产水平的提高而在规模、范围上不断扩大。近代以来，市场经济发育迅速，市场的固有缺陷和市场失灵现象暴露无遗，这使公共经济兼具了克服市场失灵的作用。作为社会经济的重要组成部分，公共经济一方面为民间经济发展提供服务和保障，另一方面也对整个社会经济起到了推动、调节的作用。概括起来，公共经济的功能主要有以下三个方面：

---

①齐守印．中国公共经济体制改革与公共经济学论纲［M］．北京：人民出版社，2002：8.

第一，资源配置功能。公共经济的资源配置功能，是指公共部门在政府调控机制下把有限的经济资源分配到社会不同领域中去，以达到稀缺资源高效、合理利用的目的。现代社会经济条件下，公共经济的资源配置功能一方面根源于社会公共需要，另一方面则是弥补市场自身缺陷的需要，公共物品、外部效应及不完全竞争状态的存在是公共部门履行资源配置职能的重要原因。公共经济的资源配置功能，在公共经济的微观领域表现为公共部门要解决生产什么、如何生产的问题；在宏观领域表现为通过政府的收入分配政策、财政收支、货币政策、国债发行等方式在不同部门配置人力、物力、财力，实现总供给与总需求的平衡。

第二，收入分配功能。公共经济的收入分配功能，是指公共部门为达到增进社会公共福利的目标，通过对参与收入分配的各主体利益关系的调节，使收入分配趋于公平合理。公共经济的该项功能源于公共经济主体掌握公权力的地位和市场经济体制在收入分配上的不"公平"现实。政府可运用其公权力根据政府目标采取不同的税收和财政政策，筹集税费、发行国债、分配财政支出、转移支付，实现对社会个人收入分配的调节。这种调节一般带有增进社会公平的目的。市场经济条件下，收入主要取决于要素占有状况，而生产要素占有的初始条件是不公平的。在初始条件不公平的情况下，即使恪守等价交换的原则，也不会形成真实的社会公平，而只能是市场领域效率范畴的公平，而事实上市场机制恰恰会造成优胜劣汰。这就要求作为价值判断的社会公平要由政府去增进，一方面在初始条件上改善社会不公平的状况，另一方面改善市场机制的收入分配格局形成的不公平结果。

第三，经济稳定功能。公共经济的经济稳定功能，是指公共部门为实现充分就业、物价稳定和国际收支平衡的目标，通过各种手段调控经济，促成经济稳定和发展。市场经济的自发性、盲目性和自发性缺陷使宏观经济经常处于波动之中，表现为通货膨胀、经济萧条、滞胀等，而市场机制又缺乏自动恢复的能力，必然造成经济危机，使社会资源极度浪费、人民生活极不稳定。要维持稳定增长就离不开政府干预和公共经济调节。公共经济的经济稳定功能实际上就是政府通过宏观领域内的资源配置和收入分配作用，对总供给和总需求施加影响，解决市场自发不能解决的宏观经济问题。

（五）公共经济与公有制经济

从以上关于公共经济分析中，我们已经可以清晰地看到公共经济不同于公有制经济，二者既相互区别又有紧密联系。公共经济与公有制经济的区别在于：公共经济与民间经济相对，是公共部门为满足人们的公共需求而提供公共物品的经济活动，它为增进人们共同的存在、安全、发展、自由和享乐福利而存在；而公有制经济与私有制经济相对，是以生产资料归谁所有为标准划分的，指生产资料归全体或部分人占有、使用、收益的所有制形式，它为适应社会化大生产的要求而存在。公共经济与公有制经济的联系也是密切的：公有制经济中除去通过等价交换而为私人提供个人物品的经济形式之外，其余为公众提供公益性产品和服务的属于公共经济；公共经济中还包括私人集资、投资、经营的具有公益性的经济形式。可见，公有制经济不一定都是公共经济，提供私人物品的公有制经济不属于公共经济；公共经济不一定都是公有制经济，特殊条件下私人也可以从事公共经济活动。在我国现阶段，随着公有制经济从竞争领域的退出，我国公有制经济的公益性倾向增加，与公共经济的趋同趋势明显。

三、民间经济的概念界定①

民间经济与公共经济一样，是随着人类社会的形成而产生的。前文对经济、公共经济已有较为详尽的论述，本部分对民间经济的概念界定就是在把握其本质内涵的基础上厘清其特征和功能，与前文重叠部分不再赘述。

①这里使用“民间经济”而不使用“私人经济”作为“公共经济”的对称词，主要是因为：第一，在我国社会主义初级阶段经济制度下，用“民间经济”能较好地剔除政治因素的错觉，使之与“私有制”、“私有化”界别；第二，“民间经济”的外延宽于“私人经济”，民间经济是就其存在领域而言的，私人经济则是从所有制角度讲的；第三，就经济主体、目的和存在领域而言，用民间经济与公共经济相对称，更为恰切。

（一）民间经济的概念

民间经济是经济主体以利润最大化为目标，在市场机制调节下进行私人物品的生产、分配、交换、消费的经济活动。民间经济的概念可做如下分解：

第一，民间经济的主体是个人、企业。作为民间经济主体的个人是指为了自我利润的最大化而独立实施经济活动（选择、决策、组织、执行、承担相应经济责任等）的个人，主要是指个体农民、个体手工业者、个体商业者、家庭，他们可以是生产者、销售者、购买者或消费者。个人民间经济主体的经济活动必须为法律所认可，具有法律效力。西方主流经济学关于个体经济主体的“理性经济人”理论，虽然具有一定武断性，但在市场经济条件下“理性经济人”范畴也具有一定的合理性。我们也注意到，在现实社会中，纯粹的个人生产和经营是不存在的，社会发展水平越高，经济活动越是趋于社会化和专业化，但这并不能否认个人经济主体存在的空间和意义。企业是把人的要素和物的要素结合起来的，以营利为目的自主地从事经济生产、流通、服务等活动的经济组织。作为民间经济主体的企业可以看作是个人的社会化集合，它一方面具有个人主体的特点，另一方面又具有自身特点——企业的产生是生产力发展到一定水平的条件下，生产社会化的必然产物，其存在的意义在于交易成本的节约和规模效益的提高。发达的市场经济条件下，企业是民间经济的最主要主体。

第二，民间经济以利润最大化为目标。民间经济以利润最大化为目标，也就是说民间经济主体从事生产、流通、服务的目的是赚取利润，而且他会千方百计使其利润最大化。对于民间经济的主体来说，利润最大化原则就是产量的边际收益等于边际成本的原则。这里的利润是指总收益大于总成本的剩余，包括正常利润和超额利润。尽管我们不否认民间经济的存在也应以社会效益为目标，尤其在理想的社会主义制度下，但个人、企业在进行生产经营的过程中首先是以利润最大化为目标的。利润最大化成为民间经济发展的原动力。在追求利润最大化的过程中，个人、企业往往采取先进技术、创新管理方式来追求超额利润，消费者则希望以最少的付出得到最大的满足。这种生产者之间、生产者（销售者）与消费者之间为了个人利益最大化的竞争在一定意义上促进了社会的发展和进步。

第三，民间经济以市场机制为运行机制。市场机制这只“看不见的手”一向被西方传统主流经济学家膜拜为微观的民间经济资源配置的最好方式。的确，在一定范围内，通过价值规律在价格机制、竞争机制、供求机制和风险机制的共同作用下，资源配置可以达到优化的结果。个人、企业出于利润最大化的驱动在市场上从事生产、交换、消费等活动，相应地成为生产者、经营者、消费者等市场主体。作为市场主体就要受到商品经济中价值规律的作用和支配。在利润最大化的诱导下，生产者和经营者要根据商品价格、供求情况、竞争风险等，进行经济决策，并采取不同的经济行为。供不应求、价格较高，且风险可以预测和可抗，则扩大生产或经营规模，反之则自我收缩，减少生产或经营规模。消费者则根据自己的需求程度、偏好、支付能力以及商品价格等因素决定是否购买、何时购买和购买多少。这样就形成一个理想化的市场运行机制，市场微观主体在该机制的作用下实现自我平衡。但现实的市场机制会受到来自各方面直接因素和间接因素以及社会因素和自然因素的制约和影响，从而表现出一定的波动和震荡。民间经济就是在这种社会经济机制调节下运行的。

第四，民间经济的客体是私人物品。私人物品与公共物品相对，是指供私人使用和消费的物品和服务，如食品、服装、生活服务等。私人物品具有排他性和竞争性，即它一旦由某人使用后就不能再由其他人享用，且只能为其拥有者所独有。正是具备了这两种基本特点，私人物品才可以用市场机制来配置资源、组织生产，并且可以用市场交换的方式来提供产品和服务。其交易一般是人们通过竞争确立一个价格，以价交割。私人物品产生的行为动力来自单个“经济人”对自利的追求。

第五，民间经济的外延。民间经济泛指公共经济以外的各种经济形式。从所有制形式上看，民间经济可以是国有国营、国有民营、集体经济、个体经济、私营经济、外资经济、混合所有制经济等；从资本组织形式上看，可以是有限责任形式、股份制形式、合伙形式、合作形式、股份合作制形式等；从其所处的经济领域上看，则可分布在农业、工业、服务业三次产业中除公共经济领域外的各个部门、行业。值得说明的是，即使在公共领域，民间经济也可作为公共物品的某一部分、环节的生产者、运输者等形式出现，如在国防这一纯公共物品的提供上，国家就可以把武器制造中某一环节武器零件交由民间经济去生产。事实上，美国的军火商们本身就是民间经济的主体。

（二）民间经济的特征

相对于公共经济，民间经济具有私利性、有偿性、自发性的特点。

1. 私利性

民间经济的本质特征在于其私利性，即它为满足个人需要而存在，以利润最大化为直接目的。民间经济的这种私利性具体表现在：民间经济以利润最大化为目标；民间经济的主体具有个人性，他们各有自己的独立利益，主体之间的关系表面上看是商品货币关系，本质上是交换劳动的人与人的关系；民间经济的客体是私人物品，用以满足人们吃、穿、住、用、行等个人需要；民间经济的调节机制是市场机制，依靠价值规律的价格机制、供求机制、竞争机制自发调节。从起源看，民间经济是为满足个人生存需要而自然产生的；从发展过程看，民间经济是随着生产水平的提高、社会分工的细致而逐步发展起来的，它的每一阶段的发展都推动了人们生活水平的提高，更加满足了人们的个人需要。民间经济的这种私利性是民间经济主体——个人、企业从事经济活动的内驱力，这正与市场机制这只“看不见的手”的功能相契合。

2. 有偿性

民间经济的私利性决定了个人或企业必须在市场上按照等价有偿的原则交换商品，从而获得价值补偿。对于生产者来说，这种有偿性是其再生产和扩大再生产的基本前提和动力源泉；对于销售者来说，获得相应的商业利益同样是其从事商业活动的根本原因；对于消费者来说，支付相应商品和服务的相应价款自己才能享受相应的商品和服务。所以，民间经济的有偿性是民间经济运行的基本条件。

3. **自发性**

在市场经济中，民间经济生产者和经营者在价值规律的自发调节下追求自身利益，实际上就是根据价格的涨落决定自己的生产和经营活动。这是一种自发调节的自然过程，这种自发性实际上是价值规律自发调节生产资料和劳动在各部门的分配的结果。在自发性的市场机制下，民间经济主体分散在各自的领域从事生产、经营活动，单个的生产者和经营者不可能掌握社会各方面的信息，也无法控制经济变化的趋势，因此，他进行经营决策时，只能根据价格信号决定生产、经营什么，这就有一定的盲目性。另外，市场调节是一种事后调节，即经济活动参加者是在某种商品供求不平衡导致价格上涨或下跌后才做出扩大或减少这种商品供应决定的，这必然需要一个长短不同的过程，有一定的时间差，这就有一定的滞后性。市场机制的盲目性和滞后性加大了民间经济的自发性。

（三）民间经济的功能

民间经济最初产生于人们的生存需要，随着社会生产的发展和社会分工的不断扩大而细化，表现为由采集业、种植业、畜牧业、手工业、商业等向现代农业、工业、服务业的转变，并在总量上逐步扩张，从而更加满足人们的生活需要，促进社会发展。民间经济的功能主要有以下三个方面：

第一，优化资源配置。民间经济依靠市场机制实现资源优化配置。亚当·斯密曾论述了市场机制优化资源配置的机理：一方面资源是稀缺的，另一方面每个人都是理性经济人，并且利己之心人皆有之。市场经济中，各个民间经济主体在利己心的驱动下，每个人都会利用好自己的资本，使之产生最大的价值。消费者依据效用最大化的原则作购买的决策，生产者依据利润最大化的原则做生产供给决策，市场就在供给和需求之间，根据价格的自然变动，引导资源向最有效率的方面配置。市场经济优化资源配置的作用已为人们所公认。

第二，满足人们生活需要。人类的终极目的是尽可能满足自身生存和发展的需要，而现实条件和人的欲望之间永远存在差距，人类活动的全部意义就是缩小、解决这种差距。民间经济活动的逐步发展正是缩短人们生活需要与现实供给的途径和方式。民间经济越发展，人们的吃、穿、住、用、行以及精神消费等各方面的个人需要越能得到满足。在一定社会条件下，民间经济的主体虽然在主观上追求个人利益和个人需要，但同时也增进了其他人的个人利益，满足了他人的个人需要。正如马克思指出的，这时每个人既是工具又是目的，是工具与目的的统一。①

第三，促进社会经济增长，累积社会财富。民间经济作为社会经济整体的重要组成部分，它的增长就是社会经济的增长，它的发展就是社会财富积累的过程。正是由于民间经济的增长才有了公共经济的增加，民间经济是国民经济增长的主体和核心动力，也是社会财富增长的源泉所在。

（四）民间经济与非公有制经济、民营经济

从上文对民间经济的分析中可以看出，民间经济与非公有制经济的划分标准是不同的，民间经济以其目的、存在领域及其产品性质划分，与公共经济相对称；而非公有制经济，以生产资料归谁所有的所有制标准划分，与公有制经济相对称。民间经济也不等于非公有制经济，非公有制经济中具有公益目的、不以等价交换为特征的经济，不属于民间经济；而民间经济中属于公有制成分的经济形式也不属于非公有制经济的范畴。另外，民间经济也不同于民营经济。民营经济与国有经济相对称，是依据经营主体来划分的。民营经济中尽管绝大部分属于民间经济范畴，但其中也有部分为社会公益而进行的经济活动，应属于公共经济范畴。

---

①马克思恩格斯全集（第46卷）［M］．北京：人民出版社，1974：196.

四、公共经济和民间经济的关系

本书研究的中心是现阶段我国公共经济与民间经济关系的优化问题，当然首先要厘定二者的应然关系，通过对比二者实然关系与应然关系才能找出优化的方向和路径。

（一）研究公共经济和民间经济关系的原则

理论与实践相结合原则。公共经济与民间经济的逻辑关系是对现实的二者关系的抽象结论，形式上属于主观思维范畴，而二者的实际关系则是现实的社会存在的两个经济领域发生的物质关系。研究公共经济与民间经济之间的关系，必须分析公共经济、民间经济内部各部分和要素之间的关系以及二者之间的本质联系，这就需要广泛占有关于二者的数据、材料，在充分占有这些材料的基础上，由此及彼、由表及里地分析二者的关系，只有这样才能做到主观与客观相统一，得出科学结论。我们得出抽象理论的目的是要指导经济实践，在得出关于公共经济与民间经济关系的科学理论后还要把它应用到实践中，用以指导公共经济、民间经济活动，进一步优化二者的关系，并在这一过程中检验、发展已得出的理论。

矛盾分析的原则。社会经济按照目的、存在领域及其产品性质划分为公共经济和民间经济两部分，也就是说，公共经济与民间经济是社会经济这个矛盾体的矛盾双方，这就要求我们注意运用矛盾分析的方法。坚持矛盾分析的原则，就是要把社会经济一分为二，分别研究公共经济、民间经济，研究二者的本质特征、区别和联系，揭示、研究、解决二者的实际问题；坚持矛盾分析的原则，就是要具体分析不同时期、不同区域、不同制度下公共经济、民间经济的不同特点，用动态的、联系的观点来认识二者的关系，解决二者关系中存在的问题；坚持矛盾分析的原则，就是要在不同时期、不同区域、不同制度下，分析公共经济、民间经济的地位和作用，既要统筹兼顾又要主次分明地促进二者的发展。

从公共经济学视角，综合运用其他学科方法研究的原则。随着社会的现代化，政府等社会公共部门介入社会经济生活的程度越来越深入，介于经济学与政治学之间的公共经济学对于社会经济发展的重要意义日益受到经济学、政治学、行政学等领域的实践者和理论研究者的重视。我们研究公共经济与民间经济关系优化问题，当然要从公共经济学视角研究问题，运用公共经济学的方法去分析、解决问题。另外，二者关系的优化，必然涉及社会学、政治学、行政学、财政学以及经济学的其他分支，这就要求综合运用这些学科的工具、方法，分析、解决问题。

（二）公共经济和民间经济的逻辑关系

所谓公共经济和民间经济的逻辑关系，就是在一国或地区的某一特定历史时期，公共经济和民间经济之间必然或应然的关系。公共经济与民间经济的逻辑关系是对二者现实关系的抽象反映形式，表现在经济主体上，就是公共部门与私人部门的关系；表现在目的上，就是满足公共需求与满足个人需求的关系；表现在调控机制上，就是政府调节机制与市场机制的关系。

我们可以把一国特定历史阶段下的经济看作是一个系统，这个经济系统是“以人类的活动为中心的涉及社会、经济、科学技术、文化教育、生态决策环节等各个领域的一个有机的整体”①。从经济系统的运行方式看，它是由生产力和生产关系不可分割的两方面组成的，其中，生产力是生产的物质内容，即体现人类与自然之间的经济活动；生产关系是经济活动的社会形式，二者的对立统一形成了经济系统的内部矛盾运动，推动着经济系统的发展变化。从经济系统的构成因素看，它以经济因素为核心，包括社会因素、自然环境因素、科学技术因素、政治因素、文化因素等，这些因素的不同结构形成不同经济系统。从经济系统的构成领域、行为主体和目的看，可以分为公共经济和民间经济两个部分，这两部分有着不同的主体、目的、客体、存在领域、运行机制，同时也有不同的特征、作用和功

①高洪深．经济系统分析［M］．北京：清华大学出版社，2007：31.

能。公共经济和民间经济之间是对立统一的辩证关系。

1. 公共经济与民间经济统一于人们的经济实践中

劳动过程是人们运用劳动工具改造自然获取财富的社会化过程，也是不断满足自身需要的过程。满足人们公共需要的经济活动称为公共经济，满足人们个人需要的经济活动称为民间经济。无论是公共经济还是民间经济都要供给产品和服务，以满足人类需要为目的，都要耗费社会资源，都要解决生产什么、怎样生产和为谁生产的经营决策问题。二者不可分割、相互作用，统一于人的经济实践过程中。

（1）公共经济与民间经济相互依赖、不可分割

公共经济与民间经济是人类社会经济活动相互依赖、不可分割的两个方面。首先，公共经济与民间经济同时产生。人们的公共需要和个人需要同时存在，公共经济与民间经济也同时产生，都是随着劳动过程、人类社会形成而萌芽、发展的。其次，公共需要与个人需要的不可分割性是公共经济与民间经济相互依赖、不可分割的根本依据。人类要生存、发展既需要共同的安全、秩序、公平、效率、保障等公共需要，同时更要满足吃、穿、住、用、行以及精神消费等个人需要。从根本上讲，公共需要是由个人需要加总产生的，公共需要是个人需要的集合。正如没有个人就没有集体一样，没有个人需要就没有公共需要；没有民间经济，公共经济也不复存在。再次，公共经济与民间经济之间的界限是一条模糊的互有交叉的宽带。公共经济发展的资金来源于民间经济的税费、共同出资；民间经济的发展则需要公共经济提供秩序、环境等外部环境；在特殊情况下，由于国家政策变动或排他性技术的提高，公共经济形式有可能转变为民间经济形式（如道路收费），而由于社会经济发展水平的提高，民间经济形式也可能转变为公共经济形式（如由自我保障到社会保障）。最后，混合物品的供给要公共部门和私人部门合作完成，这也使公共经济与民间经济根本无法分开。

（2）公共经济与民间经济相辅相成、相互促进

民间经济是公共经济的前提和基础，公共经济为民间经济提供服务和

保障，二者相辅相成、互相促进。一方面，没有个人生存、发展，就没有社会存在、发展，民间经济是个人生存、发展的直接动力和源泉，它为整个社会的存在、发展提供基本生活、生产条件。公共经济的产生、发展根源于个人共同需要的不断扩张。“民间经济不仅为公共经济提供实现物质和价值补偿的经济资源，民间经济越发达，效率越高，为公共经济提供资源的能力就越强。”① 同时，民间经济的发展也创造着公共经济的发展领域，民间经济的规模越大、内部分工越发达，将越对公共经济的规模和质量提出更高的要求。没有民间经济，公共经济就成为无源之水、无的之矢。另一方面，公共经济为满足个人的公共需要而产生，为民间经济提供服务和保障。民间经济活动需要安定的环境，就产生了国防；民间经济活动需要稳定的秩序，就产生了经济制度、法律制度等各种社会制度；民间经济活动需要基础设施，就有了防洪、灌溉、道路、桥梁、供水等基础设施建设；民间经济活动需要提高劳动者素质和专业技能，就产生了学校教育、科研服务……另外，民间经济活动在市场机制的调节下往往会出现市场失灵现象，这就需要公共经济发挥资源配置的功能对民间经济实施调节，引导民间经济的发展。公共经济对民间经济的服务、保障、调节的作用推动着民间经济的发展。

（3）公共经济与民间经济有着类似的运行机制

公共经济与民间经济作为社会经济的两个方面，都遵循着基本的经济学原则——以最小代价获取最大效用。在这一基本原则驱动下，参照西方公共经济学研究成果，公共经济的政府调控机制与民间经济的市场机制有如下相似之处：公共经济中的公共选择可称为政治市场，它与民间经济的交易市场相对应；政治家或政府官员要在政治市场上决策、执行、监督，正如交易市场上企业家的决策、生产等运营活动；政治选民用自己手中的选票购买自己的服务者，正如消费者购买商品或服务，政治选票相当于货币投票；个人在公共经济中或民间经济中都要追求个人效用的最大化，即具有同样的动机和目标。这种类比理论显然有一定的机械性，并且建立在理性经济人的

①齐守印．中国公共经济体制改革与公共经济学论纲［M］．北京：人民出版社，2002：9.

原则之上，忽视了人的政治、道德、思想觉悟的积极作用，但却在一定程度上说明了政府调节机制与市场机制的相似之处，有一定的借鉴意义。

2. 公共经济与民间经济的对立

公共经济与民间经济产生于人类的不同需要、存在于不同的社会领域，而且在社会经济系统中作用与功能也不同，二者既是统一的，又是对立的。

(1) 公共经济与民间经济的区别①

公共经济与民间经济的区别是显而易见的。一是主体不同。公共经济的主体是公共部门，包括政府部门、公用企事业单位、政策性金融机构、其他公共组织，在特定条件下，私人也可以成为公共经济的主体；民间经济的主体是个人、企业。一般来说，民间经济的基础和对象是个人，公共经济的基础和对象是集体。二是目的不同。公共经济以增进社会公共福利为目的，包括安全目标、秩序目标、效率目标、公平目标、保障目标等；民间经济活动的目标是利润的最大化，是为了追求超过成本的剩余价值，从这个角度说，民间经济行为的目的只有效率目标。三是满足需要的性质及客体不同。公共经济提供的是满足人们公共需要的公共物品，民间经济提供的则是满足人们个人需要的私人物品。尽管公共需求、个人需求根本上都是人的需求，但公共需求具有公共性、集合性和不可分割性，需要用公共物品去满足。私人需求则具有个体性，通过私人物品来满足。公共物品与私人物品在消费上也具有不同特性——非排他性与排他性、非竞争性与竞争性。四是运行机制不同。虽然在上文提到二者运行机制可做类比，但毕竟差别是显著的。公共经济以政府调控为运行机制，运用国家公共权力，通过经济、行政、法律手段自觉地进行资源配置。当然，在政府调控过程中也要善于利用市场机制提高效率。而民间经济则主要采取市场机制，通过竞争机制、价格机制、供求机制自发地进行资源配置。

(2) 公共经济与民间经济的相互排斥

公共经济与民间经济的相互排斥表现在以下两个方面：第一，二者对

①前文已分别对公共经济与民间经济的产生、含义、特征、功能做了较为详细的论述，这里对二者的区别只做简要说明。

经济资源的占有量此消彼长。一般认为，社会经济资源在特定时间内是有限的、稀缺的。公共经济与民间经济既然都要消耗特定量的经济资源，在社会经济资源这个“大蛋糕”特定的条件下，二者对其占有量必然处于此消彼长的对立状态下。能否合理配置公共经济与民间经济的经济资源占有量，对于二者各自的发展，乃至社会经济的发展有重要影响。第二，二者在社会经济系统中的比重此增彼息。由公共经济与民间经济构成的社会经济系统在特定时间内也是个定量，这时，公共经济所占比重增加，则民间经济的比重减少，反之，则反是。这就造成了合理、科学划定公共经济与民间经济的范围、比重的问题。可见，有限的经济资源在公共经济与民间经济之间配置比例是否合理、公共经济与民间经济在经济总量中的比重是否恰当，关系着整个社会经济系统的效率高低、最优运转。如果配置不当、比例失调或者各自内部结构存在问题，无论是公共经济还是民间经济以及整个社会经济都不会处于帕累托最优状态，即难以实现社会福利最大化。

3. 公共经济与民间经济的良性互动促进社会经济发展

社会经济发展是由社会经济系统中各要素协调、互动，合力推动的结果，公共经济与民间经济的良性互动必然促进社会经济的发展。首先，公共经济与民间经济共同构成社会经济整体，二者相互依存、相辅相成是整个社会经济存在和发展的基础。其次，公共经济与民间经济相互为对方提供支持，互相吸收有利于自身的因素而使双方得到发展，从而推动社会经济发展。如上文所述，民间经济是公共经济的前提和基础，公共经济为民间经济提供服务和保障，二者分别在不同领域、不同环节起着不同的作用，共同优化资源配置，推动整体经济发展。最后，随着社会生产力的发展，以及社会因素、政治因素、文化因素、环境因素、人口因素等的变化，公共经济、民间经济的范围、规模、质量、比例也都会发生相应的变化，这种变化也促使着社会经济结构的更新发展。

（三）公共经济与民间经济的逻辑边界

严格地说，任何时期的社会经济系统都是公共经济和民间经济共同构成的混合经济形态，二者尽管有着千丝万缕无法割裂的联系，但二者的区别是明显的。公共经济与民间经济的逻辑边界，是指二者在社会经济系统中因相互区别而产生的应然的确定界限。依照不同标准，公共经济与民间经济的边界可分为目标边界、产权边界、规模边界等。

1. 公共经济与民间经济的目标边界

公共经济与民间经济的目标边界是依照二者满足需要的目标不同而划定的边界。公共经济的目标是满足人们的公共需要、增进社会公共福利；民间经济的目标是满足人们的个体需要，使个人利润最大化，这是二者目标边界的根本依据。个人需要的有机综合即公共需要，无数个人利润的最大化必然增进社会公共福利，但公共需要毕竟不同于个人需要，个人利润最大化不等于社会公共福利的增进。显然，个人需要与公共需要、个人利润最大化与社会公共福利增进的边界就是公共经济与民间经济的目标边界。

（1）个人需要与公共需要的边界

个人需要是指维持生存、繁衍后代、改善生活、发展自己和家庭成员的需要。个人需要主要与个人生活联系在一起，通过衣、食、住、用、行以及个人精神消费等各种消费资料和消费性服务来得到满足，代表着个人的自身利益、目前利益和局部利益，这种个人需要要通过具有消费竞争性和排他性的个人物品加以满足。公共需要是指维护社会集体的存在、发展以及正常发挥其功能的需要，表现为用于维护、丰富、提高社会集体的物质文化生活的需要，它通过公共物品的消费得以满足。划分个人需要与公共需要边界要看需要的主体是个人还是集体、需要的客体是否具有可分割性。

从需要主体来说，凡是为满足相互独立的个人的生活、生产、发展和享乐需要的是个人需要，如饥有所食、寒有所衣、住有所居等是个人的生活需要；运用资本、知识、劳动力、技术、信息等是个人的生产需要；学习知识、强化能力、提高道德品质、参与社会政治活动是个人的发展需要；美食、休闲、旅游、娱乐、获得奖赏赞扬等是个人的享乐需要。凡是为满足人们共同的社会生活、生产、发展和享乐，需要通过群体的合作、交往才能完成的则为公共需要，如自然环境和生态平衡的保护，社会安全和秩序的维护，社会保障、教育、医疗、公共设施等的建设与发展，社会形态、民主制度的进步与完善，科学技术的开发与应用，社会的和谐与人的全面发展等。这些公共需要只有在集体的基础上才能满足、不可分割，一般也具有非排他性。

从需要客体来说，私人物品具有可分性、能够被自然人分别占有、排他性消费等特征，即它具有消费上的独有性、排他性和竞争性。当消费者花钱购买某个私人物品后，他便具有了对该物品的特定产权，可以独自享有、支配，其他人则没有这种权力，他可以决定如何消费、给谁消费、何时消费。公共物品则具有消费上的共享性、非排他性、非竞争性和不可分割性，只能作为社会共同消费的客体，每个人都可无偿、公平地享用。如政府通过设立军队、警察等提供的国家安全、社会成员安全的服务，城市治理严重污染而使城市居民享有新鲜空气。可见，私人物品与公共物品有着不同的性质和特点。

在个人需要和公共需要之间，也有部分需要很难严格界定其属于个人需要还是公共需要，如供水、交通、教育、医疗等，这些一方面显然具有个人需要的因素，另一方面又具有显著的外部性和规模经济的性质，从而又具有公共需要的因素。而且，随着经济发展水平的提高和公共经济能力的提升，一些个人需要正在公共化，如教育在古代具有较为明显的个人需要性质，但在当代被认为具有明显的公共性，尤其是基础教育几乎成为纯公共物品；而随着排他性技术的提升，一些公共需要也变得可以私人化，如道路收费、港口收费等。划分公共经济与民间经济的界区必须充分认识到混合物品的本质和特征。

(2) 个人利润最大化与社会公共福利增进的边界

民间经济的个人利润最大化是个人、企业尽可能扩大自我利益的过程，其利益归个人、企业占有、使用、支配、处分。公共经济增进社会公共福利是公共部门为满足公共需要而尽可能地扩大公共福利的过程。个人利润最大化的极值是边际成本等于边际收益，是可以用货币来表示的数值，一般通过劳动生产率、科学管理、科学运营等手段来取得。社会公共福利的增进很难用货币表示，只能用接受福利的人的满意度来表达。社会公共福利的增进从根本上说主要依赖于生产力的提高、社会制度的优化、经济发展水平的提高等因素，而其直接决定因素是公共收入的数量，这与税收制度、民间经济的总量直接相关。

划分个人利润最大化和社会公共福利增进的边界要看利润或福利的运营者和享有者是否为同一主体以及这种结果能否用货币度量。民间经济个人利润最大化的直接经营者和享有者同是民间经济主体本人，且利润是可以用货币度量的。比如，某企业一年利润一定是个可以用货币来表示的确定数值，这个利润是该企业通过生产、销售、经营等运营活动所获得并享有的。公共经济主体所增进的社会福利的享有者则是它所服务的对象，且这种福利总体上不能用货币度量。比如，某城市政府在城市中心建造一城市休闲公园广场，使该城市居民享有该公园广场带来的福利，公共部门作为运营者，而该城市居民则是其享有者，这种公园广场的福利增进也无法用货币度量。

2. 公共经济与民间经济的产权边界

公共经济与民间经济的产权边界是依据二者主体的责、权、利的不同而划分的边界。由于公共经济与民间经济的性质不同，二者的产权关系也不同，因而产权边界是明显的。公共经济的本质在于其公益性的经济性质，其主体是提供公共物品的公共部门；而民间经济的本质就是私人性的经济形式，其主体是提供私人物品的个人或企业。据此，我们可以对公共经济与民间经济的产权边界作如下划分。

（1）职责方面。作为公共经济主体的公共部门对其服务范围内的个人负有提供安全、秩序、效率、公平、保障等方面公共物品的职责。不同层级、不同性质的公共部门负有提供不同范围、不同性质公共物品的职责，其中政府是最主要的公共部门，国家是公共部门的总代表。公共部门的职责从宏观的角度看就是要“以维护稳定为核心，以资源配置和收入分配为两翼，从而促进经济增长与社会发展，处理好公平与效率的矛盾”①。在这三项宏观职能的指引下，不同层级、性质的公共部门还要分别履行自己的具体职责，从而实现这三项宏观职责。作为民间经济主体的个人、企业首先对自己的生产、经营风险负责，企业的经营者对企业的出资人负责，并以生产经营的产品和服务对其消费者负责。显然，公共经济主体的职责是对社会公众负责，而民间经济主体是对特定个人负责，这就是二者在职责方面的界限。

（2）权力方面。公共部门拥有法定的公共权力或公共权威部门授予的公共权力，这种公共权力是公共部门用以处理公共事务、维护公共秩序、增进公共利益的权力，它源于政治统治和社会管理的共同需要，具有普遍约束力。个人、企业则享有法律规定的在生产经营过程中产生的诸如所有权、占有权、使用权、收益权、剩余索取权、继承权、知识产权以及其他合法权利等。作为民间经济主体的个人、企业所享有的权利主要源于法律的规定和市场活动正常进行的需要。公共部门权力与个人、企业的权力（即“公权”与“私权”）相比，二者的界限是明显的。从本质上看，“公权”的主体属于公众而非某个个人，“私权”的主体属于私人；从客体上看，“公权”指向的是公共事务，而“私权”处理个人事务；从功能上看，“公权”为公共福利的增进服务，“私权”是个人利润最大化的必要条件。显然，公共部门的公共权力比个人、企业的“私权”更具有权威性、强制性、普遍性，公共权力的这些特性使公共权力有着比“私权”更广泛的约束力、强制力和管辖范围。我们应当认识到，在不同的社会制度下，“公权”与“私权”的性质是不同的。在资本主义制度下，“公权”首先是为资产阶级利益服务的，在此基础上才是为公众服务，满足公共需要的；“私权”也同样受到资本主义生产资料私有制的限制，而表现出明显的阶级性。社会主义制度下，由于统治阶级作为一个阶级已经被整体消灭，因而“公权”是维护广大人民群众的共同利益，为增进社会公共福利服务的；建立在社会主义公有制和社会主义民主制度上的“私权”也具有了新的内

①黄恒学．公共经济学［M］．北京：北京大学出版社，2009：54.

容——最大限度地满足人们日益增长的物质和文化生活的需要。

(3) 利益方面。从理论上讲，作为公共经济主体的公共部门不应有自己的物质利益，这是其部门性质决定的。但在现实社会生活中，由于公共部门的职责、权力都是由自然人去完成和行使的，这就有可能把这种权力利益转移给公共部门的决策、办事的公职人员。一方面，这些公职人员有可能因办事得当而得到公众的认可，获得升迁的机会；另一方面，也可能因民间经济主体的寻租或自己的腐败而得到部分非法经济利益——这正是公共权力需要监督的原因所在。个人、企业作为民间经济主体，在自己的经济活动中可以获得用货币表示的利润、物品等，从而获取自身的生存、发展、享乐的物质和精神条件。显然，公共经济主体与民间经济主体在利益方面是截然不同的，可以说公共部门没有自己的私利，而个人、企业则以得到自己的利益为其存在、发展的条件。

3. 公共经济与民间经济的规模边界

公共经济与民间经济的规模边界是指在特定经济发展阶段，二者在整个国民经济中各占多大规模，包括经济资源在公共部门和民间部门的横向配置、公共经济总量和民间经济总量分别在国民经济中的比重。公共经济与民间经济的规模边界问题是一个带有价值性、可用数量表示的动态边界。

由于公共经济与民间经济的矛盾关系，只要确定公共经济的规模即确定了公共经济与民间经济的边界。确定公共经济规模的度量指标一般可从以下几方面考虑：一是公共收入和公共支出总量及其在国民经济中的比重；二是从事公共经济工作的人数及其在国民经济就业人数中的比例；三是公共经济建设投资总量及其在国民经济投资总额中所占的比例；四是国民收入在公共部门分配总量及其在国民收入总量中的比例。显然，上述四个度量指标是容易计算的，也就是说公共经济与民间经济在某个时间点的规模边界是容易度量的。

关于公共经济与民间经济的最优规模边界问题是一个长期困扰公共经济学界的问题，即公共经济和民间经济在国民经济中各占多大比例才最有利于经济发展（效率最高）、社会进步（公平、安全、秩序等）问题，也就是怎样的比例才能实现社会投资最大化、社会资源利用效率最大化和社会成员福利效用最大化，并使公共经济与民间经济处于相对均衡的帕累托最优状态的问题。其实，这一问题在不同学科也有涉及，政治学领域有政府规模最优问题，财政学领域有财政规模最优问题等。这一问题的解决还需要在实践中从不同角度继续探求。

第三章
中外民间经济、公共经济及其关系的历史演进

公共经济与民间经济的关系问题，从根本上说是一个现实的、实证性的问题。研究公共经济与民间经济关系优化需从历史的角度考察二者在不同历史阶段的动态变化。本章试图对中外民间经济、公共经济及其关系的历史演变作实证性研究，期冀透过历史事实窥出公共经济与民间经济动态关系的规律性，为优化当代中国公共经济与民间经济关系提供重要的历史借鉴与启迪。

一、原始社会："公"、"私"难辨的原始经济形式

原始社会时期，人们主要从事采集、渔猎、畜牧等经济活动，同时为保证氏族成员的生存和安全，他们需要群体协作，防止野兽的侵袭、抵御外族抢掠、修建公共活动场所和设施等。

在中国，原始社会初期的人们"未有火化，食草木之实、鸟兽肉，饮其血，茹其毛"[①]。后来，人们学会了用火、结网渔猎和耕作，逐渐开始生产生活。随着时代发展，人口不断增加、生产工具不断进步、经济活动的内容和范围不断扩大。距今7000年左右的仰韶文化遗址显示，当时村落越来越多，规模越来越大，生产工具的种类和数量也日益增多，有石制、陶制、骨制等工具，还出现了多种用于谷物加工的石制碾磨器和用于储藏粮食的大型陶瓮、陶罐等。到距今5000年左右的龙山文化时期，出现了圈养

①礼记·礼运.

的猪、鸡、牛、羊、马等牲畜，这说明粮食有了剩余。四五千年前的黄帝时期，大约是父系氏族社会，传说黄帝“艺五种”，“时播百谷草木”①，这说明这时我国已进入农耕时期。原始社会后期，人类社会出现了畜牧业与农业分离的第一次社会大分工，两个部落开始有了易货交易，商品出现了。据说尧时已有这种交换，“尧之治天下也，水处者渔，山处者木，谷处者牧，陆处者农，地宜其事，事宜其械，械宜其用，用宜其人……得以所有易其所无”②。随着农业的进一步发展，手工业从农业中分离出来，这是人类社会的第二次大分工。这次分工出现了独立的手工业部门，个体工匠出现了，以交换为目的的商品生产萌芽，从而促进了商品交换的扩大。另外，原始社会的公共事务主要是维护氏族整体生存与安全，尤其是为此而进行的战争、修建的公共设施等。如《史记》记载“神农氏衰，诸侯相侵伐”，“轩辕乃习用干戈，以征不享，诸侯咸来宾从”，“与炎帝战于阪泉之野，三战，而后得其志”，“与蚩尤战于涿鹿之野，遂擒杀蚩尤，而诸侯咸尊轩辕为天子”③。相传大禹“开九州，通九道”、“任土作贡”④，并在全国范围内“调有余相给，以均诸侯”⑤，大禹也自称“予决九川，距四海，浚畎浍距川”⑥。大禹治水的传说反映了当时人们处理公共事务的方式和过程。

古希腊、古罗马等西方国家的原始社会也大致经历了如上的发展过程。公元前 2000 年，希腊半岛上有 100 多个由家庭按照军事方式组织起来形成的公社共同体，这些公社共同体靠战争来保护自己的土地或是掠夺土地。“一个共同体所遭受的困难，只能是由其他共同体引起的，后者或是先已占领了土地，或是到这个共同体已占领的土地上来骚扰。”⑦ 于是，战争成为当时共同体的共同任务。正是战争的需要，这些公社共同体的经济建立在

①国语・鲁语上.
②淮南子・齐俗训.
③史记・五帝本纪.
④史记・夏本纪.
⑤尚书・禹贡.
⑥尚书・益稷.
⑦马克思恩格斯全集（第 46 卷上）［M］. 北京：人民出版社，1979：475.

"国家所有同私人所有相并列的双重形式"[①] 所有制基础之上。在这种条件下，单个人就是归自己和自己家庭独立所有的那片土地的私有者，个人劳动和个人财产得到发展。同时，共同体也有共同的土地财产，私人财产以公社的土地财产为媒介。公社所有制和私人所有制相互对立并相互补充。这种所有制形式容易把民间经济更多地裹挟在公共事务——战争之中，因而具有更大的公共性。

原始社会，人们的经济活动基本上限于维持自己的生存需要。这时由于社会生产力极其低下，人们必须在生产资料公有制的基础上相互合作、共同劳动、平均分配劳动产品，因为只有如此才能保证原始人的共同生存。从这个意义上说，原始社会时期，人们几乎每一生产活动都带有公共性，除了极少的个人日常生活用品如衣服、装饰品等归个人占有外，其他物品都可以称为"公共物品"。当然也不排除原始社会条件下个人为了满足自己生存需要而"多劳、多吃、多占"的"纯民间经济"行为，但总体上看原始社会时期社会经济活动的公共性与私人性是紧密结合、难以分辨的。

可见，在原始社会中，公共经济与民间经济是随着生产力水平的不断提高而逐渐分化的——二者的界限在其前期难分难辨、后期逐渐明显，这是公共经济与民间经济关系在原始社会中的显著特点。

二、奴隶社会到封建社会：民间经济与公共经济的缓慢增长

中西方奴隶社会到封建社会都经历了几千年的漫长历史过程。在这一历史过程中，公共经济与民间经济在不同历史阶段各有其特点，而且中外之间的公共经济与民间经济由于不同的文化传统而使其具有不同特点。从整体上看，中西方奴隶社会到封建社会的公共经济、民间经济都有较大增长，但相对于悠久的历史而言就显得相当缓慢了。而且，这期间公共经济所占份额较小，公共经济对于民间经济的保障、服务作用增强缓慢；公共

①马克思恩格斯全集（第46卷上）［M］．北京：人民出版社，1979：472.

经济总量随着民间经济总量、增长速度、财税制度以及历史事件而变化。

（一）中国奴隶社会、封建社会的民间经济、公共经济

如果从公元前 21 世纪夏启建立夏朝算起，到公元 1911 年清廷退位，我国奴隶社会和封建社会共历时 4000 多年，可谓历史悠久。在这漫长的历史过程中，我国公共经济、民间经济缓慢增长。

1. 奴隶制社会条件下的民间经济、公共经济

按照传统的说法，我国奴隶制社会经历了夏、商、周三个朝代。在奴隶制下，奴隶主占有生产资料并完全占有劳动者——奴隶，奴隶在奴隶主的强制下从事生产劳动。其中国王是最大的奴隶主，即所谓“普天之下，莫非王土；率土之滨，莫非王臣”①。国王成为统治阶级的最高代表决定着国家的重大公共事务。

在劳动工具与耕作技术逐步改进的基础上，我国夏、商、周的奴隶社会经济得到一定程度的发展。夏代的生产工具有用石制、骨制的斧、镰、刀、铲等，商代出现了青铜工具，西周时期金属工具有所增加，出现了钱、镈、铚、艾等。人们懂得了许多农田施肥、管理技术，产生了“公田”——“方里而井，井九百亩，其中为公田。八家皆私百亩，同养公田。公事毕，然后敢治私事”②。这里的公田虽不是真正意义上的公共经济成分，而是贵族直接管理的土地，但也具有公共经济的强制性特征。当时，奴隶的劳动规模是很大的，甲骨文中曾有驱赶 3000 名奴隶去公田的记载，有“亦服尔耕，十千维耦”③ 的说法。

随着农业生产的扩大，手工业也有所发展，逐步成为民间经济的重要组成部分。夏代出现了鼎、盆、角、罐等陶器制品和蚌器、玉器、木器、骨器，还有冶铜作坊。商代的青铜冶铸业、制陶业、丝麻纺织业、玉器业、骨角制造业、漆器业、竹木制造业都比夏代有较大发展，而且出现了皮革、

①诗经·北山.

②孟子·滕文公上.

③诗经·周颂·噫嘻.

酿酒、舟车、土木营造、饲蚕、织帛、制裘、缝纫、玻璃、砖瓦等手工制造业，其中青铜器制造业最为发达。据《周礼·考工记》记载，当时有30多个工种。这些手工业品成为人们日常的个人消费品，丰富了人们的经济生活。

手工业的发展促进了商品交换的扩大。夏代出现了一般等价物。商代商品交换广泛，出现了商人阶层。西周时期，商业活动的规模更大了，不少城市中专门设立贸易市场——市，市内分设各肆，政府派员进行市场管理、征税。商周时期的商业，主要由官府和贵族控制与经营，收入也归奴隶主官府或贵族所有，即所谓"工商食官"①，这是名副其实的公共收入，属于公共经济成分。春秋时期，私商大量出现，自由商人阶层形成，出现了诸如范蠡、子贡、白圭等大商人，打破了"工商食官"的格局。而且，"国际贸易"也迅速发展，齐国产的盐运销梁、赵、宋、卫等国，郑国商人携带牛、牛皮等进入晋国，楚国的木材、皮革被贩运到晋国。管仲治齐，把国人分为"士农工商"四个阶层，准予"商之子恒为商"②。

夏、商、周民间经济的进步同时促进了公共经济的发展。夏代时，大规模的集体开挖沟渠灌溉的水利工程已经出现。西周时，兴修水利和其他公共设施就更多了，如《周礼》记载"遂上有径"、"沟上有畛"、"洫上有涂"、"浍上有道"、"川上有路"③。尤其值得注意的是，夏朝奴隶制国家建立的同时就产生了国家财政，财政的产生是公共经济发展的决定性环节。曾子还对公私的税收比例做出了考证，说："夏后氏五十而贡，殷人七十而助，周人百亩而彻。"④ 夏、商、周三代的农人除了缴纳贡、助、彻的田税外，还要出军赋和服劳役。虽然这时的国家财政收支与王室收入不分，并且基本上采取劳役和实物形式，财政支出中经济建设支出比重极小，而主要用于军事支出、王室支出和祭祀支出，但毕竟产生了公共经济赖以存在和发展的基本条件——财政。另外，在教育方面，夏朝设立了以"序"为

①国语·晋语.

②国语·齐语.

③周礼·地官·遂人.

④孟子·滕文公上.

形式的官方学校；商代出现新的学校形式“瞽宗”；西周时期，政府设国学和乡学两类，国学又分大学和小学两级，而乡学则多称为庠、序、校、塾等。此时教育的对象虽主要面对贵族子弟，平民很难进入官办学校，但教育的公共性可见一斑。

2. 封建社会的民间经济、公共经济

封建制社会制度下，地主阶级占有土地这一主要生产资料，农民依附于地主的土地参加劳动，形成了以土地为基础，以家庭为生产单位，农业与手工业结合，具有自我封闭性、独立性，以满足自身需要为主的封建自然经济结构。在这种自然经济结构下，公共经济、民间经济虽在某些历史时期有较大发展，但总的来说可概括为“缓慢前行”。

我国封建制下的农业经济以自给自足为显著特点，其进步主要表现在农业生产工具的改进和耕作技术的提高上。春秋战国时期，铁制农具、牛耕在农业中出现，使大面积农田得以耕种。到两汉时期，随着冶铁技术的迅速发展，农耕工具出现了铁齿耙、耧车、耦犁、铁锄、铁铲、镰铲、水车、水磨等。唐代，在南方出现曲辕犁、筒车等。宋代，南方水田有了插秧工具——秧马。明清时代出现了风力水车等。生产工具的改善大大提高了生产能力，促进了农业经济的发展。同时，我国的农耕技术也有较大发展。到隋唐时期，以黄河流域为代表，形成了耕—耙—耱—压—锄相结合的旱作农业技术体系，休耕制度逐渐向连种制发展，并在此基础上形成了灵活多样的轮作倒茬方式。明清时代，复种指数进一步提高，一年两熟制、两年三熟制、一年三熟制更为普遍，这就大大提高了粮食产量。

春秋战国时期，随着铁器应用、各国变法和“通商惠工”政策的推行，我国民间手工制作发展起来。当时，除了冶铁、煮盐和漆器等成为新兴手工业而迅猛发展外，青铜冶铸、木器制造、纺织炼染、制陶、车船制造、建筑、玻璃、玉器、酿酒等手工业在规模和工艺上都较前有更大提高。秦汉时期出现了造纸术，并形成官营手工业和私营手工业并存的局面。魏晋至隋唐时期，官府手工业进一步加强，形成了完善、系统、机构庞大的官工制度。制瓷业在隋唐时期进入繁荣时期，青瓷和黑瓷烧制技术提高很快，

瓷窑遍布全国，出现了“唐三彩”。五代宋元时期，以火药、印刷术、指南针的发明与应用为标志，我国手工业进入高度发展时期。明清时期，官府手工业开始衰落，民间手工业盛极一时，遍及各个行当，并在手工业发达的江南地区出现了资本主义萌芽。

我国封建社会的商品经济是在自然经济的边缘上逐渐前进的。战国时期，“百工”阶层产生，与之相联系的商业步入繁荣时期，形成众多商业中心，也成就了大批商业巨贾，如活跃在雒阳（今洛阳）、邯郸、蓟（北京）、吴（今苏州）等商业中心的陶朱、猗顿、乌氏倮、卓氏、孔氏、曹邴氏、郭纵等。秦汉时期，社会经济逐步恢复与发展，城市数量和规模不断扩大，《史记·货殖列传》记载了当时散布在9省的19个大型商业都会，《盐铁论·通有篇》称当时有10个城市“富冠海内，皆为天下名都”。这时商人队伍扩大，形成了盐铁商、囤积商、转运商、高利贷商、经纪商、坐商等商人类别。同时，秦汉时期市场制度也走向完备，有固定的交易场所“市”，市的设立、经营、税收、调控有统一的管理。魏晋到五代十国期间，农村集市“草市”开始兴起。隋唐时期，商业都市繁荣，长安、洛阳名满天下。唐时长安有居民196万，洛阳居民118万，洛阳城内有南市、北市和西市，仅西市就有“一百二十坊，三千余肆”，“重楼延阁，珍奇山积”①，还有苏州、杭州、汴州等兴盛非凡。以这些商业都市为中心，加上大量草市、乡村集市的普及，形成了一个个四通八达的商业网络，并进一步促进了城乡之间、城市与城市之间、地区与地区之间商品经济的交往和商业的纵深发展。与此相应，唐代出现了纯粹的金融机构——柜坊，还出现了“飞钱”汇兑的交易工具。北宋时期，10万户的城市已达40多个，北宋东京人口20万户，南宋临安人口也在百万以上，尤其是宋代出现了世界上最早的纸币——交子。元代大城市更多，在商业都市中兴起了商业街，镇、草市为代表的小市场大发展，在此基础上全国形成了若干区域市场，如以汴京为中心的北方市场；以永兴军、太原和秦州为支点的西北市场；以成都、梓州等地为中心的西南市场；以苏杭为中心的东南市场；以广州为中心的岭

①河南志（卷1）.

南市场。明清时期，随着国家的大统一、社会人口的增加、水陆交通的发展，商品经济空前繁荣，形成了安徽商帮、山西商帮、广东商帮、福建商帮、龙游商帮、江苏商帮、洞庭商帮、陕西商帮、山东商帮、京都商帮等商帮，尤以晋商、徽商活动范围最广，势力最大，随之出现了会馆、公所和行帮等商业组织，为商业服务的新的金融机构——钱庄、银号、票号也发展起来。一些富有的商贾还投资生产领域，办起手工作坊，成为“厂商”。

在以上我国民间经济发展的带动下，在封建中央集权的君主专制制度下，出于维护封建君主和地主的阶级统治需要，同时也出于管理社会公共事务的需要和经济发展规律性的客观要求，我国公共经济也不断发展，这主要表现在公共事业、财税收支、国家对经济的调节政策以及一些官办手工业等方面，下面按朝代顺序稍作叙述。

公共事业方面。战国时期就有一些大型公共工程，如秦国郑国渠、蜀国的都江堰等。秦朝统一后，统一车轨、币制，修建驰道，北筑长城，在全国发展水陆交通事业。隋朝开凿京杭大运河。明朝重视水利事业发展，据洪武二十八年（1395 年）统计，全国共开塘 40987 处，浚河 4162 处，修建陂渠堤岸 5048 余处。[①] 明政府于 1411 年、1566 年两次修浚了京杭大运河。清朝前期耗费巨资治理黄河、淮河、永定河，整治了云南到江浙的长江水系，农田水利建设也颇有成效。据统计，仅西安等地 47 州县修筑的农田水利工程就达 1170 处，灌田 64 万余亩。[②] 值得注意的是，明清时期一些商人在富有之后，为了求得社会认同，还向社会公益事业投资，修建道路桥梁、兴办学校、修筑祠堂、抚孤恤贫、助饷助赈等，如清乾隆、嘉庆两朝六大盐区的盐商，以军需报效、水利报效、赈济报效、备公报效的银两就达 6500 万两。[③]

财税方面。战国时期，国家授田给农民，农民必须承担三项任务：一

---

①明太祖实录（卷 234）. 八月乙亥.

②郭文涛. 中国农业科技发展史略［M］. 北京：中国科学技术出版社，1988：366.

③陈　峰. 清代盐政与盐税［M］. 郑州：中州古籍出版社，1988：220.

是交粟米，即交田租，为什一之税；二是交布帛，即户口税；三是力役，主要指兵役和劳役，此外还要负担刍稿、关税、市税、牲畜税、房屋税、桑蚕税、山林渔猎税、盐税等。秦朝横征暴敛、赋税较高。汉代武帝时期北击匈奴，发动了大规模战争，对劳动人民赋税加重，可以说是倾全国之物力、人力。东汉末年曹操推行屯田制，屯田收入成为国家财政的一个重要来源。北朝、隋唐实行均田制，政府对官私土地进行某种调节、控制和管理，把耕地分为官田和私田。在唐中叶以前，官田比重较大，之后私田上升，官田比重下降，政府对土地的余缺调整受到限制。我国封建社会的税赋制度在唐代前期以上为租调制，唐中期至清朝前期为两税法，这些赋税制度的实施保障了国家的赋税收入。直到清代的地丁银制——“统计丁粮，按亩均派”才取消了人丁编审，彻底解决了丁田并征的双轨制的征税形式，成为唯一的土地税制。

“重农”的宏观经济政策。我国封建历史上历来重农，有“禹稷躬稼而有天下”[①] 之说。西周专门设立农官根据农时安排农业劳动。春秋战国时期，各国出于战争需要，奖励耕战。管仲提出对精于农事者给予奖励；商鞅采用赐官爵、免徭役的办法劝奖农耕。西汉初期，实施“兵皆罢归家”、“以有功劳行田宅”、免徭役、减田租、十五税一以及其他劝农政策。以后历代刚建国时都采用了类似的劝农政策。宋代劝农政策包括：招流民垦荒、鼓励植树造林、建立农师制度、推广农具、把劝农之绩作为考核官吏的依据等。元代的劝农政策有：立社兴农、设置农官、颁布《农桑之制》等。这些重农政策是我国封建社会公共经济政策的重要表现。

官工制度。封建政府自设作坊或工厂，生产公共物品、军需产品或奢侈品。这种官工制度从汉代开始快速发展，在唐宋元时期达到顶峰，延续到明清。以元代为例，中央直接管理的手工业组织机构有 300 多个，加上地方各级政府成立的官营手工业，为官府从事生产的工匠达百万人以上，涉及铁、铜、军器、盐、茶、糖、酒、纺织等部门。

---

①论语·宪问.

备荒救灾措施。周代有“谷有余则藏之，以待凶年而颁之”[①]。汉代为应付频繁的自然灾害，非常重视备荒。贾谊提出“国无九年之蓄谓之不足，无六年之蓄为之急，无三年之蓄，曰国非其国也”[②]。《汉书》说“广蓄积，以实仓廪，备水旱，故民可得而有之也”[③]。汉代设有常平仓、常满仓等仓库，积贮粮食，以作不时之用，还推行均输平准政策，也有备荒之意。隋唐时期，救荒的仓储制度有了较大发展，设有官仓和义仓，分别为应付大灾荒和小灾荒而设。宋代形成了较为完备的救荒制度，如推行三仓制度，设常平仓、义仓和社仓；推行青苗法、以工代赈法等。清政府采取了急赈（突发灾害发生后立即放赈）、放赈（按人口定期发放赈米）、煮赈（粥饭赈济）、工赈（以工代赈）、劝赈（劝民自为赈济）和蠲缓田赋（根据灾情免征或缓征田赋）等办法。

总之，我国封建社会在生产力发展的基础上，公共经济与民间经济都有不同程度的跃升。在二者关系上，由于自然经济占统治地位，商品经济受到很大程度的限制，整个国民经济中生产公共物品以增进公众社会福利的公共经济成分所占份额较小，而大部分公共收入主要用于王室贵族、阶级统治、政府运转上了。当然，我们也应当看到，我国封建社会由于是在中央集权的统治秩序之下，政府具有调动社会一切财富的公共权力，在某些时候，如战争期间，公共经济所占比重非常之高。也就是说，在封建社会，公共经济与民间经济的关系受国王意志、政府政策、财税制度的影响巨大。

（二）古希腊、古罗马和欧洲封建社会的民间经济、公共经济

1. 古希腊的民间经济、公共经济

公元前 8—6 世纪，古希腊人向外殖民，在殖民地建立起 200 多个奴隶制城邦国家。这些城邦国家除少数城邦外大部分以农业为主，但这种农业

①周礼·仓人.
②贾谊集·新书·忧民.
③汉书·食货志上·论贵粟疏.

多是与市场和贸易紧密相连的市场农业，古希腊在整体上形成了以农业为基础的发达的工商业经济。另外，这些城邦多为“小国寡民”，其中较大的城邦制国家有著名的军事城邦国家斯巴达和工商业较为发达的雅典。公元前6世纪，雅典成为古希腊的手工业生产的中心，其手工业规模不大，但分工精细，工艺精湛。古希腊发达的手工业促进了商业的发展，某些城市出现了集中交易的商场，大城市还有专门的商品陈列馆。波希战争后，古希腊各城邦对外贸易迅速发展，米利都、科林斯、喀尔齐斯最先成为海上贸易中心。公元前5世纪中期，雅典海港比雷埃夫斯是爱琴海最大的商港，成为整个地中海的贸易中心和商品集散地，汇集了来自埃及、西西里、博斯波尔、黑海、波斯、阿拉伯、马其顿、色雷斯、高加索、伊利里亚等地的各种商品。商业的发展使古希腊较早产生了金融业。公元前5—4世纪，古希腊高利贷已非常普遍，寺庙也用自己的收入发放贷款，在金融业中发挥着重要作用。后来，雅典与斯巴达的争霸导致古希腊经济凋敝，阶级矛盾尖锐，古希腊城邦制陷入危机之中。

古希腊发达的商品经济要求国家为之提供相应的公共服务。古希腊解决公共事务的最高权力机关是公民大会，它由全体成年男子公民参加，讨论、决定国家各项重大问题，如战争与媾和、城邦粮食供应、选举高级官吏、终审法庭诉讼以及其他重大公共事务等。古希腊发达的商品经济与国家干预是分不开的，如雅典特别重视粮食贸易，对其严加管理，谷物只能从比雷埃夫斯输入，国家还发放大笔粮食贷款，对粮食买卖征收周转税。希腊市场上有特设的公务人员监管市场贸易，征收市场捐税、维持秩序、调节交易时发生的纠纷。古希腊通过公民大会推选出专职官员负责监督度量衡制度，对市场的商品进行调节。雅典还通过征收各种税，开发国家矿山，特别是通过奴役同盟城邦，积累了大量财富，进行了一系列公共工程建设，如雅典神庙、奥林匹亚运动场等。

2. 古罗马的民间经济、公共经济

公元前2世纪中叶，古罗马成为亚平宁半岛庞大的奴隶制国家的中心。战争中，古罗马的奴隶数量迅速增多，这使其奴隶制经济发展起来。作为

“会说话的工具”的奴隶成为农业以及其他各部门中主要的直接生产者。《十二铜表法》颁布后，古罗马国有土地逐渐私人化，出现大地产。大地产就要使用大规模的奴隶劳动，“大地产制度是受了奴隶流入的鼓励，反之，乐于使用奴隶劳动，也是创设那些大地产的结果”①。长期战争的另一方面是农业生产的破坏，从而加剧了小农经济的破产，出现了许多牧场、果蔬园等。随着城市的扩大，古罗马家庭手工业和商业贸易发展起来。罗马城成为意大利乃至地中海的贸易中心，造就了一个非常富足的商人阶层和一些金融寡头。古罗马帝国时期，民间经济逐步走向繁荣。农业方面，耕作、栽培和其他技术开始在帝国范围内推广，并在一定程度上出现了农业区域分工，大量新的耕地被开垦。手工业方面，在大地产的组织下出现了手工业大作坊，有主要制造武器和军装的较大规模的市营和国营手工业作坊，手工作坊内分工细致。商业方面，贸易范围进一步扩大，在帝国范围内使用通用的货币，在古罗马市场上可以买到世界各国的产品，如印度的香料、香水、象牙、奴隶和宝石，中国的生丝和绸缎等。这时，古罗马的银行业和高利贷业也非常发达。

古罗马人创造了令人叹为观止的古代物质文明和精神文明，这是与帝国统一、疆域辽阔、奴隶劳动等分不开的，但关键是帝国为经济发展、社会发展提供了一个安全、有序、有保障的环境，具有公共经济性质的政策、措施的实施加速了古罗马的繁荣，这主要表现在以下三个方面：第一，古罗马制定了完善的法律体系用以保障商品经济的发展。它的《十二铜表法》包括债务法、继承法、婚姻法、刑法以及诉讼程序等内容，是世界上最早的成文法典，另外它还有粮食法、审判法、筑路法、亚细亚省法等。罗马法确定了所有交换主体的平等地位和私有财产关系，为商品生产和交换营造了良好的制度环境。第二，古罗马的财政管理实行包税制度，即把收入包给出价最高的投标人。对于公共工程、军需物品的分配和水陆运输，以及国有领地的经营和租税的征收，政府常常使用中间人，而不是由官吏直接办理。由于公共支出的增加，要投标包税权就需要更多资本，有些个人

①[法] J. 杜丹. 古代世界的经济生活 [M]. 北京：商务印书馆，1963：223.

的财力不足，他们就组成金融公司，成为包税人股份公司，股东有元老院元老、骑士、普通市民等各个阶层的人。第三，古罗马建造了许多公共建筑。为了实现对外征服，古罗马帝国修建了纵横交错的军事驿道，谚语“条条大路通罗马”即源于此，这些军事驿道后为民用，促进了商业的发展。古罗马还有万神庙、剧场、角斗场、浴场、广场、凯旋门以及巴西利卡等公共建筑。

3. 欧洲封建时期的民间经济、公共经济

西欧封建时期，因其在宗教神权的统治之下，常被认为是欧洲最为黑暗的时期。在将近 1000 年的时间里，欧洲封建制经济是建立在自给自足的封建庄园制经济基础之上的。这一时期，由于宗教凌驾一切的地位，封建王权受到一定制约，民间经济在庄园制经济之下缓慢发展，公共经济受到教权和皇权的束缚，二者在中世纪的前半部分都显得暗淡，到后期才取得了长足进展。

庄园制经济是欧洲封建制经济的核心。这些庄园的土地归封建主所有，从使用权上主要分为领主自营地、农奴份地两种，领种份地的农民必须服无偿劳役以耕种领主自营地。庄园的封建主对农民具有征税权、行政权和司法权。欧洲封建制经济就是在这样的生产状况下展开的。

西欧封建制农业经济在 6 世纪取得了较大进步。这一时期，随着重犁的广泛应用，在西欧北部平原地区产生了二圃制的耕作制度。8 世纪后期，在塞纳河和莱茵河中间又出现了三圃制。从 12 世纪初到 13 世纪中期，从大西洋沿岸到第聂伯河的整个西欧北部地区成为一个农业繁荣区域，耕地被大量开垦、粮食产量大大提高、农业生产呈现多样化、牲畜饲养极为常见。但 13 世纪中期前后，西欧人口达到高峰，土地开垦趋于极限，由于施肥不足、使用过度和休耕不够，农业生产遭受重大损失，饥荒和疫病接连发生，土地和村庄都出现明显倒退景象。一直到中世纪结束之时，才有部分地区开始复兴，如在工商业较发达地区的尼德兰、英格兰、法国北部等地封建庄园基本瓦解，小土地持有占据优势，他们的农业生产结构、耕作技术都有了显著进步。但在另外一些地区，如西班牙、意大利、德意志东

部等地，由于封建剥削较沉重，农业生产仍处于停滞状态。

西欧封建社会的手工业在10世纪以后随着城市的兴起而逐步发展起来。11—15世纪，在一些新兴城市，手工业有了很大发展。同行业的手工业者们通常集中在一条街上，形成铜匠街、皮革匠街、首饰匠街等。这一时期，手工业技术不断提高。11世纪开始，水力被广泛应用于磨麦芽制造啤酒、加工大麻纤维、漂洗布匹、冶炼钢铁等各个行业，提高了手工业劳动者的生产效率。12世纪，把往返运动与旋转运动连接起来的曲柄被广泛运用。13世纪，出现凸轮。14世纪，机械时钟广泛应用，造纸业、印刷业、武器制造、造船业等行业发展迅速。14—16世纪，欧洲的手工业者们聚集在一起，形成了发达的手工业地带，如尼德兰的佛兰德尔、意大利北部和德意志南部等，这些地带有众多发达的手工业城市，如布鲁日、雷登、佛罗伦萨、米兰、马赛、波尔多、里昂等。这就促成了资本主义萌芽的产生。

中世纪早期，自然经济在欧洲占统治地位，商品经济非常有限。10—11世纪，随着独立手工业的成长，商品交换逐步兴起。最初的商人多是“前店后厂”的手工业者。12世纪，产生了单纯的商人阶层，他们聚集在较大的城市，从事商品买卖。到13世纪定期集市普及，布鲁日、科伦、法兰克福、日内瓦、里昂等都以大型定期集市闻名。随着城市商业和国家间集市贸易的发展，逐渐形成了地区性贸易中心，如以威尼斯、热那亚和比萨为中心的地中海贸易区；佛兰德尔城市特别是以布鲁日为中心的北海和波罗的海贸易区；以汉堡、吕贝克等为中心的汉萨同盟贸易区；不列颠贸易区等。15世纪末，以西班牙、葡萄牙为主的一些欧洲国家开辟新航路、发现新大陆，使商业资本的流通范围和贸易地区迅速扩大，重商主义开始在西欧弥漫开来。

随着经济发展、贸易扩大，经济组织的形式发生了变化，经历了由个人经营到合伙公司经营，由无限责任公司到有限责任公司和股份公司的转变，这是产权社会化运动的客观规律。经济组织的规模越来越大，一些商人不但经商，而且从事生产活动。14—15世纪，在意大利北部、尼德兰南部等地出现了许多商人举办的手工工场，资本主义的生产方式开始萌芽、产生和发展起来。

在封建庄园制经济下，国家的公共权力受到一定限制，甚至不存在公共税收。国王一般与领主一样，也直接拥有大地产，且依赖其地产的直接或间接收入为其主要财政收入来源。后来，国家支出增长，国王除了扩大领地、有效开发领地资源以增加收入外，西欧及南欧诸民族国家开始靠借款与租税补充其财政支出。

在欧洲封建制基础上，产生了好多城市国家。在一些城市中，商人组成的团体占有统治地位。他们拥有自己的土地，组成行会、商业公会、兄弟会、慈善会等，掌握着城市的管理权。每个城市国家都建立了行政机关来管理必要的公共防御系统和公共秩序，如民兵队、税务局、财政局、法院、行政院等。城市政权的组织形式是多样的，有单一元首制和多数元首制、直接选举制和间接选举制、有限选举权制和普选制。城市当局要保证城市的安全与秩序，特别要保证城市的必要供应。其中保证粮食供应是市政当局的首要目标，为此，不少城市颁布管制粮食贸易的法令。城市当局还力图保证本城市的贸易垄断地位，它往往用强制办法使自己成为商品集散地。

三、资本主义前期：民间经济发展与公共经济的跟进

（一）近现代中国的民间经济、公共经济

鸦片战争之后，中国社会逐渐沦为半殖民地半封建社会，战争频仍，社会动荡。中国传统的自然经济在西方资本主义经济、殖民主义和中华民族资本主义的冲击下迅速破产，中国日渐形成了一种复杂的畸形经济状态：既存在封建经济形式，又存在资本主义经济形式；既是资本主义廉价工业原料供应地，又是资本主义工业品的倾销地；既存在国外资本主义经济形式，又有官僚资本主义、民族资本主义和买办资本主义经济形式。这期间中国自身经济发展缓慢，国外资本主义和我国官僚资本主义则捞取了巨大物质财富。我国民间经济、公共经济就是在这样的背景下缓慢前行的。

1. 近现代中国民间经济的艰难发展

鸦片战争以后，西方资本主义国家凭借不平等经济特权的保护，对中国进行大规模的商品输出，并掠夺中国的农副产品，使中国传统的自然经济受到了严重冲击，并逐步走向解体。洋纱逐步代替土纱，这使家庭手工棉纺织业中“纺”与“织”链条断裂；洋布逐步代替土布，使“织”与“耕”的分离加速。这样农业经济的各个环节商品化因素不断增长。随着农业耕作技术和经验的积累以及社会分工的发展，农业在全国范围内形成了专门化区域，如，东北成为大豆生产基地，冀、鲁、豫三省盛产花生，豫、鲁、川盛产烟叶，浙江等东南各省成为茶叶的重要生产区域，等等。农业生产专门化区域的形成“不仅引起农产品与工业品间的交换，并且引起各种不同的农产品间的交换”①，农村各阶级与市场联系日益紧密，农业呈现了商品化的趋势。

鸦片战争后，外国资本主义通过不平等条约，取得了在华的一系列政治、经济特权，如商埠权、租界权、海关行政管理权、协定关税权、鸦片贸易合法化、掠夺华工权、沿海内河通航贸易权和内地通商权等，这些特权为外国资本主义在华投资、设厂、经营创造了条件。《马关条约》签订后，列强在中国的各项投资迅速发展。据雷麦的统计，1914 年外资在中国运输业、交通业、公共事业、矿业、制造业、银行等金融业、地产、进出口业及其他杂项投资等约计 11.44 多亿美元。② 1936 年外资在华的企业投资达到一个新高潮，房地产、贸易业、金融业、运输业、制造业、公共事业、煤矿业合计约 23.19 多亿美元。到 1937 年日本侵华战争完全爆发前，经过外国资本在中国的企业投资几次高涨，西方列强对中国经济的控制力和掠夺量大大增强，加重了中国经济的半殖民地化程度。

中国官办资本主义企业是从洋务运动开始的。在“外须和戎，内须变法”的洋务思潮推动下，曾国藩、李鸿章、左宗棠、张之洞等人先后兴办了一批军事工业和民用工业。其中军事工业全部为官办，经费来源由政府拨款；民用工业除少数为官商合办和官办外，其余为官督商办，经费来源

①列宁．俄国资本主义的发展［M］．曹葆华，译．北京：人民出版社，1953：10.

②［美］雷麦．外国在华投资［M］．蒋学楷，等，译．北京：商务印书馆，1962：49.

主要是商人入股。这些工业就其性质而言属于资本主义性质，从其投资主体、生产目的、经营者和生产产品来看，也具有公共经济的性质。从甲午战争后至清政府垮台，是官办企业的初步发展时期，清政府对原有军事工业进行了扩充，民用工业资本额也有不同程度的增长。这一时期清政府还加速了对铁路业的兴建以及电报和邮政业的投资，还设立了近代银行机构。从1927年南京国民政府成立到1949年，是官办资本企业快速发展和垄断局面的形成时期。南京国民政府成立后，首先致力于金融业的发展。1928年南京国民政府成立了国家银行——中央银行，随之推出了一条发展国家资本主义工业化的政策和发展战略，推动了官办企业的发展。“七七事变”后，中国大片国土沦陷在日本铁蹄下，无数工矿毁损，南京国民政府实行了“经济统制”政策，在军事委员会下设工矿、农业和贸易三个调整委员会，加速了国统区官办资本企业的迅猛发展。抗战胜利后形成了蒋、宋、孔、陈四大家族垄断国民经济命脉的经济格局。

中国私人资本主义的产生和发展经历了艰难的历程。中国私人资本企业主要来源于三个方面：手工作坊或手工工场发展而来；某些商人、华侨、买办、地主、官僚设立；少量官办工业转化而来。1869年，中国第一家私人资本企业发昌机器厂成立，从此开始了中国私人资本企业发展的艰难历程。到甲午战争前，中国不同类型私人企业先后设立200家左右，这些私人企业投资少、规模小、技术落后，与外国资本主义和本国封建势力存在着既矛盾又依赖的关系。甲午战争后至1913年，中国私人资本企业初步发展，设厂数目增加（有463家），资本额扩大，平均规模大大提高，投资领域也进一步扩大。1914年—1927年是私人资本企业快速发展阶段，主要是因为政府政策的鼓励、交通条件的改善以及群众性抵制外货运动的推动。如，1913年私人资本厂矿为698家，资本额为33082.4万元；1920年分别增至1759家和50062万元，分别增长152%和51.3%①。其中的棉纺织业、面粉业、卷烟业、火柴业、电力和机械采煤业平均增长率在10%②。

①张九州．中国经济史概论［M］．开封：河南大学出版社，2007：307.

②陈　真，姚　洛．中国近代工业史资料（第一辑）［M］，北京：三联书店，1957：55－56.

1927—1931 年间，中国私人资本企业发展持续高涨。在 1937—1942 年的抗日战争时期，后方的私人资本企业蓬勃发展。

2. 中国公共经济起步

近现代的财政状况。鸦片战争后，清朝财政的全国管理机构仍是户部，后改名度支部，设立了统计处、财政处、税务处。1910 年，清政府进行了近代形式的第一次预算编制，出现了国家预算、决算和公库制度。晚清财政的收支结构与其前期不同，除了与前期相同的经常性支出项目外，出现了洋务与新政费、赔款费、债务费等。在财政收入方面，除了传统的田赋、盐税、捐纳以及一些杂税和摊派外，还增加了一些新的项目，有厘金、举借外债与内债、发行纸币和大钱、新兴企业收入等。从财政收入总数上看，政府收入不断增长，但由于军费、赔款、内外债本息的支出不断扩大，晚清政府财政入不敷出。如，1899 年，收 8800 万两，支出 1.01 亿余两，赤字 1300 多万两；1903 年，财政收入 1.0492 亿两，支出 1.3492 亿两，赤字达 3000 万两；1911 年，在度支部核定的财政收支中，收入为 2.9696 亿两，支出为 3.8135 亿两，入不敷出约 8000 万两①。北京政府时期，财政收支更是难以平衡，几近崩溃。南京国民政府时期建立了较为完善的财政管理制度，建立了行政、主计、审计和公库四大联综的财物行政制度，划分了国税、地税收支界限，有了预决算制度。抗日战争爆发前，南京国民政府财政较为稳定，抗战爆发后财政收入锐减。南京国民政府的财政支出主要是军费支出、债务支出、政费支出。其中军费支出一直是其主要财政支出，占同期财政支出 1927—1936 年为 38.3%；1937—1945 年为 84.7%；1946 年为 59.9%；1947 年为 54.8%；1948 年 1—7 月为 68.5%。②

近现代政府的经济政策。从洋务运动到甲午战争时期，清政府扶植和发展官办现代实业，但对私人实业采取限制和约束政策。从甲午战争后到 1903 年商部成立，清政府对私人工商业政策开始松动，之后开始重视并积极推动私人工商业的发展。清政府的铁路政策也有一个变化过程。甲午战

---

①张九州．中国经济史概论［M］．开封：河南大学出版社，2007：415.

②杨荫溥．民国财政史［M］．北京：中国财政经济出版社，1985：173.

争前，洋务派修建了数百公里的铁路，基本上是官督商办，并坚决拒绝西方列强在中国修建铁路。甲午战争后，出现商办、官办、官督商办、洋商垫款等形式。晚清政府对农业采取鼓励政策，提出了“兴农论”，一方面主张继承传统农业经验技术，另一方面要吸收西方资本主义国家的农学和农艺学及其相关经验。在这种认识基础上，清政府放宽和鼓励土地垦殖，兴办了一些农业学堂、农会和农业实验机构。北京政府时期，为了鼓励资本主义的发展，制定了多项经济政策。在工矿业方面，颁布了《暂行工厂通则》、《矿业条例》等条例法令；提倡国货，鼓励参加国内外博览，并实行奖励；提倡引进外资，兴办实业。在商业方面，进行商业立法，颁布了《商人通例》、《商业注册规则》、《商会法》、《权度条例》、《国币条例》、《商标法》等；减轻煤等矿产品、土布、茶叶等部分货物厘税；提倡和扶持商业的发展。在农业方面，颁布法令，成立垦务局，鼓励和推动土地开发；鼓励多种经营，重点发展棉花、甘蔗、甜菜等经济作物；还创设农事机构，发展农业教育。在南京国民政府成立的最初10年，国民党以孙中山“发达国家资本”的理论号召发展国营工业。1928年通过的《建设大纲草案》规定：“凡关系全国之交通事业，如铁路、国道、电报、电话、无线电等；有独占性质之公用事业，如水力电、商港、市街、市公用事业等；关系国家前途之基本工业及矿业，如钢铁业、基本化学工业、大煤矿、铁矿、煤油矿、铜矿等，悉由国家建设经营之。”① 国家加强了对国计民生有重大影响的生产部门的建设和经营，并且提出了经济建设应在不妨害国家主权的前提下，尽量利用外资和引进先进技术的主张。国民政府还积极鼓励扶持私营工业。在抗日战争期间，国民政府的经济建设遇到了前所未有的困难，不得不采取一些非常措施，提出经济建设以军事为中心，实行经济统制。首先完成沿海工厂内迁，然后着重建设重工业、开发矿业和电气事业。国民政府逐步扩张国营工业范围，并在资金和技术上全力扶持国营工业，同时也对民营工业给予一定的激励和扶持。抗战胜利后，国民政府在工业领域推行了急剧膨胀国家资本的垄断政策。国家资本的发展，大大强化了国

①罗家伦．革命文献（第22辑）［M］．台北：正中书局，367.

家工业各部门的垄断程度。1947 年，在钢铁、煤、石油、有色金属、机械和电力等方面，国有资本在生产中所占的比重分别为 98%、80%、100%、72%和 78%①。在整个交通运输业中，国家资本垄断了铁路、公路、航空和邮电的 100%②。1947 年，国民政府还推行了国营企业民营化的改造政策，提出凡"属于重工业范围及确有显著特殊情形必须政府经营"外的所有国营生产事业，"公开出卖或售与民营"。③

总之，近现代帝国主义列强对中国的侵略和中国内政的颓废使中国经济发展缓慢，处于帝国主义附庸的地位。在这样恶劣的环境下，中国的民间经济和公共经济都有不同程度的进步。民间经济主要是在引进西方现代生产技术的条件下，在西方资本、国内廉价的人力和原材料的推动下逐步发展的。民间经济的发展要求公共经济有相应的跟进，即要求国家的支持和兴建公共事业，于是铁路、公路、航空、邮政等公共物品产生。值得注意的是，近代中国的公共事业往往有私人资本的参与，甚至全部是私人资本。

（二）国外资本主义前期的民间经济、公共经济

近代资本主义在生产力迅速发展的基础上，以商业化、工业化、市场化、城市化和全球化为特征迅速繁荣起来，其民间经济和公共经济相互促进、共同发展，取得了显著的进步。这里重点考察资本主义建立初期及自由资本主义时期的民间经济、公共经济状况。

1. 民间经济的迅猛发展

15 世纪末 16 世纪初的地理大发现和东方新航线的开辟，使东西方、欧美之间的贸易迅速发展起来，引起商业扩张、市场扩大、商品关系和商业组织发展，重商主义思想渐趋在各国弥漫，欧洲掀起了一场商业革命。欧洲的贸易中心开始由地中海沿岸转移至北海沿岸，葡萄牙、西班牙、荷兰、英国等国先后成为国际贸易翘楚。西欧商人奔走于欧洲各国和亚洲、美洲、

---

①陈　真．中国近代工业史资料（第 3 册）［M］．上海：三联书店，1961：1051.

②吴承明．中国的现代工业：市场与社会［M］．上海：三联书店，2001：107.

③吴兆洪密卷之一．资源委员会档案 28（2）：3589.

非洲、大洋洲的许多国家和地区，把区域性市场联结起来，这样就出现了以西欧为中心的世界市场，商品资本充斥其中。商业革命、美洲金银的涌入引发“价格革命”，使欧洲自16世纪始经历了持续不断、规模空前的通货膨胀，从而加大了社会分化——新兴农场主和工商业者壮大，旧式封建贵族衰落，城市劳动者进一步贫困，推动了资本主义的发展。随着市场的扩大、农业劳动生产率的提高，近代欧洲农业体制开始发生变革——封建领主的自营地大大减少，土地私有制和大租佃制的经营方式扩大。18世纪以来，欧洲农业逐渐呈现出资本主义农业生产的特征。随着欧洲自身市场和海外市场需求总量和结构的变化，欧洲工业分布、技术革新、工业组织形式逐渐发生变革，出现了分料到户制和集中的手工工场制度，合伙制和股份制等企业组织形式得以推广。17世纪末18世纪初，欧洲“金融革命”产生了近代的银行制度、结算制度、证券交易，在很大程度上解决了资金的通融问题，促进了经济的发展。这时，欧洲的工业中心也逐渐由意大利北部转移到荷兰、法国和英国，这些都为工业革命创造了必要的前提条件。

英国是第一个进行工业革命也是工业革命最为典型的国家。从15世纪末到17世纪初，英国资产阶级土地私有制逐步确立，大租佃制农场经营方式出现，行业工会、合伙公司、股份公司等新的企业制度兴起，分料到户制、手工业工厂集中生产等组织形式大量出现，近代金融制度逐渐兴盛。这一切表明市场运行机制的基础条件逐步形成。这期间，英国资产阶级通过“圈地运动”对农民的剥夺、对外殖民地的掠夺以及对外贸易，逐步完成了资本的原始积累。英国的工业革命首先从纺织业的机器革命开始。从18世纪30年代开始，飞梭、卷轴纺车、珍妮纺纱机、水力纺纱机、骡机、自动纺纱机、马力织布机、蒸汽织布机等相继发明和使用，大大提高了纺织业的生产效率。1782年，瓦特成功发明复动式蒸汽机，引起一场动力革命。随着蒸汽机的发明、改进和应用以及其他机器的发明和应用，到19世纪30—50年代，英国的采矿业、冶金业、机器制造业和交通运输业逐步实现了机械化，建立了以纺织业、采矿业、机器制造业、运输业为主的工业体系，标志着英国工业革命的完成。英国工业革命极大地提高了劳动生产率，从而使经济增长飞速前进。正如马克思和恩格斯在《共产党宣言》中所说：“资产阶级在它的不到一百年的阶级统治中所创造的生产力，比过去一切世代创造的全部生产力还要多，还要大。自然力的征服，机器的采用，化学在工业和农业中的应用，轮船的行驶，铁路的通行，电报的使用……河川的通航，仿佛用法术从地下呼唤出来的大量人口，过去哪一个世纪料想到在社会劳动里蕴藏有这样的生产力呢?”① 英国工业革命对民间经济的影响主要表现在以下几个方面：第一，它改变了以前以农业为主的经济结构，农业部门劳动力迅速下降，工业部门劳动力则迅速上升。英国工业产值到 1841 年增加到了整个国民收入的 78%，整个社会经济的工业化水平逐步提高。第二，它改变了人们的生产方式和生活方式。一方面，作为劳动者的工人主要来源于以往的农民，其生活由田间耕种到工厂做工，开始在工厂制度下运用机器进行分工合作，集中生产。其生活主要依靠工资，工资的多少和工作时间的长短影响着他的生活水平和生活状态。工厂内部劳动的分工和专业化的发展，使生产、设计和管理等部门各司其职，改变了以往凭经验的工作和思维方式，逐步向科学化过渡。另一方面，由于工业革命使人们从分散居住渐渐聚拢起来，城市越来越多，人们由农村生活逐步开始城市生活，城市化步伐加速。第三，它形成了劳动力市场，社会市场化水平提高。在资本主义制度下，劳动力成为商品，劳动者除了自己的劳动力外一无所有，只能出卖自己的劳动力。英国在工业革命后迅速强大起来，引起他国的纷纷效仿。继英国之后，法国、美国、德国以及欧洲一些其他国家在 19 世纪上半叶先后发生了工业革命。

2. 公共经济的跟进

资本主义前期，尤其是资本主义制度建立的初期，随着民间经济的革命性前进，公共经济也快速发展，随后逐步形成了完整的公共经济体系。

首先，随着市场制度的出现和发育，建立和维护市场秩序、保护生命和财产安全、保障民间经济发展等成为最为基本的社会公共需要，这需要

①马克思恩格斯选集（第 1 卷）［M］. 北京：人民出版社，1995：277.

国家来提供。西欧近代初期，由于贸易规模不断扩大，贸易范围超过了传统社会中基本的政治经济组织——庄园的管辖范围。贸易的发展要求政治单位在更大的地区规定、保护和实施所有权，活跃的商人总是要求提供更大范围的保护，国王和贵族面对巨额商业收益，也意识到更大规模的组织可以获得更多收入。这样西欧民族国家开始兴起，葡萄牙、西班牙、荷兰、英国、法国先后统一或独立，建立了中央集权的民族国家。资本原始积累时期，市场中充斥着掠夺性和投机欺诈性，这种无序化的竞争对社会经济造成极大混乱，混乱中获得既得利益的集团和被剥夺得一无所有的劳动者对竞争的有序化提出了强烈要求。这使各国政府不得不制定保护财产、合同的诸多法律，如英国政府制定了《人身保护法》、《期货法》、《合伙契约法》、《货物买卖法》、《专利法令》、《取缔证券投机法》以及无数关于商品交易的法案等；还建立了保护消费者的商品检验制度、价格控制制度以及劳动者的评定工资制度等。政府对经济的干预一开始因保证了市场秩序而得到商人和新兴贵族的支持，但过度干预又妨碍了市场自由，于是新兴资产阶级与王室政府进行了长期的争权夺利的斗争。16—18 世纪在重商主义理论的推动下，西欧各国政府都致力于如何从国际贸易额中获得最大利益，如何利用本国的条件造成贸易顺差，保证金银多进少出。为争夺海上霸权和海外殖民地，西欧出现葡萄牙与西班牙，西班牙与荷兰，英国与葡萄牙、荷兰、法国的几次商业争霸战争。

其次，从各国走上和发展资本主义道路看，它们都离不开在国家公共权力的主导下，发展公共经济为民间经济提供保障和服务的过程。美国经过独立战争建国后，迅速开展公共经济建设，主要有以下几个方面：一是修筑公路。到 1825 年新英格兰建立了相当完备的免费公路和收费公路体系。二是开发运河运输。1825 年竣工的伊利运河把东部的哈得孙河同西部的大湖区联成一体，到 1840 年基本形成一个运河网。三是发展铁路运输事业。1840 年美国铁路总长超过 3000 英里。19 世纪 40 年代后，铁路建设转向中西部，铁路成为开发西部的大动脉。四是修建公共工程。从 19 世纪初期到 19 世纪 30 年代，美国运河建设主要依靠英国资本，后来利用外资建立了河流和沟渠系统、道路、桥梁、公共建筑、电报电话设施、天然气和电力设备。重要公共设施的建设满足了日益增长的人口和经济发展的进一步需要。法国拿破仑时期，为了发展资本主义经济，实施了多项经济政策：鼓励法国民族工业的发展，提倡使用机器，奖励发明创造，同时实行大陆封锁政策，试图保护大陆市场；改革法国金融制度，实行金银复本位制；废除阻碍资本主义发展的其他障碍，如废除盐、烟专营制度，颁布专利法，改革税制等。1871 年，德意志帝国宣布成立，俾斯麦任首相着手整顿全国经济。他统一了全国度量衡制度和币制，大力整顿交通运输业，废除国内贸易障碍，统一国内市场，统一对外贸易政策，改革关税制度，对工农业实行保护主义政策。日本明治维新开始后，着力在政府主导下发展资本主义经济。在交通方面，明治政府致力于改善各地交通，兴筑新式铁路、公路，到了 1914 年，日本全国铁路总里程已经超过 7000 公里。在教育方面，日本着力发展近代义务教育，将全国划分为 8 个大学区，各设一所大学；下设 32 个中学区，各有一所中学；每一个中学区下设 210 个小学区，每一个小学区设 8 所小学，总计全国有 8 所公立大学、245 所中学、53760 所小学。在基础建设方面，日本积极引进西方科学技术，以高征地税等手段进行大规模原始积累，建立了一批以军工、矿山、铁路、航运为重点的国营企业。与此同时，引进缫丝、纺织等近代设备，建立示范工厂，推广先进技术；招聘外国专家，派留学生出国，培养高级科技人才。

总之，在资本主义前期，民间经济、公共经济都有了较大的发展。但受古典经济学思想的影响，在资本主义制度建立之后，资本主义各国大多主张经济自由主义的观点，普遍强调市场机制的作用，认为“用不着法律干涉，个人的利害关系与情欲，自然会引导人们把社会的资本，尽可能按照最合适于全社会利害关系的比例，分配到国内一切不同的用途”[①]。国家只是作为“守夜人”而存在。在这样的观点指导下，各国公共经济的作用被限制在特定的范围内，主要体现在巩固国防、健全司法、建设公共工程、

①［英］亚当·斯密．国民财富的性质和原因的研究（下卷）［M］．北京：商务印书馆，1972：199.

发展公共事业上，而对于经济运行较少干预。这些国家尽量减少财政收入，认为只要能维持国家机器运转的最低需要就足够了，目的是腾出更多的资金来发展资本主义，其财政也主要用于非生产性支出，这时的政府常被称为“廉价政府”。可见，在总体上，资本主义前期的公共经济是作为民间经济、市场经济的补充和辅助而存在的。

四、当代资本主义：民间经济与公共经济的互补、共进

经历了自由竞争的资本主义阶段后，19 世纪末 20 世纪初，英、法、美等资本主义国家逐步过渡到垄断资本主义阶段，资本主义自身的基本矛盾更加突出，经济危机频繁发生，尤其是 1929—1933 年的世界性经济危机。这次危机使一些国家逐渐摒弃了完全依靠市场的自由主义经济政策，开始重视凯恩斯主义的国家干预政策，在实践上逐步运用财政政策、货币政策等干预经济运行，在经济体制上越来越具有混合经济体制的特点。近年资本主义世界的经济发展和经济危机的交替发生的事实，尤其是 2008 年世界性经济危机，一再证明和警示市场机制与政府调控、民间经济与公共经济协调、互补的必要性和重要意义。

美国是世界上经济规模最大的发达国家，自称是自由市场经济国家，但从第二次世界大战后 60 多年的实际情况看，它早已不是传统意义上的自由放任的市场经济，而是包含了“国家干预的垄断主导型的混合市场经济”①，但毕竟美国是市场作用最广泛、最充分的国家之一。美国的民间经济非常强大，私人垄断资本在整个国民经济中的比重在 95%左右，国有经济则只有 5%上下，在工业中还不到 1%。② 在全国 1700 万家企业中，个人企业占绝大多数，合伙企业约为 150 万家。在美国经济体制下，个人合法拥有财产，可自由地开创和经营企业；消费者有选择商品的自由；工人有

①朱延福．市场经济国家中的计划［M］．北京：人民出版社，1996：117.

②李炳炎．中国经济大变革——从产品经济走向市场经济的理论分析［M］．北京：中国财政经济出版社，2000：92.

选择职业的自由；企业有权选择经营什么产品和劳务，有权改变自己的经营方向，有权根据自身利益和市场原则选择工人和经理。另外，私人垄断在美国经济中占有重要地位，在一些重要的部门和行业中，一家或几家垄断企业控制着大部分业务，操纵或影响着该领域的市场活动，成为国民经济的骨干成分。由于美国的私人经济长期占据主要地位，极力抵制和反对政府制定中长期计划，以便依仗自身实力垄断经营，所以美国的国家干预多注重短期调节政策和近期经济增长，绝少顾及长远经济利益和经济计划化。① 美国政府对经济活动的影响主要依靠财政、金融等经济政策手段，通过制定公共经济政策、实施公共经济管理来实现。美国实行联邦、州和地方的三级政府预算管理体制，联邦政府的财政收入约占全部收入的 60%，地方占 40%，联邦政府的预算支出中约 10%用于补助州与地方，对州和地方的发展进行干预与影响，促进全美国经济较平衡发展。近些年，美国的财政支出占 GDP 的比重为 35%左右（2005 年），在财政分项支出中，财政支出主要用于社会保障（20%左右）、国防（15%左右）、收入保险（14%左右）、医疗卫生（12%左右）、净利息（11%）、卫生（9%）、教育培训就业和社会服务（4%）等。显然，民间经济在美国居于主体和主导地位，公共经济是为民间经济提供服务和保障的。

日本的民间经济活动非常活跃。其农业由农户经营，规模较小但效率较高，国内贸易和除交通运输与通信以外的其他服务业主要由中小私有企业经营。日本的中小私有企业约占全国企业总数的 95%以上，雇用人数在 1000 人以上的企业只占全国企业总数的 1.5%左右，但这些大企业却在国民经济中占有支配性地位，居于垄断地位，如三菱、三井、住友、芙蓉、第一劝业银行、三和六大企业集团约占全国法人企业资产总额的 1/4。而日本政府直接参与的经济活动在国民经济中所占比重较低，如政府部门雇用人员占全国就业总人数的比重为 8.3%（1988 年）；政府总支出占 GDP 的比重为 30%，这都少于其他发达资本主义国家。日本的公营企业是为公共所有或支配、具有法人资格的公共性法人企业，主要从事邮电、造币、国

①朱延福．市场经济国家中的计划［M］．北京：人民出版社，1996：177.

有林区、酒类专卖、供水、铁路与汽车运输、供电与煤气供应等公共经济活动。日本一向被认为是“政府主导型”市场经济模式，与欧美发达国家相比，其政府干预经济的力度和范围都比较大。这种“政府主导型”市场经济模式的基本特征是以市场机制作为经济运行基本调节机制，以产业政策、经济计划、贸易政策为导向进行政府干预，并凭借政府与私营企业之间的密切关系发挥对经济的协调、影响作用。1955 年以来，日本政府先后制定了十多个中长期经济计划，这些计划明确区分了对公共部门与民间部门的不同政策，其重点则着重于公共部门。日本政府通过具体的公共经济政策防止失业、改善社会基础设施、发展教育、维持市场公平竞争、保证社会安全、防止环境污染等。日本的公共经济发展对于民间经济的协调与发展意义重大。

德国的市场经济模式被称为“社会市场经济”，意指它不是放任自流的，而是由社会有目的加以指导的市场经济。与其他资本主义国家一样，德国也是以私有经济为主的民间经济成分居于绝对主体地位的国家。德国的国有经济局限于四个方面：国家所有的动产、不动产和归国家分配的国民生产总值；铁路、邮电、水道网络、公路等基础设施；劳动部门和基础工业部门的企业；国家金融机构。这些国有经济绝大部分属于公共经济范畴。政府对经济的干预坚持有限或适度原则，主要表现为维护正当竞争秩序、制定和执行稳定化政策、在保证效率的前提下重视社会平衡和社会进步，力图当好“足球裁判员”。德国政府特别重视社会保障和社会福利，以维护社会秩序、安定、公平和进步，这是德国市场经济被冠以“社会”二字的根本原因。

当今世界资本主义发展是很不平衡的，有发达国家，也有发展中国家，还有由社会主义演变为资本主义的国家；有处于资本主义高级阶段的欧美等国际垄断资本主义国家，也有尚处于新生资本主义阶段的国家，当然也有介于二者水平之间的资本主义国家。这些发达资本主义国家经历了自由竞争、个人垄断、国家垄断乃至国际垄断，是当代资本主义的主体和典型。我们从以上美、日、德三国民间经济、公共经济的基本状况的分析中管窥一斑。尽管不同国家的民间经济与公共经济都有不同的特点，但它们的主要方面是基本一致的：民间经济占主体地位；公共经济为民间经济提供服务和保障；二者相互补充、共同发展。

五、民间经济、公共经济及其关系历史演进的结论与启示

上文对中外不同历史时期民间经济、公共经济及其关系历史演进的梳理和剖析，一方面论证了公共经济与民间经济的辩证逻辑关系，另一方面也可以得出以下的结论和启示。

（一）民间经济、公共经济及其关系的发展是一个动态的自然历史过程

民间经济与公共经济共同构成国民经济总和，二者既对立又统一。从以往社会历史发展的整体看，民间经济与公共经济发展的现实轨迹是在生产力发展的推动下、人们的“需要”与现实“可能”之间博弈的结果，是一个动态、统一的自然历史过程。

人类社会要想存在、发展下去需要满足如下必要条件：阳光、空气、适宜温度、水、地理环境等自然条件；吃、穿、住、用、行等生活条件；防护自然灾害、抵御侵略的安全条件；人类群体内部的稳定与秩序条件；自身繁衍、自身素质等人口因素以及其他物质条件和精神条件。人类社会的存在、发展就是在上述条件的满足与不断提高的基础上延续、前进的。在不同的生产力水平上形成不同社会形态，也就形成不同的民间经济、公共经济状况。

原始社会，人类生存的阳光、空气、水、适宜温度等自然条件已为自然赋予，在生产力水平极低的状况下，满足个人生存的食物需要成为第一需要，人们为此从事采集、渔猎、耕种、畜牧等活动。这些经济活动与其地理环境相适应，如古代中国北方是温带湿润的阔叶林气候，这使距今约3万年前的北京山顶洞人依靠山地的自然条件，以采集、狩猎为主要食物来源；古代中国南方则是湿润的亚热带气候，距今约7000年前浙江余姚的河姆渡氏族的人们生活在沼泽地带，栽培人工水稻，家养羊、鹿、猴子等牲

畜作为主要食物来源。生活在尼罗河沿岸的古埃及人则以大麦、小麦等谷物为主食，也吃禽类和牛肉。古希腊人和古罗马人生活在沿海、多山的地中海沿岸，多以大麦、小麦农业为主，也种植葡萄树、橄榄树、无花果等。在生产能力低陋的条件下，人们只能顺应自然，享用自然界的自然孳息。这时人们的个人和公共需要主要是基本生活、安全、稳定、秩序、有一定的人口数量等，所以这时的个人私利性与公众公益性很难截然分开——防止野兽侵袭、抵御外族侵略、共同劳动、平均分配食物、群居生活、改造生活环境等，这些需要都同时具有私利性和公益性。这时所谓的民间经济与公共经济的界限是模糊的，甚至是合一的。

随着铜器等金属工具的使用和剩余产品的出现，人类社会进入奴隶制社会，民间经济和公共经济活动逐渐分野。这时的民间经济活动主要是农业、畜牧业和手工业生产活动以及部分商业交换活动，其主要特点是：奴隶生产的目的就是为奴隶主和自己的生存而劳动，奴隶主完全占有奴隶和奴隶劳动的成果，商品交换被限定在必备的生产工具、不同的食物、某些手工业品等特定范围内。这时民间经济的繁荣程度主要跟奴隶数量相关。在奴隶制民间经济进步的条件下，公共经济的范围和规模也逐渐大起来。首先是形成了奴隶制财政。奴隶制国家通过收取田赋、税收来供养国家政权的运行和国王的私人生活，如中国奴隶制下国王宫殿的修建、古埃及法老坟墓——金字塔的修建等依靠的就是奴隶的劳役和财政修建的。其次，奴隶制国家必须为人们（主要是奴隶主）提供公共安全、稳定和秩序，如防御外敌入侵、维护社会安定和秩序、外交等，这就需要国防投入，政府、军队、法庭、监狱等暴力机关的供养，法律、制度、道德的制定和宣扬。最后，一些公共工程和公共事务出现，如水利灌溉工程，公共道路，城市内部饮水、排水、街道、门牌等公共设施以及公共教育等。显然这些公共经济的资金来源在民间经济，但同时公共经济也为民间经济的发展提供支持和服务，以及安全、秩序和效率的保障。

铁器的广泛使用和生产技术的进步使人类进入封建社会。这一时期，人们的个人需求和公共需求更加分化，都得到了不同程度的满足。从中国

2000余年和欧洲近1000年的封建历史看，封建制条件下的公共经济和民间经济的发育都是比较缓慢的，这种缓慢的根本原因在于生产技术水平发展加速度较低。民间经济方面，以农业发展为主线、手工业发展为副线、商品经济为补充缓慢增长。封建社会中，农业耕地面积不断扩大，农产品种类不断增多，耕作工具和经验技术不断改进，粮食产量不断增加；手工业种类不断增多，技术水平不断提高；商业范围不断扩大、商品种类不断增多。公共经济方面，封建国家财政体系逐步形成并不断发展，这时的财政除了用于国家政权的运行和封建王公贵族的生活之外，还部分用于大型公共工程和事务，如治理水患、备荒备灾、修建道路、开挖运河、开办公学，等等。封建制社会发展有个明显的特点，就是在政治清明、政策宽松、国家统一、社会安定之时，公共经济和民间经济都相对繁荣，反之则趋于凋敝。如中国"文景之治"、"光武中兴"、"贞观之治"、"开元盛世"、"康乾盛世"等都是中国经济较为繁荣的时期；相反，在每个朝代的末期，统治者横征暴敛、被统治者起义反抗，这时社会经济则会陷入颓废的深渊。这从另一方面也说明，公共经济的过度攫取会损害民间经济的发展。

近代，随着生产机械化水平的不断提高，人类进步的加速度提升，人类经济生活发生了巨大变化，人们的个人需要和公共需要表现出新的特点——基本的生存需要已经不是主要问题，发展、自由日渐成为人们的追求目标，与此相适应，民间经济、公共经济也发生了相应的变化。这一时期，民间经济的发展突出表现为经济活动的社会化程度的加强，这首先表现为农业、工业、商业、交通运输业、服务业等各个社会部门之间联系的加深以及各个部门内部分工的更加细密。其次，表现为市场化程度的不断加深，经济资源开始在市场机制的调节下在整个社会范围内配置。最后，表现为经济活动日益成为一个系统化的整体，经济发展需要社会、政治、文化、科技等各个方面的合力推动。民间经济的快速发展要求公共经济为其提供更多的服务与保障，同时也为公共经济的壮大提供了物质基础。近代以来，公共经济的发展突出表现在为民间经济的发展提供服务和保障上。资本主义前期，在自由主义经济思想指导下，政府有意充当社会"守夜人”，除了在建立和巩固资产阶级政权的时候多采取干预、管制、调控措施外，在资本主义稳定发展时期，政府注重为民间经济的发展提供安全、秩序和保障，表现为通过国防、外交、军队等维护国家主权、国家安全和统治秩序；通过制定法律维护社会经济秩序和公平；通过民主制度的建立和完善，维护、提高人们的自由权利；通过建设交通、通信、教育、科研等为社会提供公共设施和服务。

在当代发达资本主义国家中，人们更加注重物质、精神生活质量的提高、自由民主权利的扩张、自身全面发展和享乐需求的满足，这使人们更加注重民间经济的增长与加速、公共经济的拓展与提升。适应这一变化与要求，各国逐渐摒弃完全自由主义的市场经济理念，更加注重发挥政府调节作用，公共经济有了更为广泛的用武之地，主要表现在：第一，各国更加注重用综合经济政策刺激经济增长与优化、熨平经济发展的波动和震荡。第二，一些发达资本主义国家和社会主义国家更加注重公民力量的发挥、人民民主权利扩大和人民生活水平的改善。这具体表现为国家政府更加注重产权的社会化、文化思想的自由和包容、教育的全民化、社会福利的提升、医疗卫生的发展、社会保障的扩展、公共休闲娱乐的增多等。第三，各国也更加注重人类生活环境的改善，把治理环境污染、维护生态平衡作为重要的公共任务。

通过对民间经济、公共经济及其关系发展的历史观察及其互动分析，可以发现：第一，在自然经济占统治地位的奴隶制社会和封建制社会，民间经济发展缓慢，公共经济所占比重较小，且多为维护统治阶级利益而展开；而在市场经济时期，民间经济发展迅速而又活跃，需要公共经济为其提供各方面的服务与保障，同时也需要公共经济为其发展开辟新的领域和道路。第二，在专制的政治制度下，民间经济发展受到国家制度的严重束缚，公共经济的发展只在维护少数统治阶级利益的狭小范围内展开；而在民主共和政治制度下，民间经济发展的动力和源泉得以释放，满足人民大众公共需要的公共经济增长较快。第三，在社会发展的稳定时期，民间经济、公共经济互动、自然地增长、发展、变化；而在社会转型期则需要更多公共经济的投入来为新的民间经济形式铺设发展道路。第四，公共经济与民间经济的互动动态过程还具有非均衡性，民间经济是社会经济发展的主体和主流，是公共经济发展的源泉所在；公共经济则是社会经济发展的补充和辅助，对民间经济的发展起服务和保障作用。可见，民间经济与公共经济的发展是一个动态的自然历史过程。

（二）公共经济与民间经济关系的动态变化是多种因素合力作用的结果

上文关于民间经济、公共经济及其关系的历史演进说明二者的现实关系在不同时期受各种因素的影响是动态变化的，同时影响二者关系的因素也是二者关系动态变化的条件和依据。可以说，民间经济、公共经济是随着社会生产力和经济发展水平的提高而不断增长的过程；民间经济的增长决定于土地、劳动力、生产技术、资本、信息等生产要素的组合，并受到社会制度、政治、文化等因素的影响；公共经济的增长取决于人们公共需要的延伸程度与公共经济汲取能力之间的博弈结果以及社会制度、财政制度等制度因素。

生产力因素。生产力是人们创造财富的能力，表现为人们改造自然，获取生产资料、生活资料的能力和人们自我改造、自我发展的能力。它是社会运动的起点和社会发展的最终决定力量。民间经济、公共经济发展的速度、总量、质量从根本上是由生产力的发展水平决定的，而且民间经济内部各部分、公共经济内部各部分的比重、分布、结构等变化以及民间经济、公共经济之间的整体关系，也同样受到社会生产力总体水平和部门生产力水平的影响和制约。从历史角度看，民间经济是社会经济发展的主体和主流，公共经济则是社会经济发展的补充和辅助。但我们看到，在生产力逐步提高的过程中，公共经济在社会经济中的比重、资源占用率在缓慢上升，民间经济比重、资源占有率则相应下降。在民间经济和公共经济内部，大体沿着生存性、安全性、秩序性的经济形式向保障性、发展性、自由性、享乐性经济形式发展。这种因生产力的提高而引起的相应变化有其历史必然性。首先，生产力的提高使社会财富总量增多，民间经济总量增多、质量提高，从而为人们从事公共经济提供了基础条件和物质前提。其次，公共经济一般是民间经济“不愿”、“不能”、“不宜”从事的领域，随着生产力的提高，人们在维护公共福利方面的能力大大提高，从而可以弥补民间经济的不足。再次，随着生产力的提高，公共经济、民间经济内部结构的变化实质上是随着经济满足人们需要能力的提高，沿着“必须—急需—需要—更好”的程度延伸。

社会制度因素。社会制度是在一定历史阶段和条件下所形成的政治、经济、法律、文化等方面的体制和体系。无论公共经济还是民间经济都是在特定的社会制度下尤其是一定的政治体制和经济体制下展开的。某种社会制度下的政治体制和经济体制为公共经济和民间经济活动设定行为原则和方式。社会制度对公共经济、民间经济及其关系的影响集中体现在政治体制与经济体制的结合对二者关系的影响上。一般来说，在集权的政治体制、政府干预较多的经济体制中，公共经济和民间经济的规模、范围和比例一般受统治者的治国理念和政府官员的思想素质影响较大；而在民主的政治体制和市场经济体制中，二者的规模、范围、比例受民主程度、市场经济的发展程度影响较大。此外，所有制、分配制度、产权制度、公司制度、金融制度、财税制度等以及在这些制度下形成的运行机制都会对公共经济、民间经济及其关系产生深刻影响。

经济发展水平因素。经济发展水平是公共经济、民间经济及其关系的决定性因素。一般来说，经济发展水平越高，公共经济在整个国民经济中的范围和规模就越大，公共经济与民间经济之间相互依赖的关系越明显，同时，公共经济、民间经济对经济资源占有率的“争夺”就越强烈。一方面，从经济发展对公共经济的要求看，随着经济发展水平的提高，社会发展的公共性需求也逐步增多，社会经济发展所必需的保障条件、服务条件、环境条件等就越多，同时，需要克服市场失灵的要求越强烈，这是公共经济增长的内在动力；另一方面，从社会经济发展对公共经济提供的可能看，随着社会经济发展，民间经济主体税负能力不断增长，财政收入的来源和总量增多，这就为公共经济增长提供了物质前提。另外，随着经济发展水平的提升，公共经济与民间经济的相互需要的融通程度不断加强，同时，二者的发展也必然形成对经济资源占有率的“争夺”。①

人口因素。人口因素对公共经济、民间经济及其关系的影响可以从人口数量和人口结构两个方面说明。从人口数量角度看，一方面，一个国家人口规模越大，劳动力越多，其社会劳动总量就越多，创造的价值总量就越大，创造的社会财富总量就越大，越能促进民间经济、公共经济总量的增加；反之，则反是。另一方面，人口规模越大，社会需求总量越大，社会市场规模就越大，越有利于拉动投资、消费的增长，从而促进民间经济、公共经济总量的增长；反之，则反是。另外，人口越多，公共需要的范围和总量就越大，公共管理的难度也随之增大，公共经济总量必然相对随之提高。当然，人口越多，社会成员的税负总量越大，越能为公共经济提高物质基础。但是，如果在经济总量和经济效益一定的情况下，则人口总数越大，人均收入水平越低，人们的税负能力越小，财政收入越少，公共经济的规模则相对减少。从人口结构角度看，在一个国家人口总量一定的情况下，不同的人口结构同样影响着该国民间经济、公共经济状况及其关系。如从人口的贫富结构来看，社会贫富差距越大，社会贫穷人口越多，社会矛盾就越多、越重，这时，政府维护社会稳定的任务就越大，政府就业人数就越多，与之相适应，财政用于扶贫支出和化解社会矛盾的支出压力越大，所需要的财政收入规模也就越大，这时公共经济的规模相对就越大。而从财政收入来源的供给角度分析，社会贫困人口越多，整个社会成员对财政的负担能力就越低，政府组织财政收入越困难，财政收入规模往往越无法扩大，这又限制了公共经济规模的扩大。而公共经济又直接影响着民间经济的增长。又如，从人口年龄结构来说，一个社会年轻人口越多，劳动力就越多，越有利于经济总量的增多；反之，老龄化程度越强越不利于经济发展，这都会影响到民间经济、公共经济的状况及其关系。

公共收支制度因素。公共收支制度是决定公共经济规模的直接因素，它间接影响民间经济状况。公共收支出制度包括公共收入和公共支出两个方面，其本身就是公共经济的最为重要的组成部分。公共收入包括税收、

①王延杰．中国公共经济理论与实践［M］．北京：中国财政经济出版社，2004：81.

公债、规费、捐赠、政府通胀等，其中税收是公共收入的主要来源。税负越重，财政收入越多，公共经济规模扩大的能力就越大。当然，税负与财政收入的提高不能损害民间经济生长的条件，否则，财政收入总量会不升反降。公共支出的方向和范围也同样影响着民间经济的生长和发育，尤其当财政政策作为调控经济发展的工具的时候，财政收支对民间经济的影响更为显著。不同的财政体制、税收制度对公共经济规模和比例的影响是显而易见的。

除以上几个因素外，影响民间经济、公共经济及其关系的因素还有政府职能范围的大小、行政效率的高低、国家宏观经济政策、文化传统和社会习俗等。

（三）公共经济在社会经济发展中的地位、作用不断上升，结构不断变化

纵观经济发展史，民间经济与公共经济的发展是不断扩张的自然历史过程。其中，公共经济的发展又与民间经济的发展体现出不同特点，其地位、作用及其结构在逐渐增强、上升和改变，尤其近代以来，公共经济总量增加，在社会经济发展中的地位和对整个国民经济发展的作用不断上升。

秦汉以来，我国封建制的财政支出基本上可分为皇室支出和政府支出两大类。前者属于皇帝和皇室消费需要的各项费用（包括皇帝出巡、封禅、赏赐等），后者属于维护国家机器运行的各项政务、军事、公共工程等类生产建设、文化教育开支。这些支出主要是遵循“量吏裕、度官用，以赋于民”的量出为入的原则，主要用于维护上层建筑的存在活动，在社会生产建设、发展国民经济方面则用度较少，只在公共工程方面占有一定的比重，而在非生产性的科学技术、教育文化社会福利救济等公益事业方面则少得可怜。但从较长的历史角度看，政府财政收支总量是不断增长的（见表3-1），也就是说公共经济的规模是不断扩大的，在公共经济总量增多的基础上，公共支出的各个方面也有一定增加。这种扩大一方面说明社会经济的逐步发展，另一方面说明社会对公共需要的增多。

表 3-1 唐、宋、元、明、清、民国财政收支状况简表①

朝代		收入	支出	差额	资料来源
唐	大中年间	922 万缗	1200 万缗	－278 万缗	《新唐书》《通鉴纲目》
宋	天禧年	15085.01 万缗	12675.52 万缗	＋2409.49 万缗	《宋史》
	治平二年	11613.8405 万缗	12034.317 万缗	－420.4769 万缗	《宋史》
元	至元二十九年	297.8305 万锭	363.8543 万锭	－66.0238 万缗	《元史》
明		银 445.2 万两 金花银 101.2 万两 金 2000 两 钞 3000.1 万贯 钱 6222.08 万文 粮 400 万石 豆 2.3 万石	银 803.448 万两 钱 0.33 万文 米 228.8 万石 粮 200.6 万石 草 1029.3 万束 盐 11.3 万引 米豆 2.1 万石		《明史》
清	乾隆五十六年	银 4359 万两	银 3177 万两	＋1182 万两	《清史稿》
	嘉庆十七年	银 4013 万两	银 3510 万两	＋503 万两	
	道光二十二年	银 3714 万两	银 3150 万两	＋564 万两	
	光绪十七年	银 8968.48 万两	银 7935.5241 万两	＋1032.9559 万两	
民国	1913 年	333.9 百万元	642.2 百万元	－308.3 百万元	杨荫溥：《民国财政史》，中国财政经济出版社 1985 年版
	1928 年	332.5 百万元	412.6 百万元	－80.1 百万元	
	1936 年	1293.3 百万元	1894 百万元	－600.7 百万元	
	1937 年	559 百万元	2091 百万元	－1532 百万元	
	1945 年	150065 百万元	1215098 百万元	－1065024 百万元	
	1947 年	130000 百万元	400000 百万元	－270000 百万元	
	1949 年预算	9000 万美元	6 亿美元	－5.1 亿美元	

德国经济学者瓦格纳根据对 19 世纪西方国家财政经验的观察，阐述了公共经济的主要内容——国家活动和政府支出不断增长的趋势，被称为瓦格纳定律——随着人均收入的增长，公共经济的相对规模也将增长，政府支出必然以比生产增长更快的速度增长。瓦格纳认为导致公共经济增长的

①项怀诚．中国财政通史［M］．北京：中国财政经济出版社，2006：239.

原因在于，现代工业的发展引起社会进步的要求，社会进步导致国家活动的增长，也就导致政府支出的增长。瓦格纳定律反映了公共经济总量增长和地位、作用的不断上升。

公共经济地位、作用的上升有其社会、政治、经济等各方面的原因。人的欲望往往是随着得到的满足增多而越来越强烈。随着社会发展、生活条件的改善，个人需要不断得到进一步的满足，人们对个人需要和公共需要的欲望越来越强烈。尤其是为了更好地满足个人需要，就要由公共经济提供公共需要来加以保障和服务。如，随着经济发展和劳动分工的扩大，经济生活日趋复杂。市场关系的复杂使商业法律和契约成为必需，这就要求司法组织来执行这些法律，国家为了维护秩序和经济效率，就需要把更多的资源用于治安和法律设施的提供。另外，国家在环境、教育、文化、卫生、福利等方面的活动增加，用于这些方面的政府支出将以更大的比例上升，使公共经济的增强具有历史必然性。但公共经济的增强也是有限度的，就是要在民间经济增长的基础上，不能超过民间经济所提供的增长限度。

另外，随着社会发展，在不同的经济发展阶段，公共经济结构是不同的。美国经济学家马斯格雷夫在对不同国家不同发展阶段的支出情况进行大量比较研究后也得出了相同的结论。在市场经济早期，国家奉行“管得越少，越是好政府”的理念，对民间经济的发展很少干涉，其作用主要体现为给民间经济创造一个良好的发展环境，政府一般会提供交通、水利、通信等方面的基础设施，在公共支出结构中基础设施等方面占的比率较高。在市场经济发展的中期阶段，基础设施基本相对较多，这方面的公共投资支出比率不断下降，这时市场失灵的问题一般会日益突出，阻碍经济发展，为此政府一般会加强对市场经济的干预，政府用于这方面的公共支出就会相应增加。当市场经济进入成熟阶段后，随着人均收入的提高，人们生活水平的改善，社会资源更多地用于较高层次的需要，如教育、卫生、安全、福利、发展、娱乐等，这一时期公共消费支出的比重会不断提高。经济发展使社会经济结构更加复杂，这就大大增多了社会经济矛盾和问题，如环境污染、垄断等，政府为解决这些矛盾和问题而不得不增加各种管理支出，也导致公共消费支出的迅速增长。

公共经济地位、作用及其结构的变化具有重要的现实意义。一方面，公共经济作为社会经济系统的重要组成部分，它的增长就是经济总量增长，反映了社会发展和人民生存、生活条件的改善和进步；另一方面，公共经济的增强也为民间经济的发展创造条件和环境，从而促进民间经济增长。

（四）优化公共经济与民间经济的关系对国民经济发展意义重大

一个国家国民经济的发展是多方面因素合力的推动，公共经济和民间经济作为经济系统的矛盾双方，其关系的优化与否对经济发展意义重大。

优化公共经济与民间经济的关系可使国民经济内部结构更加合理。国民经济结构是一个由许多系统构成的多层次、多因素的复合体，它由社会产品的最终需求决定。个人需求和公共需求及其内部各个层次、部分的需求是形成经济结构的内在驱动因素。优化公共经济与民间经济的关系就是要使二者及其内部各层次、各部分各在其位，各司其职，关系协调，运行顺畅，相互支持、彼此促进、共同发展。作为满足公共需求的公共经济和作为满足个人需求的民间经济，二者关系的优化当然有利于国民经济内部结构的优化。如在所有制结构上，公共经济主要以国有经济形式存在于环境保护、基础设施以及具有战略意义的经济领域，满足人们的公共需要，为民间经济提供服务和保障；民间经济则以各种所有制形式存在于个人生活需要的各个领域，满足个人生活需要，并为公共经济提供物质基础。在分配结构上，公共经济和民间经济处于不同的分配层次，民间经济多由经济主体生产经营，直接用商品交换的形式获得经济资源，在生产经营中获得收益；公共经济的经济主体多是为了公众的共同利益，其生产经营的资金来源于政府税费或公共基金，其生产经营不以获得经济利益为最终目的。

优化公共经济与民间经济的关系，使之相互促进，有利于经济发展。公共经济与民间经济关系优化，有利于合理有效地利用人力、物力、财力和自然资源，使国民经济内部各部分发挥其作用，并使其各部分之间关系协调，推动科技进步和劳动生产率的提高，既有利于促进近期经济增长又有利于长远的经济发展。

在社会转型之时，公共经济应优先发展。从经济发展史来看，每当社会转型之时，总是需要政府通过公共政策对社会经济加以调节和干预，甚至直接投资公共设施为民间经济发展提供服务和保障。如在资本主义发展的初期，资本主义国家大多采取一系列政策保护资本主义经济因素的增长、保障市场经济秩序，有些国家出资修建和兴办公路、铁路、桥梁、邮政、通信、教育等社会公共设施和事务。社会转型之时，优先发展公共经济从根本上说是由新的社会制度本身发展决定的，只有如此才能建立新的社会制度发展的基础，逐步巩固新的社会制度，进一步解放和发展生产力，促进社会经济的发展。

第四章
当代中国公共经济、民间经济及其关系的问题及成因

新中国成立六十多年来，中国经济取得了历史性跨越。这期间可分为两个阶段：从1949年新中国成立到1978年的30年，是中国社会主义经济成长和奠基阶段；从1978年改革开放以来30多年，是中国经济转型并逐步繁荣阶段。现今的中国正处于转型的关键时期，是解决政治、经济、文化、社会、环境中深层矛盾并实现新的历史性飞跃的重要时期，我们习惯称为“历史机遇期”。在中国经济发展过程中，公共经济和民间经济各自的发展及其相互支持为中国经济增长做出了巨大贡献，但二者自身及其关系的优化仍有巨大的提升空间。

一、改革开放前后中国公共经济与民间经济的变化

（一）改革开放前：“计划中”的公共经济、民间经济

新中国成立之初，我国经济基础极其薄弱，还面临着国民党特务分子的破坏和帝国主义的挑衅与封锁，人民生活非常困难。尽快恢复国民经济，保证国家独立和稳定，维护人民的安全和生活，这些生存问题成为摆在国家面前亟须解决的首要任务。在这种生存压力下，我国政府不得不建立强有力的国家计划和调控机制，以迅速恢复经济，建立稳定的社会秩序。

1950—1953年我国社会秩序迅速稳定，并逐步恢复了国民经济。在这一稳定和恢复过程中，新中国的公共经济政策起到了举足轻重的作用。第一，通过没收官僚资本归新民主主义国家所有，建立了社会主义国有经济

的初步基础。1949年国营工业在全国大型工业总产值中所占比重为41.3%，拥有全国53%的棉纱产量、58%的发电量、68%的原煤产量、68%的水泥产量、92%的生铁产量、97%的钢产量，还掌握了全国的铁路、邮电、电信和大部分的现代交通运输事业。[①] 这就把全国的公共经济、民间经济统一在一起，有利于国家实施强有力的调控。第二，实施“废除地主阶级封建剥削的土地所有制，实行农民的土地所有制”的土地制度改革。土地制度改革使全国3亿多无地少地的农民无偿获得约7亿亩土地和大量生产资料，从根本上改变了不合理的土地占有关系，农业经济逐步发展起来。第三，实施民主改革和经营管理改革，镇压反革命，开展“三反”、“五反”运动，这样使社会秩序迅速稳定下来，生产秩序逐步规范。第四，稳定物价、统一财经工作。新中国成立之初，工业产量急剧下降，交通运输严重破坏，投机资本活跃，物价大幅度上涨，国家财政支出急剧上升而财政收入严重不足，这些问题造成经济的剧烈震荡。人民政府采取了一系列措施，加强市场调控、监管，打击投机，发行人民胜利折实公债，统一全国财政收支、物资调度和现金管理，逐步使生产恢复、物价稳定下来。第五，通过调整工商业，稳定和规范公私关系。为了稳定资本主义工商业，各级政府扩大对私营工商业的加工订货和产品收购，调整国营贸易公司的产品价格和经营范围，在坚持劳资两利和民主的原则下调整劳资关系，并在保证国家财政需要和合理负担的原则下适当调整和减轻私营工商业的税收，放宽对私营工商业的贷款，这些措施对于稳定私营工商业起了重要作用，使私营的民间经济获得一定生存和发展的空间。在国民经济迅速恢复和发展的基础上，1956年第一个五年计划的完成，奠定了我国社会主义工业化的初步基础，提高了人民生活水平。随之，通过农业、手工业合作化和对资本主义工商业的和平赎买，1956年底我国胜利完成了社会主义改造的历史任务，进入社会主义的初级阶段。

新中国政府一方面面临巩固和建设新制度的需要；另一方面又面临发展经济、满足人民生存和发展的物质和文化生活的需要。依照传统社会主

①周太和．当代中国的经济体制改革［M］．北京：中国社会科学出版社，1984：6.

义理论，公有制和计划经济是社会主义社会的主要特征，在这种理论指导下，我国建立了以公有制为经济基础的计划经济体制。这种计划经济体制的最大优点是能够集中人力、物力、财力办大事，有计划、有步骤地推动各项事业的发展。事实上，从1949年到1978年的30年间，中国工业走完了一般工业发达国家近百年才能走完的路程，建立了独立的比较完整的国民经济体系。这期间，我国国内生产总值年均递增率达7.2%，工业总产值增长32倍，农业总产值增长8倍，外贸进出口总额增长20多倍，社会总产值、国民收入、人均消费数额分别增长6.8倍、4.5倍和1.5倍，① 这不能不说是计划经济的功劳。

在传统计划经济体制下，我国公共经济和民间经济呈现出如下特征：

第一，政府管制无处不在，公权力处于绝对支配地位。在计划经济体制下，公共部门（政府）通过计划调配全社会几乎所有的经济资源——国家安排个人工作，个人没有转换工作的自由，转换需国家批准；资金由国家划拨、管控，投资、经营企业完全由国家决定；物资流转、产品价格等都由国家计划部门决定；国家财政在严格控制全社会所有投资的同时也严格控制绝大部分消费。这样，社会公共部门就直接支配了社会生活的各个方面，国家财政除了满足国防、外交、医疗卫生、文化教育、行政管理、社会基础设施等一般意义上的公共支出之外，还严格控制国有企业的设备、技术改造和员工的工资福利等。国家维持了庞大的国有企业体系，财政开支在国民经济中占有绝对份额。国民经济中积累和消费比例不仅由计划决定，而且连企业生产什么、生产多少都要由计划和财政来决定。

第二，私营的民间经济形式被限制在较为狭小的范围，且受政府主导。新中国建立后，经过社会主义改造，满足个人需要的生活资料的民间经济主要由政府主导下的国有经济和集体经济生产，个体经济、私营经济的民间经济形式被限制在非常有限的范围之内。到1956年，我国城镇个体工商户只剩16万户，主要是一些穿街走巷的小商小贩、前店后厂的小手工业者

①董锁成．中国百年资源、环境与发展报告：1950—2050年资源、环境与经济演变和对策［M］．武汉：湖北科学技术出版社，2002：57.

和修理修配的个体劳动者。“文革”期间，极“左”思潮登峰造极，把社会主义制度下的个体经济看作是“每日每时地产生着资本主义的东西”而大加批判，并大张旗鼓地当作“资本主义尾巴”来割。到1976年，全国个体工商户只剩18万户；1978年，全国个体劳动者只有15万人，而且他们大多被迫转入“地下”，以不合法的身份存在。

第三，公共部门生产大量私人物品，公共经济严重越位。在计划经济条件下，政府和政府控制下的公有制企业成为最主要的经济主体。这些公有制企业有的生产满足公共需求的公共物品，属于公共经济范畴；有的生产满足个人需求的私人物品，属于民间经济范畴。但值得说明的是，即使是生产满足个人需要的私人物品的公有制经济，由于其生产主体由政府直接控制、生产内容由政府直接规定，所以它也具有公共经济的某些特征。从理论上看，这时的公共经济主体——政府显然是严重越位的。人们需要的个人生活品都需要国家通过发放粮票、油票、煤饼票、豆制品票、肥皂票、香烟票、火柴票、肉票、鱼票、蛋票、布票、煤油票等票证限制供应。政府把自己应当做的和市场可以调控的完全混为一谈，越俎代庖，甚至画蛇添足。

显然，从公共经济学角度看，我国传统计划经济体制的主要缺陷是政府做了应当由“市场”做的事，而没做好自己应当做的事。即市场完全丧失功能，同时政府功能也没有科学发挥，结果是：市场调节、激励机制完全消失，经济效率受损，社会容易陷入短缺经济状态；由于信息不足，决策错误，造成资源浪费，且容易导致官僚主义作风，公共决策僵化。

（二）改革开放后：公共经济、民间经济正处于“帕累托改善”过程中

十年“文革”使中国政治、经济、文化等各个方面都遭受巨大损失与破坏，可以说是政治混乱、经济凋敝、文化“极左”，人民依然贫穷，中国共产党出现一定程度的执政危机和信任危机。“文革”结束后，党和政府在政治上需要拨乱反正，健全和完善社会主义民主；经济上，需要迅速恢复发展生产，改善人民生活水平；思想上，需要肃清“极左”思想影响，重

新树立实事求是的思想路线。在这种背景下，中国开始被称为“第二次革命”的改革开放。

中国的经济改革首先从农村开始，即从家庭联产承包责任制的逐步推行开始，接着是经济体制的不断改进，直至社会主义市场经济的建立和完善。这一过程是从完全政府管控到以市场调控为基础、兼有宏观调控的过程，是政府放权、民间经济主体增权的过程，是公共经济逐渐归位、民间经济发展空间扩大并逐步增强的过程。

1. 经济体制改革使“政府”与“市场”逐步走向各司其职

从20世纪的70年代末80年代初开始，我国农村逐渐改变了60年代初确立的“队为基础，三级所有”的集体经济管理体制，实行“包干到户”、“包产到户”等形式的“联产承包”责任制，公社、生产队不再具体管生产，而是从集体、统一的层面宏观指导，土地承包者具体经营自己承包的土地。家庭联产承包责任制使土地的所有权与经营权分离，农业劳动者获得了有限的土地使用权，焕发了农业劳动的活力，一举解决了我国人民的吃饭问题，也拉开了我国经济改革的帷幕。

1979—1988年，在邓小平关于“我们是计划经济为主，也结合市场经济，但这是社会主义的市场经济”① 的思想指导下，国家开始对计划、投资、财政、金融、工资、价格和政府机构等几个方面的管理体制进行改革。在计划管理体制改革方面，将原来单一的集中计划的形式改为实行指令性计划、指导性计划和市场调节等三种形式，并且缩小了指令性计划的范围，扩大了指导性计划的范围；在投资体制改革方面，国家预算内基本建设投资全部由拨款改为贷款，下放了固定资产投资项目的审批权限，国家专门成立了六个专业投资公司；在财税体制改革方面，国有企业实行两步利改税，政府实行“划分税种、核定收支、分级包干”的财政管理体制。

1988—1993年是政府经济管理体制的调整阶段。在新旧体制混合作用下，1988年出现了经济过热、秩序混乱和通货膨胀加剧的局面，政府运用

①邓小平文选（第2卷）[M]．北京：人民出版社，1993：236.

一系列计划手段和经济手段治理经济环境，整顿经济秩序，获得成功。1992 年，邓小平南方谈话和党的十四大确立社会主义市场经济体制目标后，中国经济进入了一个新的发展时期。

1994—2003 年，围绕建立市场经济体制的改革目标，国家大力推进财税、金融、价格管理、外汇管理、政府机构等方面的改革，尤其是实行分税制，确立复式预算制度，并逐步建立起社会统筹和个人账户相结合的养老、医疗保险制度，失业保险、社会救济制度和城镇居民最低生活保障制度等，成为我国公共经济领域的重大变革。

2003 年以来，在中共十六届三中全会提出的进一步完善社会主义市场经济体制的新要求下，以建立、完善和落实科学发展观为指导，我国经济改革仍向着更好地发挥市场基础性作用、建立服务型政府的方向前进。

经过 30 多年的经济体制改革，我国服务型政府的雏形已基本呈现，市场机制对资源配置的基础性作用显著增强。政府的“调控者”、“裁判员”的角色正在形成，并初步形成了统一、开放、竞争、有序的现代市场体系。

2. 政府职能逐步转变，民间经济生长空间扩大、增长迅速

改革开放前，我国的政府是“全能政府”和“无限政府”。政府主导了社会政治、经济、文化等各个方面，大到国家发展规划、大型项目、社会生活的重大方面，小到人们的吃、穿、住、用、行以及精神生活的各个方面，都可以看到政府的影子。改革开放后，我国政府正循序渐进地向着有限、有效的服务型政府迈进，这主要体现在 1982 年、1988 年、1993 年、1998 年、2003 年、2008 年以及党的十八大后正在进行的较大规模的政府机构改革以及政府在现实社会、经济生活的方针政策及其实施上。

1988 年的政府机构改革在 1982 年的基础上首次提出“转变政府职能”的概念。这次转变政府职能的中心内容是政企分开、下放权力，具体表现为由微观管理转向宏观管理、由直接管理转向间接管理、由部门管理转向全行业管理、由“管”字当头转向服务监督、由机关办社会转向后勤服务社会化。1993 年的政府改革提出政府管理职能主要是“统筹规划、掌握政策、信息引导、组织协调、提供服务和检查监督”。1998 年第四次政府机构改革强调要“按照发展社会主义市场经济的要求，转变政府职能，实现政企分开。要把政府职能切实转变到宏观调控、社会管理和公共服务方面来，把生产经营的权力真正交给企业。”[①] 加入世贸组织之后，为了进一步转变政府职能，改进管理方式，推进电子政务，提高行政效率，降低行政成本，2003 年我国进行第五次政府机构改革。这次改革的目标是逐步形成行为规范、运转协调、公正透明、廉洁高效的行政管理体制。重点是深化国有资产管理体制改革，完善宏观调控体系，健全金融监管体制，继续推进流通体制改革，加强食品安全和安全生产监管体制建设。这次改革取得了重大历史进步，建立国资委，深化国有资产管理体制改革；建立银监会，强化监管体制的作用；组建商务部，推进流通体制改革；组建国家食品药品监督管理局，调整国家安全生产监督管理局为国家直属机构，加强食品药品安全与安全生产监管。党的十七大首次明确提出建设服务型政府的目标。十七届二中全会强调，深化行政管理体制改革，要按照建设服务政府、责任政府、法治政府和廉洁政府的要求，着力转变职能、理顺关系、优化结构、提高效能，做到权责一致、分工合理、决策科学、执行顺畅、监督有力，为全面建设小康社会提供体制保障。在这些思想指导下，2008 年第六次政府机构改革展开。它以“建设服务型政府”为首要目标，以适应时代发展的要求、适应社会主义市场经济发展和社会主义民主政治建设要求为首要任务，并以坚持“以人为本”、“执政为民”为这次政府机构改革的根本出发点和落脚点。加大政府机构整合力度，实行职能有机统一的“大部制”，是这次政府机构改革的首要特点。党的十八大再次强调深化行政体制改革，提出建设“职能科学、结构优化、廉洁高效、人民满意的服务型政府”、“推动政府职能向创造良好发展环境、提供优质公共服务、维护社会公平正义转变”、“稳步推进大部制改革，健全部门职责体系”等主张。通过这些政府机构改革，我国政府职能发生了显著变化，主要表现在：政府职能重心由原来重阶级统治职能转向重经济管理职能；政府管理方式由

①罗　干．关于国务院机构改革方案的说明——1998 年 3 月 6 日在第九届全国人民代表大会第一次会议上［J］．人大工作通讯，1998（Z1）．

微观管理、直接管理为主转向宏观管理、间接管理，政府逐步减少行政审批，运用价格、财政、税收、信贷、工资、利润等经济杠杆来组织、调节和影响经济活动，实现经济管理任务；在调控方式上，由重视和依靠计划、忽视和排斥市场转向以市场调节为基础，结合政府调控。当前，政府已看到“市场失灵”和“政府失灵”的双重现象，开始注重混合经济的作用。

在政府职能转变的进程中，我国民间经济主体的地位、权利、范围和总量不断扩展。随着作为公共经济最主要主体的政府在经济层面权力的逐渐收缩，民间经济主体逐渐获取了作为市场主体的地位和权利，尤其是非公有制的民间经济主体，其市场主体地位和权利的获取经历了曲折的前进过程。国有企业市场主体的权利经历了“扩权让利”阶段、“两权分离”的承包责任制阶段、建立现代企业制度的制度创新阶段以及深化国企产权制度改革阶段。虽然当前国有企业经营管理中还有很多政府不当干预的现象，但国有企业已基本取得了独立的市场主体地位。非公有制民间经济是随着中国改革开放的逐渐深入而逐步活跃起来的。1980 年，中共中央《关于转发全国劳动就业工作会议文件的通知》中指出：“允许个体劳动者从事法律许可范围的不剥削他人的个体劳动。这种个体经济是社会主义公有制经济的不可缺少的补充。”1982 年，我国宪法规定：“在法律规定范围内的城乡劳动者个体经济，是社会主义公有制经济的补充。”1984 年，《中共中央关于经济体制改革的决定》特别强调个体经济的作用，认为它是“社会主义经济必要的有益的补充”。这些政策和规定解放了人们的思想，促进了城镇个体经济的迅速发展。1978—1984 年，城镇个体劳动者从业人数从 15 万迅速增加到 339.4 万。[①] 1987 年中共十三大指出，私营经济是“公有制经济必要的和有益的补充”。1988 年国务院发布《私营企业暂行条例》，私营企业取得了合法的“出生证”。当年私营企业注册 4 万户，到该年年底，全国私营企业达 23.5 万户，雇工人数 360 多万人。1989—1991 年，个体私营经济遭遇“寒流”，发展出现停滞。1992 年，中共十四大指出“国外的资金、资源、技术、人才以及作为有益补充的私营经济，都应当而且能够为社会

①国家统计局．中国统计年鉴（1993）[M]．北京：中国统计出版社，1993：110.

主义所利用”。1997 年，中共十五大认为“个体、私营等非公有制经济，是社会主义市场经济的重要组成部分，应当继续鼓励、引导，使其健康发展”。2002 年，中共十六大进一步指出，要根据解放和发展生产力的要求，坚持和完善公有制为主体、多种所有制经济共同发展的基本经济制度。1992—2002 年，个体经济、私营经济成为我国国民经济增长中的新亮点，私营企业从 14 万户增加到 243.5 万户，增长了 17 倍，年均增长 33%；注册资金由 221 亿元增加到 24756 亿元，增长了 112 倍，年均增长 60%；从业人员从 232 万人增至 3409 万人，增长近 15 倍；税收从 4.5 亿元增长到 945.6 亿元，增长了 208 倍，年均增长 70%。这期间，全国个体工商户户数由 1543 万发展到 2378 万，资金数额由 601 亿元增加到 3782 亿元，从业人员由 2468 万人增加到 4743 万人。① 2005 年，国务院颁布《关于鼓励支持和引导个体私营等非公有制经济发展的若干意见》，即“非公经济 36 条”，明确指出：允许非公有资本进入法律法规未禁入的行业和领域，允许非公有资本进入垄断行业和领域。非公有制经济的范围开始迅速拓展。2012 年，党的十八大指出要“毫不动摇鼓励、支持、引导非公有制经济发展，保证各种所有制经济依法平等使用生产要素，公平参与市场竞争，同等受到法律保护”。2010 年 5 月，《国务院关于鼓励和引导民间投资健康发展的若干意见》（即“新非公经济 36 条”）颁布，提出进一步拓宽民间投资的领域和范围。2012 年 12 月，中国私营企业 1060 万户，从业人员 1.1 亿人，个体工商户 3985 万人。②

近年来，我国民间经济的发展呈现出快速化、多样化的特点。民间国有经济经过改革，展现了制度创新的活力，并依赖于政策和环境优势，实现了扭亏为盈、规模化经营，其实力和竞争力大大增强。民间经济中的民营经济则增长迅速，形成了一批以专业化、规模化经营为特征的资本密集、技术密集的大企业、大公司，行业分布由轻工纺织、建筑运输、商贸服务等领域为主向重化工业、基础设施、公共事业、资本市场等领域拓展。

---

①单忠东．民营经济三十年——思考与展望［M］．北京：经济科学出版社，2009：4.

②http：//finance. chinanews. com/cj/2012/12－04/4380483. shtml.

3. **公共经济与民间经济关系的不断改进**

改革开放过程中，随着“政府”和“市场”的各司其职、政府职能的转变和民间经济的增长，我国公共经济和民间经济的关系得到较大程度的改善。这主要表现在以下三个方面：

第一，公共经济主体与民间经济主体关系的改善。在计划经济体制下，作为公共经济最主要主体的政府和作为民间经济主体的企业，被戏谑地称为传统的“父子”关系，政府是企业的组织者、指挥者，甚至经营者。改革开放初期，又被称为传统的“婆媳”关系，企业获得了一定的经营自主权，政府也想更加开明，但本质上的依附关系并没有改变。常修泽认为，政府与企业的理想关系应当是一种“契约”关系，① 而当前政府与国有企业的关系正是由“婆媳”关系向“契约”关系过渡的过程中。这是我国经济体制改革和转轨的成果，这一成果主要表现在：（1）企业获得经济资源主要依靠市场机制而不再是政府调控。2008年，我国资本市场上，境内资本市场证券化率（总市值占GDP比重）为36.2%；土地市场上，城镇土地使用权的招标、拍卖和挂牌面积占土地使用权出让面积的比例从1993年的8.78%提高到2008年的83.94%；劳动力市场上，分地区常住人口与户籍人口数之间的变动率由1978年的0.02%提高到2008年的3.22%。大型企业中实行劳动合同制度的比率由1984年的6.41%提高到2008年的97.8%。② 2008年我国经济市场化程度已达到76.40%。③（2）政府为企业“服务”的意识不断增强。随着政府机构改革、政府部门作风整顿、竞争激励机制和监督机制的引入，我国政府中的工作人员服务意识有所增强，“话难听，门难进，脸难看，事难办”现象有所改观，政府“不作为”现象开始减少，企业审批程序变得简便、快捷。另外，一些地方政府出于繁荣地区经济、提高GDP的需要，极力“筑巢引凤”、招商引资，对招徕的客商

①常修泽．垄断行业改革必须树立“公共利益至上论”［J］．人民论坛，2009（19）：60.

②北京师范大学经济与资源管理研究院．《2010中国市场经济发展报告》［M］．北京：北京师范大学出版社，2010：340－342.

③北京师范大学经济与资源管理研究院．《2010中国市场经济发展报告》［M］．北京：北京师范大学出版社，2010：1.

服务备至。（3）政府依法行政，企业依法经营，二者在法律规定的范围内活动。随着我国法治建设的逐步完善、政府依法行政水平的提高，政府与企业之间的“领导与被领导”的关系渐趋被“管理与被管理”、“服务与被服务”以及“相互监督”的关系所代替，政府依据法律所赋予的公共权力和职责对企业实施管理和服务。

第二，公共物品供给与私人物品供给的日渐合理。按照一般公共经济学原理，纯公共物品通常由政府单独承担；俱乐部产品通常由政府或私人提供；公共资源产品则由政府提供并管制或调节；私人物品由私人完成。而在我国计划经济时期，从国防到个人吃穿，政府包揽一切，即政府不但负责供给公共物品还要负责供给私人物品。我国在这方面的改革主要是政府要适当收缩供给范围，应由个人完成的私人物品交由市场去调节。尽管我国现阶段政府还有严重越位、缺位现象，但从历史的角度和发展的眼光看，我国在这方面已有很大进步。当前，政府投资供给的公共物品基本上收缩在三大领域：一是具有非竞争性和非排他性的纯公共物品，如国防、司法、行政、邮政、防灾救灾、卫生防疫、重大科研、消防等；二是带有显著外部收益，能够创造社会公平的混合物品，如高速公路、城市道路、基础教育、公共医疗卫生、社会福利、环境保护等；三是以电力、铁路、电信、地铁、供水、广播影视等为代表的自然垄断产品。当然，即使在这三大领域，政府也应当根据政府财力、公平与效率原则有区别、按比例地投入，将竞争性业务和服务性业务分开，能借助市场和社会的就交市场和社会去做。

第三，市场机制与政府调控机制配合较好。市场机制是民间经济的运行机制，政府调控机制是公共经济的运行机制，二者的结合则是当代各国国民经济的运行机制。在计划经济体制下，我国几乎完全依靠政府直接控制和运营经济，因此“对于政府在生产、分配、消费等方面管束的消除”成为我国经济市场化的重心。改革开放的过程就是我国渐进地收缩政府管控、放开市场的过程。当前，一方面，我国市场机制在调控市场微观主体、商品市场、生产要素市场以及国际市场方面已经起到了主导作用，处于支配地位，市场化程度不断提高；另一方面，我国政府调节机制以经济手段、法律手段为主，辅之以必要的行政手段，发挥财政、金融、分配等各种政策的组合效应，在我国近些年的经济发展中取得了辉煌成就。如 1979—1981 年“计划”式宏观调控，1985—1986 年“双紧”式宏观调控，1989—1990 年“硬着陆”式宏观调控，1998 年“激励或扩张”式宏观调控，2004—2007 年“未雨绸缪”式宏观调控。[①] 尤其是我国在应付 2008 年国际金融危机中以“保增长、扩内需、调结构”为目标，实施积极的财政政策和适度放宽的货币政策，以最小化的代价成功规避了金融危机的冲击，成为宏观调控的典范。

二、当前中国公共经济、民间经济及其关系的问题

随着我国政府职能的逐步转变和市场化进程的不断推进，我国公共经济与民间经济逐步归位，关系逐步优化，但客观地观察我国公共经济、民间经济及其关系，可以发现，这种“归位”还不“到位”，二者关系也有待进一步优化。

（一）公共经济的缺位、越位与结构失衡

在市场经济条件下，政府在经济领域的主要职责是弥补和纠正市场失灵，即要避免和惩戒负的外部性，维护竞争秩序与市场安全；提供一定的公共物品，满足公共需要；调节收入再分配，提供社会保障。并且，在市场经济条件下，政府要遵循这样的原则：凡是市场能做且效率更高的，应该放手让市场去做；在确定自己职能时要以特定阶段的国情为依据，考虑社会经济承受能力，超越国情和承受能力或低估国情或承受能力的“左”做法或“右”做法都必须摒弃。然而，我国公共经济领域中存在的主要问题就在于政府没有完整、科学、恰到好处地履行、遵循上述职责和原则，

①叶　檀．透视改革开放以来的六次宏观调控［OL］．http：//news. xinhuanet. com/politics/2008－09/06/content _ 9807991 _ 1. htm.

从公共经济角度说，表现为公共经济的缺位、越位和结构失衡上。

1. 公共经济缺位

公共经济的缺位是指公共经济主体（主要是政府）在经济活动中放弃了本属于自己的事权和活动范围，在应当由他管、只能由他管、他也必须管的经济社会领域内不作为，或消极作为。在当前经济领域内，公共经济的缺位主要表现为以下几个方面：

第一，在公共经济决策上，科学化和民主化程度不足。公共经济的运行是依据公共政策展开的。随着我国公共经济决策的价值取向由政治理想向现实的功利主义和市场化转化，由于“政府失灵”现象的存在、市场经济的不成熟、政治民主化的不足，致使在公共经济决策时产生经济政策的不公平现象和道德价值与现实利益的冲突，这不能不说是政府职能缺位的结果。例如，长期以来困扰我们的城乡二元制经济结构问题——在法律上享有相同公民权的“城市人”和“农村人”被现实的城乡不同的公共经济政策严格分开，泾渭分明。又如，对经济特区、沿海开放城市实施一系列优惠经济倾斜政策，一方面促成了这些地区的经济腾飞，另一方面则牺牲了中西部地区廉价的劳动力、低廉的自然资源，造成东西部经济发展的严重失衡。再如，在拉动我国经济增长的问题上，我国过多地依靠固定资产、基础设施投资而忽视消费因素，过度超前的基础建设耗资大、效益低，并造成相关部门债台高筑，成为我国近期重要经济风险之一。

第二，在公共规制上，公共部门对市场的不当、不法行为的规范和制约不够。在很长一段时期，我们的市场经济秩序相当混乱，假冒伪劣、坑蒙拐骗、安全事故和违法违规层出不穷。这一方面说明市场经济有其固有的缺陷，另一方面也说明公共部门在监管市场方面的不足。例如，“三鹿事件”就暴露出公共部门在这方面的诸多不足：奶制品的监管涉及农业、工商、质检等多个部门，但在事件发生过程中却没有任何一个部门能够在事情曝光前察觉问题，事件发生后及时处理问题，特别是地方政府在提前获知信息后采取的竟然是包庇和不作为的处理方式。质检局给三鹿奶粉搞了一个免检，收取认证费用，再颁发一个名牌称号和免检标签，就不再监视管理了，这就引发“谁去监督监管者”的问题。我国现行食品安全法律系统中竟没有关于重大食品质量安全问题责任承担的具体规定，这是政府在供给健全的法律法规系统方面的缺位。类似“三鹿事件”还有“毒大米”、“吊白面粉”、“瘦肉精”、“地沟油”等现象，市场上层出不穷的“蒜你狠”、“豆你玩”、“油你涨”、“糖高宗”、“苹什么”、“棉里针”、“姜你军”、“煤超疯”等现象也在一定意义上说明政府监管的缺位。另外，政府在对劳动者的权益保护上明显不足，导致工资拖欠、劳动安全等问题时有发生。

第三，在公共物品供给上，公共经济在某些领域严重缺位。政府应该给公民提供一视同仁的公共产品，比如教育、医疗等，但我国在教育、医疗等方面存在着重大的问题，把这两个本应由政府管理的领域交给社会和市场管理，是中国最大的政府缺位现象。我国对教育事业的财政投入尽管近年来在总量和相对比重上均有所增加，但相对于世界各国的平均水平而言，对照构建公共财政框架体系的要求和我国的现实需要而言，还有很大差距，欠账很多。近年来，尽管国家总在强调提高教育方面财政支出，几次强调教育支出要占 GDP 的 4%以上①，但上升缓慢，直到 2012 年才首次达到这一比例。目前我国社会保障的覆盖面还很小，不能满足更多的社会成员对社会福利保障的要求，而且由于财政对社会保障的投入不足，企业办社会的现状还难有较大改观，这必然影响企业市场化的进程，同时也不利于保持社会稳定和我国的可持续发展。另外，科技投入、环境保护投入、支农投入等方面力度都有较大差距，这些都是公共经济缺位的突出表现。

第四，公共经济在农村中的缺位更为严重。改革开放以来，政府提供的公共物品的重点集中在满足城镇居民的需求上，而对农村居民的公共物品需求严重忽视。近年来，国家增加了农村公共物品的提供。例如，农村的公路建设、电力、水利设施建设在国家财政扶持下有了较大改观，但是

①早在 1993 年党中央、国务院颁布的《中国教育改革和发展纲要》中就明确规定：“逐步提高国家财政性教育经费支出占国民生产总值的比例，在本世纪末（即 20 世纪末）达到 4%。”2006 年的十六届六中全会《关于构建社会主义和谐社会若干重大问题的决定》也提出了 4%这一目标，但至今未能实现，即使最接近这一目标的 2008 年（3.58%）也没有达到。2010 年《国家中长期教育改革和发展规划纲要（2010—2020 年）》公开征求意见稿提出，要提高国家财政性教育经费支出占国内生产总值比例，2012 年达到 4%。

农村基础教育、公共卫生、农民养老问题等方面的供给仍然严重短缺。国家将农村教育丢给地方政府，在地方财力有限的情况下，大部分农村教育供给不足，农民义务教育得不到保障。农村环境保护也缺乏足够的财政重视和投入，有的地方为了发展经济，对环境的破坏程度加重，由于缺乏经费，环境没有得到及时治理，影响了农村的可持续发展。

2. 公共经济越位

公共经济的越位是指公共经济主体（主要是政府）超出了法律、法规规定的权力范围，在经济运行中挤占了市场活动的空间，行使了不该由自己行使的权力，进入了不该进入的经济领域。在市场经济条件下，公共经济不应直接参与市场竞争，市场需要应主要在市场机制调节下由民间经济解决。然而，由于历史惯性、经济转型等原因，当前我国公共经济的越位现象还相当普遍，主要表现在以下几个方面：

第一，公共部门过多地进入市场竞争领域。当前，我国竞争性领域还存在着很多政府投资兴办的企业，暂且不管其企业效益如何，单就其投资行为的合法性就值得怀疑。政府财政收入来源于纳税人，财政资金应当投向市场不能解决的领域，并投入符合公共利益的项目。政府财政投资从事竞争性项目，政府充当了“裁判员”和“运动员”的双重角色，对政府超脱于市场的主体地位的公正性有不利影响，同时侵蚀着民间经济主体的相关利益，对市场公平规则损害极大，还会给市场秩序造成冲击。另外，公共经济从事竞争性领域投资，加大了政府财政资金经营的风险。因为市场竞争残酷激烈，一旦经营不善，就可能会出现投资亏损，导致国家财政资金的流失，进而造成纳税人的财产利益损失。而且，政府财政投资的道德风险也难以避免。所以，政府不应当过多地参与市场竞争，除了少数必须由国家出资的涉及国民经济重大利益的领域外，市场投资应当交给民间经济主体。我国公共经济越位在国家对国有银行的注资中体现明显。1998年，财政部以2700亿元的特别国债补充国有商业银行资本金。1999年，四大国有银行向四大资产管理公司剥离了14000亿元不良资产，财政部为每家银行提供100亿元开办费。财政部还为光大银行收购中国投资银行拨付

73.2亿元。财政部与中国人寿集团公司建立共管基金消化中国人寿剥离保单的利差损350亿元。这些本该由市场调节的活动，政府却成了操作者，破坏了市场运行的有效机制。当前政府还保持了太多对土地、信贷等重要资源的配置权力，致使这些领域的市场机制难以发挥。难怪著名经济学家张维迎不无忧虑地提出“我们这个社会最需要担心的是什么？不是政府对经济的干预太少，而是太多”[①]。

第二，公共经济被赋予太多职责。改革开放以来，我国经济增长一直是在政府主导下展开的，这一方面促进了我国经济有目的、有计划地增长，另一方面也必然使公共经济背负过多职责。例如，通过公共投资拉动经济增长的职责、产业结构调整的职责、平衡地区和城乡间经济发展的职责、提高就业率的职责等。由于政府失灵因素的存在，这些本该由市场调节完成的事项要让公共经济承担下来，其结果有时正好事与愿违、南辕北辙。公共经济背负太多职责与我国政府职能转型滞后直接相关。当前，由于多种原因，我国政府在某种意义上还具有“全能政府”的色彩，还在“管企业”、“管土地”、“管股市”、“管招商”，甚至“管招工”[②]，既然政府越位，公共经济也必然随之扩展、越位。随着我国社会主义市场经济体制的基本建立，政府要由经济建设主体转变为经济型公共服务主体，即由经济建设型政府向公共服务型政府转变，公共经济才会收缩到适当范围，这也是实现我国经济发展方式转变的关键所在。

第三，公共支出投入应用性研究、经营性单位和民间性组织。当前，我国公共部门还承担着部分应由市场功能解决的经营性支出。应用性研究不同于基础性研究，其成果可以直接运用于生产生活，可以作为商品交换和出售，研究费用可以从市场活动中得到补偿，甚至实现赢利；另外，应用性研究成果不具备公共物品的特性，也不宜由财政资金提供，而应当交给市场主体负责。在我国经济改革中，一些有条件进入市场的经营性事业

---

①张维迎．中国社会最需担心的是政府对经济干预太多［OL］．http：//finance. ifeng. com/news/special/jingjiguancha2010/20110116/3211423. shtml.

②刘金松．富士康确定河南建厂，政府协助全省招工［OL］．http：//finance. qq. com/a/20100703/001033. htm.

单位，如一般性文艺团体、行政事业单位办的出版社、杂志社、培训中心等，以及一些民间性的协会、学会、研究会等，仍然由财政承担着这些不应承担的经营支出。这些单位可以实行企业化经营，通过市场活动维持运转，财政不应当再为这样的经营性单位提供经费。

3. 公共经济结构失衡

公共经济结构失衡主要是指公共经济内部政府职能分项支出、区域性支出以及中央与地方支出的不平衡。在市场经济条件下，公共部门从事公共经济活动的资金大都来源于财政支出，公共支出主要表现为财政支出，因此考察公共经济结构问题，可以财政支出结构为标本。

第一，分项公共支出结构不平衡（见表4－1）。这可以概括为以下几个方面：(1) 行政经费支出膨胀，所占比重升幅有所增加。改革开放以来，我国行政经费支出比重一直在上升，已由1980年占总支出比重的6.1%上升到近几年的18%左右，这与我国政府级次过多、政府机构膨胀、公共部门行政效率较低有关，其结果是大量挤占急需的公共支出项目。(2) 文化教育支出比例虽稳中有升，但与提高全民整体素质的要求仍有差距。我国文化教育支出占总支出的比重从1978年的13.1%逐步增加，进入20世纪90年代以后，基本保持在25%以上的水平，并呈现较平稳的增长趋势。但若以教育支出占GDP的比重（2012年为4.08%为历年达到的最高比例）来衡量，我国财政对文化教育的投入还很低，距离世界平均7%的水平还很远，甚至赶不上经济欠发达国家的4.1%。这显然不能充分满足人民和国家对教育的需要，不利于文化教育事业的健康、快速发展。(3) 对农业的支出比重下降，制约着农业产业化的发展。当前，我国农业正进入产业化发展的重要阶段，作为具有特殊性的产业形式，对其予以积极的财政投资支持有着重要作用。但近年来，农业支出占总支出的比重却连年下降，从1978年的13.43%下降为1990年的9.98%，2005年进一步下降为7.22%。(4) 福利保障性支出明显不足，已在一定程度上延缓了我国市场化改革的进程。我国财政社会保障总支出，从1998年的596亿元增长到2007年的5396亿元，占财政支出的比重达到10.84%，但占GDP比重很低，只有

2.1%，而世界上各主要发达国家的社会保障支出占 GDP 比重基本在26%~35%。低水平的社会保障必然制约企业兼并、改组、破产等措施的实施，从而制约市场化改革进程。①

表 4-1 2011 年中国国家财政支出分项统计②

项 目	国家财政支出（亿元）	占比（%）	排序
总 计	109247.79	\	
教 育	16497.33	0.151	1
社会保障和就业	11109.40	0.102	2
一般公共服务	10987.78	0.100	3
农林水事务	9937.55	0.091	4
城乡社区事务	7620.55	0.070	5
交通运输	7497.80	0.069	6
医疗卫生	6429.51	0.059	7
公共安全	6304.27	0.058	8
国 防	6027.91	0.055	9
资源勘探电力信息等事务	4011.38	0.037	10
科学技术	3828.02	0.035	11
保障性住房支出	3820.69	0.035	12
其他支出	2911.24	0.027	13
环境保护	2640.98	0.024	14
国债付息支出	2384.08	0.022	15
文化体育与传媒	1893.36	0.017	16
国土气象等事务	1521.35	0.014	17
商业服务业等事务	1421.72	0.013	18
粮油物资储备等事务	1269.57	0.012	19

续表

①黄恒学．公共经济学［M］．北京：北京大学出版社，2009：232—234.

②本表根据《2012 年中国统计年鉴》计算而得.

金融监管支出	649.28	0.006	20
外 交	309.58	0.003	21
地震灾后恢复重建支出	174.45	0.002	22

第二，区域性公共经济差距明显。(1) 财政支出总规模地区差异明显。近年来，我国各个地区的财政支出总量都有大幅度上升，其中，东部地区的财政支出增长更为显著，远大于中部和西部地区。2008 年，东部地区财政支出总额为 22891 亿元，中部为 12592 亿元，西部为 13766 亿元，东部地区约占总量的近 1/2（见表 4-2）。(2) 地方财政支出结构呈现不同特点。总体而言，东部地区的经济建设支出比重呈现下降趋势，而公共支出比重则相应上升；中部、西部地区的情况则正好相向，这显然与各区域经济发展水平紧密相关（见表 4-3）。另外，我国人均财政支出也有明显差距，总体上看，东部最高、西部次之、中部最低。[①]

表 4-2　中国区域财政支出规模差异的比较[②]

年份	全国地方财政支出（亿元）	东部地区		中部地区		西部地区	
		财政支出（亿元）	比重（%）	财政支出（亿元）	比重（%）	财政支出（亿元）	比重（%）
1990	2079	933	44.9	586	28.2	560	26.9
1995	4828	2422	50.2	1198	24.8	1208	25.0
2000	10367	5277	50.9	2577	24.9	2513	24.2
2005	25154	12769	50.8	6133	24.4	6253	24.9
2006	30431	15014	49.3	7791	25.6	7627	25.1
2007	38339	18714	48.8	9775	25.5	9850	25.7
2008	49248	22891	46.5	12592	25.6	13766	28.0

表 4-3　中国区域财政支出结构差异的比较[③]

①李晓嘉．中国财政支出地区差异的问题研究［J］．经济研究导刊，2010（27）．

②本表数据来源于中经网统计数据库（http：//db. cei. gov. cn/）综合年度库．

③本表数据来源于中经网统计数据库（http：//db. cei. gov. cn/）综合年度库．

年份	东部地区				中部地区				西部地区			
	公共支出		经济建设支出		公共支出		经济建设支出		公共支出		经济建设支出	
	金额（亿元）	比重（%）	金额（亿元）	比重（%）	金额（亿元）	比重（%）	金额（亿元）	比重（%）	金额（亿元）	比重（%）	金额（亿元）	比重（%）
1990	147	15.8	786	84.2	53	9.1	533	90.9	58	10.4	501	89.6
1995	601	24.8	1821	75.2	188	15.7	1010	84.3	222	18.4	986	81.6
2000	1292	24.5	3984	75.5	430	16.7	2147	83.3	532	21.2	1981	78.8
2005	2963	23.2	9806	76.8	932	15.2	5201	84.8	1198	19.2	5055	80.8
2006	3348	22.3	11666	77.7	1076	13.8	6715	86.2	1333	17.5	6294	82.5

第三，中央公共收支与地方公共收支之间有较多矛盾。我国现存的公共经济体制中关于中央与地方的关系方面还存在诸多问题，主要表现在：(1) 中央与地方事权与财政支出划分不明确。一方面，存在着本该中央政府承担的公共服务事项却由地方政府完全、部分承担了，如地方驻军补贴，应由中央承担，但在实际运行中，中央却将支出责任推给了地方。类似“中央请客，地方买单”的事情也经常出现——即中央出政策，要求地方保证“硬性”支出，地方必须提供相应财政资金支持，中央财政垂直管理的部门经费，如国防武警、气象、地震等部门经费，中央通过让地方分摊的方式将支出部分得推给地方。另一方面，也存在着应由地方政府承担的公共服务事项，中央也承担了一部分，这主要体现在中央专项转移支付上，如按照事权本应由地方承担的邮电通信、地方企业技术改造、中小城市基础设施建设等却由中央安排专项转移支付。(2) 地方财政收入不能满足财政支出的需要。我国地方财政支出责任较重，而现行的地方税种多但收入少，弹性较差；共享税税种过多、比重过大，且分配极不规范，带有很大的主观性，因此地方的收入不能满足地方财政支出的需要，使得地方政府对中央转移支付的依赖程度日益加大。

公共经济的缺位、越位以及结构失衡，不仅降低了公共资源配置效率，而且常常严重损害民间经济效率，亟须优化，而优化的主要策略则是建立科学、高效公共经济体制。

（二）民间经济面临“环境”与“自身”双重约束

当代中国民间经济，尤其是民营部分，是在计划经济向市场经济转化过程中发育和成长的。在计划经济条件下，绝大部分个人物品都由政府组织生产、负责分配，民间经济被政府包办了。当前市场经济体制的建立和完善过程，从某种意义上说就是政府放权、让利给民间经济主体的过程，这就决定了在我国社会主义市场经济体制还没有完善成熟的条件下，民间经济必然带有严重的“先天性不足”。目前，这种“先天性不足”主要表现为其面临的市场环境、制度环境、政策环境有待改善，民间经济主体的自身竞争力有待加强。

1. 民间经济存在和进一步发展的“环境”亟须优化

第一，民间经济内部各种经济形式的实际地位和权利有较大差别。在我国现阶段，民间经济中存在国有经济、集体经济、个体经济、私营经济、外资经济以及混合经济等形式，它们在市场中的法律地位是平等的。但在现实制度环境下，国有经济和集体经济所实际享有的经济权利和资源要远远大于其他经济形式，即使外资经济也往往享有大于个体经济和私营经济的权利。在税收方面，尽管国有、集体和私营企业所得税统一，但私营企业除了要缴纳企业所得税外，还要缴纳个人所得税。私营企业既享受不到国有企业的市场准入、财政补贴、贷款便利、研发费支持等优惠，同时也享受不到国家对外商投资的优惠政策，还要承担诸如重复收费、搭车收费、超标准收费、摊派等税外负担，这就抑制了私营企业的发展，同时不利于整个民间经济的协调发展。尤其在市场准入方面，尽管随着新、旧“非公经济 36 条”的颁布和实施扫清了一些政策障碍，但市场准入方面的问题仍然突出：一是，原有的无形禁区并没有从根本上冲破，“玻璃门”现象远未消除。某些行业，尤其在垄断性行业内，民间资本很难进入，即使费尽周折经过“特批”挤进去也往往处于竞争的劣势。现阶段的金融、通信、能源、新闻出版等近 30 个产业领域都存在着这样的问题。即使允许民间资本涉足的一些领域，也由于体制性障碍和观念性误区导致明显的不公平竞争。例如，我国目前基础设施项目，一般要求由特许公司（基本上是国有公司）发起，由于招标制度的不完善和某些人的观念障碍，即使有资质的私营企业也往往被排除在外。尤其是，即使私营资本能够参与项目，其股份比例也必须由特许公司决定，双方地位不平等。民间资本的体制性障碍还表现在它面临的前置审批环节多、手续复杂、关卡林立、需要“打通”的环节多等现象上。二是，民营经济在融资方面也面临诸多难题，诸如取得商业银行贷款、公司股票上市和发行债券筹款等方面都面临着不平等待遇。当前，民营企业融资还不及全社会的10%，银行对非公企业的拒贷率超过56%，而把超过70%的贷款贷给了国有企业。三是，在参与国际竞争上，我国民间资本更面临着来自多方面的压力。一方面，在国际上面临着国外同类企业的竞争压力，尤其是发达国家的一些跨国公司的压力，同时也面临外国政府贸易保护主义的压力，往往受到反倾销、绿色壁垒、技术壁垒的限制等。另一方面，这些民营企业在国内也要面临许多发展障碍。我国当前对进出口商品实行配额许可制，而获得经营配额许可证的商品还比较困难；在对外投资权、工程劳务承包权方面还没能对民营企业完全开放。可见，我国各种形式的民间经济主体的实际市场地位有待纠偏和拉平，要把国有企业和民营企业都当作平等的市场主体对待。

第二，民间经济受到政府干预较多，政府服务水平有待继续改善。前文关于公共经济越位和缺位部分的论述中对该问题已有论及，这里需要强调的是，民间经济生存、发展的外部环境应当是法制、竞争的市场环境。只有在经济主体市场地位平等、竞争公平、产权明晰、诚实信用、法制健全的市场经济环境下，民间经济才能健康发展。现阶段，我国民间经济中的国有企业大部分还是由政府主导，其他各种经济形式的主体也都不同程度地受到政府或多或少的行政干预，尤其是地方政府借口“关系国家安全和国民经济命脉”、“做大做强”、“经济发展大局”、“安全整顿”、“节能减排”等名义干预下，民间经济主体的公平竞争环境遭到破坏。目前，国有企业的产权制度仍待进一步规范，国有企业在市场中的范围和作用急需进一步明确，不应挤压民营企业的流动性、市场和政策空间，更不能侵占私有产权。但事实上，公共经济侵占民间经济领域、国有经济损害民营经济的事件在我国经济生活中已见怪不怪。政府应向民间经济提供的服务和市场秩序则有较多缺位，这主要是政府工作人员服务意识不强，还带有太多“官僚”气息，认为自己是“官”，“官”就要啥都“管”，而对市场违反法律、有悖诚实信用的现象的监管却不够、不力，诸如“三鹿事件”的现象频发就充分说明了这一点。

第三，民间经济的利益格局需继续调整，必须警惕“特殊利益集团”。从我国改革开放 30 多年来看，我国民间经济的利益格局正在发生着重大变化。国有经济在逐步适应市场后，依靠政策优势和自身实力，其利润率整体上不断上升，这从大型国企成为人们工作的首选目标可见一斑。民营经济在经历迅猛发展后，其利润率和发展的潜能受到社会环境、制度环境的限制，当前正面临着进一步发展的瓶颈。在民营经济内部也出现严重分化现象，一部分民营企业依靠自身的努力，即通过市场研究、加强管理、技术提高、品牌塑造、资本运营、占领市场等，逐步站稳脚跟，实现了良性发展；一部分民营企业则由于家族企业问题、技术问题、管理问题，甚至诚信问题，而逐步沉没。当然，这是市场优胜劣汰的必然结果。这里需要注意的是国家在产业政策、信息提供等方面应加强服务意识。近年民间资本的流动性值得关注，由于投资环境得不到改善，一部分民间资本从实体经济流向股市、房地产等虚拟市场，靠炒作赢利，这是危险的泡沫经济的信号。2008 年世界性金融危机以来，尽管我国政府极力调控，但国内经济还是受到重大冲击，尤其私营经济受到的影响非常之大，钢铁、地产等行业的一些中小型企业频频亮出黄牌，因经营困难被国有企业收购。另外，在民间经济的利益格局中“特殊利益集团”的崛起非常值得关注。这些特殊利益集团是在我国市场化改革推进过程中出现的官商勾兑的“畸形之花”，是 20 世纪 80 年代“官倒”现象、90 年代“弃官经商”热的延伸和变种。随着某些行业的“国退民进”或“国进民退”，一些具有公权力背景的企业经营者（如各级高官的子女、亲戚、朋友等）依靠特殊身份肆无忌惮地赚取超额利润，甚至寻求不法回报。例如，在工程建设、房地产开发、土地管理和矿产资源开发、金融等中纪委反腐“重点领域和关键环节”，都有他们长袖善舞的身影。“强势资本精英与强势权力精英合谋和交易，左右政府的公共政策，瓜分鲸吞国有资产，穷奢极欲地占据和挥霍本应属于全民所有的公共资源”，资源、资本与权力的高度集中是市场经济发展的“毒瘤”，也将导致走上权贵资本主义道路的严重危险性。吴敬琏教授呼吁要防止我国走上“权贵市场经济”和“权贵资本主义”的道路①，有着尖锐的现实针对性。

2. 民间经济主体的自身竞争力有待加强

现阶段，我国民间经济相对于国际发达国家而言，整体竞争力仍显不足。部分大型国有企业主要依靠垄断地位、政策便利在国内获得竞争优势。在国际市场上，我国企业多依靠劳动力价格低、环保成本低、土地价格低、原材料价格低、利率低等条件才获得一定竞争优势。我国民间经济主体在整体上面临全面提高自身竞争力的问题。

我国大中型国有企业大部分仍然为国营体制，它们一部分存在于公共经济领域，一部分活跃在民间经济领域。民间经济领域中的国有企业现存的最主要问题是如何增强自己的效率和适当从竞争性领域撤出的问题②。这部分企业一般规模较大、资金充足、技术先进、享有优惠政策、经营跨区域跨行业的综合性项目，再加上有政府公权力为后盾，企业经营者还享有政府官员的级别和待遇，在与其他民间经济主体竞争中往往处于优势。如国有四大银行、中石油、中石化等国有企业都享有本行业部门的垄断地位，是名副其实的“巨无霸”，没有其他民间经济主体能与之争锋，这就破坏了市场经济平等性、竞争性的基本原则。尽管这些企业经过多次体制改革，

---

①吴敬琏教授早在2001年就提出“我国的市场经济就有落入畸形的市场经济，弄得不好就会成为所谓权贵资本主义泥坑的危险”（见吴敬琏．警惕权贵资本主义．北京青年报［J］，2001－03－04）。2010年吴敬琏教授再次呼吁“权贵资本主义越来越严重”〔见看天下［N］．2010（31）〕。

②笔者认为，国有企业并非不能存在于民间经济领域，问题在于国有企业如何从现有的路径依赖中解脱出来，提高效率，真正作为市场主体参与竞争，必须反对“国有企业完全退出竞争领域”的“一刀切”做法。

经济效率比计划经济时代已有重大进步，但其仍存在进一步提高效率的问题，究其原因主要是产权关系不清晰、产权边界不明确，从而造成政府干预较多、法人财产权难以落实、激励约束机制不完善、企业内部人控制问题等。

民间经济领域中的国有民营经济和集体所有制经济多是在企业改制过程中产生的，其经营形式有股份制、股份合作制、租赁承包制等。这部分民营企业多处于市场竞争性领域，虽然不如国有国营的大中型企业的实力和影响，但由于是脱胎于国有或集体企业，其规模也较其他民间经济大，也享有部分制度外特权。当前这部分企业的主要问题是如何保证国有资产保值、增值，防止国有资产流失；如何平等地参与市场经济的公平竞争，减少非市场因素带来的负效应；如何逐步提高自己的生产经营技术水平，提高劳动生产率，提升自己的核心竞争力。

个体工商户、私营企业基本处于民间经济领域①。相对于国有企业而言，个体私营企业规模较小、数量较多、分布广泛、经营灵活、技术相对落后，其面临的主要问题是如何真正实现全面、充分的市场权利，做大做强，增强自己的竞争力和抗风险能力。当前，从个体私营企业自身现实看，普遍存在管理方式落后、技术水平较低、融资困难、信息不对称、制度约束和非制度约束较多、企业文化有待进一步塑造的问题。随着2005年《国务院关于鼓励支持和引导个体私营等非公有制经济发展的若干意见》（“旧36条”）和2010年《国务院关于鼓励和引导民间投资健康发展的若干意见》（“新36条”）的颁布，我国个体私有经济在市场准入和投资融资方面的政策环境不断改善。尤其“新36条”提出进一步拓宽民间投资的领域和范围，鼓励和引导民间资本进入基础产业和基础设施领域、市政公用事业和政策性住房建设领域、社会事业领域、金融服务领域、商贸流通领域、国防科技工业领域，并鼓励和引导民间资本重组联合参与国有企业改革，推动民营企业加强自主创新和转型升级，参与国际竞争，要求各级政府为

①这些经济形式在特殊情况下也可以成为部分公共物品的生产者，但从性质上说它们属于民间经济范畴。

民间投资创造良好环境，加强对民间投资的服务、指导和规范管理。另外，经过几十年的经验积累和技术革新，我国个体私营经济已有了进一步发展的基础和广阔的前景。

外资经济从性质上属于国家资本主义形式，从其供给的产品看主要是民用的私人物品，它已经成为我国民间经济的重要组成部分。外资的大量流入，为我国带来了先进的技术和管理经验，在一定程度上弥补了我国长期存在的“技术缺口”和“管理缺口”，促进了我国技术水平和经济水平的提高，对我国经济的发展具有不可缺少的推动作用。但我国外资经济也存在一些问题：一是，外资流向具有明显的不均衡性。在地区分布上，外资企业主要集中在东部地区，东部地区外资企业户数约占总数的88%以上，资产总量约占74%以上。在产业投向上，以第二产业为主，以第三产业为辅。2008年，外商直接投资项目数和实际投资额在三次产业中所占比例分别为3.33∶44.69∶51.97和1.29∶57.63∶41.83。[①] 这种不均衡是地理位置、资源条件以及国内区域经济发展不平衡等方面因素影响的结果，同时也加深了我国经济在区域上的不平衡。二是，外资企业对某些行业和市场形成垄断，挤压我国民族企业的自主创新能力，造成部分民族品牌流失。外资企业凭借其品牌产品的质量和服务优势以及我国劳动力成本低的优势，通过实施本土化战略，与内资企业争夺人才，低价竞销，遏制合资企业开发新产品或新技术，导致内资企业和国内相关单位自主研发力量受到削弱，或通过合资收购中方的名牌商标，将我国一些民族品牌产品淘汰出局。三是，部分外资企业是在其国内产业升级过程中转移到我国来的，属于高物耗、高能耗、高污染企业，这给我国资源消耗和环境保护带来较大的负面影响。

（三）公共经济与民间经济的现实关系有待改善

公共经济与民间经济相互补充、共同构成国民经济系统，二者之间辩

①北京师范大学经济与资源管理研究院．2010中国市场经济发展报告［M］．北京：北京师范大学出版社，2010：42.

证的逻辑关系决定了二者在现实中应当良性互动并相互支持。但我国当前的公共经济与民间经济在互动和相互支持上有较大差距。

1. 公共经济与民间经济界区模糊

我国官方还没有使用过“公共经济”与“民间经济”的概念，二者概念只存在于学术研究和理论探索领域。学者们对二者的界限也多有不同观点。齐守印研究员认为“公共经济与民间经济的分界是中国公共经济理论与体制双重创新的过程中四个主要难题之一”。这里的“难”在于“科学合理地界定当代中国公共经济的范围，既要考虑中国具体国情对国家职能的特殊需要，又要考虑民间经济的承载能力，以及市场经济条件下国家与市场的分工规律等因素。如何把这些因素结合起来，找到最合适的分界线，从而既防止政府服务不足，又避免因政府过度占用资源对民间经济产生挤出效应。这是真正的难点所在，但又必须解决”①。显然，公共经济与民间经济的动态关系要求我们对二者应当有个清晰的分界，否则在社会经济现实生活中必然遇到公共经济越位、缺位、错位等一系列问题。例如，在我国公共财政较为紧张的情况下，“家电下乡”、“汽车下乡”、“摩托车下乡”都要财政补贴，单“家电下乡”一项 2008 年财政补贴 104 亿元、2009 年 200 亿元，而教育投入不足、社会保障资金缺口较大、公共设施有待改善等这些本应由财政支持的领域却缺位明显。这种美其名曰“积极扩大内需”的财政支持个人消费者的现象，显然是公共经济的越位，应当尽可能避免。随着我国市场化改革的不断推进和政府职能范围的调整，财政职能应该由建设性财政转变为公共财政或者说公共服务型财政，即为全体社会成员提供公共物品和公共服务，而不应再介入这些本应由市场负责的竞争性私人产品领域。只有划清楚公共经济、民间经济的界限，使二者各在其位、各司其职，整个国民经济才能协调发展。

2. 公共经济与民间经济的主体混杂不清

公共经济与民间经济界区的模糊，表现在现实经济活动中就是二者主

①薛维军，梁　枢．建立中国公共经济学的四大难题［J］．光明日报，2003－06－19.

体权责混杂不清。

第一，一些公共部门在从事民间经济主体“应做、能做、效率也更高”的经济活动，即侵入私人物品供给领域，形成公共经济的越位。我国政府对大量私人物品给予补贴甚至免费提供，如个人住房靠福利分配或享受住房补贴；“下乡”家电、摩托车、汽车等享受财政补贴；政府掌管的国有企业大多从事私人物品生产，并与私人企业一道追求利润，等等。

第二，个人和企业有时不得不承担公共部门供给公共物品的职责，造成公共经济的缺位。如，关于重大灾害的救助，我国有相对完善的重大灾害救助体制，在近年的南方七省洪涝灾害、汶川地震、舟曲泥石流等重大灾害救助中运行良好，效率很高，但每次重大灾害发生后，政府都要组织政府部门、事业单位，甚至社会其他各个阶层捐款、捐物支持救灾和灾后重建。出于“一方有难，八方支援”的社会道义，这种行为无可厚非，但这本应是公共经济主体——政府依靠积累基金加以救助的固有责任，捐助则是社会慈善组织和人民群众自愿的活动，把自愿捐助搞成强制性摊派，就不能不让人遗憾，尤其是当捐助款项没有专款专用而流入其他事项甚至个人腰包时，就不能不让人愤慨。

第三，在混合物品的供给上，公共部门与个人、企业之间权责的界定模糊或缺乏科学性。如人们议论较多的教育改革问题，限于我国当前的经济发展水平和由此决定的财政收入，教育固然应当作为公共经济和民间经济共同参与的混合经济领域，但由于制度缺失、政策不当、缺少监督，我国教育领域出现了较多问题——许多学校以营利为目的，恶性竞争，盲目扩招，不注重教育教学，教育质量严重受损，学生权益得不到保障。另外，由于教育产业化的提出，非义务教育的受教育者必须承担相应的教育费用，以致部分受教育者由于教育费用较高而无法接受相应教育，这不能不让人痛心不已。公共经济与民间经济主体的混杂不清必然有碍公平、损害效率。

这里我们需要区分公共产品的“供给”与“生产”的概念。我们说由公共部门提供某种公共物品是指公共部门负有供给的责任，而非说必须由公共部门直接生产该公共物品，正如布坎南所指出的：“这些讨论中，根本不曾意味着公共物品实际生产组织的集体化。我们应当从国内的私人企业购买这些物品，还是从国外的私人企业或公共企业购买，或者，由政府直接组织生产，取决于对不同生产方式的效率计算。”① 现实中，依照效率原则，公共物品的生产可由公共部门直接生产、购买，也可在公共部门组织下通过市场化的方式，如与私人企业签订协议、授予经营权、经济资助、政府参股、政府提供法律保护等形式由私人企业生产。

3. 公共经济与民间经济的良性互动有待加强

从现实和逻辑关系上看，民间经济是公共经济的前提和基础，决定着公共经济的汲取能力和总体规模；公共经济则为民间经济提供服务和保障，为民间经济发展“导航”和“护航”。从现阶段看，我国公共经济与民间经济之间的这种关系还不到位。

改革开放以来，我国民间经济无论在总体规模还是速度上都增长迅速，从而推动了公共收入的较快增长。自1979年以来，我国财政收入年均增长14%，2006—2012年更是高达20%。2012年，全国财政收入达11.72万亿元人民币，居世界第二位。公共收入较快增长，表明我国经济增长的质量和效益进一步提高，同时也为进一步保障和改善民间经济发展环境提供了坚实的物质保障。民间经济的迅速发展为公共经济集聚了大量的公共收入，但这个从纵向上和绝对量上讲比较大的公共收入如果用人均占有量来衡量，又是非常小的，所以有必要继续大力发展民间经济，把“蛋糕做大”。我们也应清醒地认识到，我国公共收入领域还存在诸多问题：一是，在公共收入来源方面，我国公共收入除了预算内收入，还包括预算外收入和体制外收入，公共收入管理体制存在不规范、不科学、不透明等问题；二是，从公共收入规模上看，我国公共收入总量较大且增长迅速，但从公共收入占GDP比重和人均财力水平看，我国目前水平是偏低的。如，2012年我国财政收入占GDP的比重为23%，低于21个工业化国家45.3%的平均水平和

①［美］詹姆斯·M. 布坎南．公共物品的需求与供给［M］．马珺，译．上海：上海人民出版社，2009：171.

30 个发展中国家 35.9%的平均水平。[①] 三是，从公共收入增长结构和趋势来看，税收收入仍占据主体地位（约占 90%），但非税收收入规模越来越大，税收收入的增长与非税收收入的增长不协调，宏观税负水平较高，而且税制结构还没有充分体现中性化和宽、薄、简的原则。四是，公共产权收入流失严重，表现为国家作为公共产权所有者的应得收益没有获得，或是这些收入流失在政府的各个部门和企业，甚至进入个人腰包。另一方面，公共经济也为民间经济在服务、管理、调控等方面做了大量工作，甚至直接投资生产私人物品，也取得了很大成效。当然它也存在较多问题，如上文提到，我国现阶段在政府职能分项公共支出结构上、在公共经济的区域差别上以及中央和地方公共支出上也存在较多问题和矛盾，这些矛盾和问题的存在说明我国有必要加强公共收支的改革和优化，从而促进民间经济健康发展。可见，我国公共经济与民间经济的互补、共进的良性互动关系还有待加强。

4. 公共经济与民间经济失衡

公共经济与民间经济失衡是指公共经济与民间经济在区域布局、产业布局上比例失调，发展不平衡。

在区域布局上。我国公共经济、民间经济从总量规模上大致依东部地区、中部地区、西部地区、东北地区[②]顺序递减。整体上看，东部地区占绝对优势，但不均衡，西部地区与中部地区差距在缩小；但从经济的分布密度[③]上看，则依东部地区、东北地区、中部地区和西部地区递减(见表 4-4、表 4-5、表 4-6)；另外，省域之间经济发展也极不平衡，即使四大经济区域内的不同省、自治区和直辖市也有较大差别（见图 4-1）；城市公共经济与民间经济的密度要远高于农村地区。从公共经济分布的特点看，虽然东部

①国际货币基金组织《政府财政统计年鉴（2007）》统计数据。

②这里的东部地区包括 10 个省级区域：北京、天津、河北、上海、江苏、浙江、福建、山东、广东和海南；中部地区包括 6 个省级区域：山西、安徽、江西、河南、湖北和湖南；西部地区包括 12 个省级区域：重庆、四川、贵州、云南、西藏、陕西、甘肃、青海、宁夏、新疆、内蒙古、广西；东北地区包括 3 个省级区域：黑龙江、吉林、辽宁。

③经济总量分别与土地面积、人口的比重。

地区在总量、密度上占有绝对优势，东北部和中部地区次之，但西部地区增长与中部和东北部的差距在缩小，且西部部分省、自治区、直辖市的财政支出增长率较快，在人均财政支出上甚至超过东部、中部地区。

表 4-4　2000—2011 年各区域 GDP 占全国份额（%）①

区域	2000	2001	2002	2003	2004	2005	2006	2007	2008	2009	2010	2011
东部	52.5	52.8	54.5	55.3	55.4	55.6	55.5	55.3	54.3	53.8	53.1	52.0
中部	20.4	20.2	18.8	18.6	18.9	18.8	18.6	18.9	19.3	19.3	19.7	20.0
西部	17.1	17.1	17.2	17.0	17.1	17.0	17.1	17.4	17.8	18.3	18.6	19.2
东北	10.0	10.0	9.5	9.1	8.7	8.6	8.8	8.5	8.6	8.5	8.6	8.7

表 4-5　2000—2011 年各区域地方财政支出占全国份额（%）②

区域	2000	2001	2002	2003	2004	2005	2006	2007	2008	2009	2010	2011
东部	45.5	45.7	44.6	46.4	46.1	46.0	44.7	44.2	42.1	40.9	40.9	40.2
中部	18.5	18.3	18.4	18.2	18.6	18.7	20.1	20.1	20.0	20.4	20.4	20.7
西部	25.9	26.0	26.7	25.2	24.9	24.9	25.1	25.7	28.0	28.8	29	29.5
东北	11.1	10.9	10.4	10.2	10.4	10.4	10.2	10.0	9.9	9.9	9.8	9.6

在产业布局上。公共经济主要分布在第三产业，民间经济则存在于三次产业之内、公共经济领域之外的一切领域。在不同产业领域内，公共经济与民间经济的关系有所差别。在第一产业内，我国从新中国成立以来较长时间采取的是“多取、少予”的政策，靠第一产业完成资本原始积累，近年则开始反哺农业，公共经济着力解决“三农”问题，财政投入不断增加。2011 年，我国投向农林水事务的财政支出占国家财政支出的 9.096%。但从总体上看，公共经济为农业提供基础建设和发展条件的力度还不够，主要是受我国经济整体发展水平的约束。第二产业是我国公共经济资金的主要来源，公共经济主要对第二产业中的民间经济提供安全、秩序和基础性服务，对其直接投入主要是对金融或其他大型国有企业的财政性注资，

①本表根据历年《中国统计年鉴》“按区域分的国民经济和社会发展主要指标”列表整理。

②本表根据 2000—2012 年《中国统计年鉴》整理。

而这种直接注资是应逐步减弱的。公共经济的主要领域在第三产业，包括教育、社保、国防、政府服务、环保、文化体育等，同时第三产业的发展也为公共经济发展提供了资金来源。

表 4-6　2012 年按区域划分的国民经济主要指标①

指　　标	全国总计	东部地区		中部地区		西部地区		东北地区	
		绝对数	占比(%)	绝对数	占比(%)	绝对数	占比(%)	绝对数	占比(%)
土地面积(万平方公里)	960.0	91.6	9.5	102.8	10.7	686.7	71.5	78.8	8.2
年底总人口(万人)	134735.0	51062.6	38.1	35790.5	26.7	36221.7	27.0	10966.4	8.2
GDP(亿元)	472881.6	271354.8	52.0	104473.9	20.0	100235.0	19.2	45377.5	8.7
人均 GDP(元)	35181.0	53350.0		29229.0		27731.0		41400.0	
全社会固定资产投资总额(亿元)	311485.1	130262.9	42.6	70823.6	23.2	72104.0	23.6	32643.4	10.7
社会消费品零售总额(亿元)	183918.6	97650.8	53.1	36957.1	20.1	32345.3	17.6	16965.3	9.2
货物进出口总额(亿美元)	36418.6	31386.7	86.2	1626.7	4.5	1839.0	5.0	1566.2	4.3
地方财政收入(亿元)	52547.1	28741.1	54.7	8496.2	16.2	10819.0	20.6	4490.8	8.5
地方财政支出(亿元)	92733.7	37249.6	40.2	19185.8	20.7	27396.7	29.5	8901.7	9.6
发电量(亿千瓦小时)	47130.2	19424.9	41.2	10726.7	22.8	14064.3	29.8	2914.4	6.2
铁路营业里程(公里)	93250.0	21692.0	23.3	21041.0	22.6	36307.0	38.9	14236.0	15.3
公路里程(公里)	4106387.0	1008734.0	24.6	1123499.0	27.4	1622784.0	39.5	351372.0	8.6
高速公路里程(公里)	84946.0	27910.0	32.9	22468.0	26.4	25310.0	29.8	9260.0	10.9
旅客周转量(亿人公里)	30984.0	10227.2	38.7	7775.0	29.4	6431.7	24.3	2013.2	7.6
货物周转量(亿吨公里)	159323.6	81224.3	54.7	30193.6	20.3	23327.0	15.7	13825.4	9.3
邮电业务总量(亿元)	13333.5	7035.3	52.8	2429.4	18.2	2849.8	21.4	1019.0	7.6
学校数(个)	2483.0	971.0	39.1	658.0	26.5	599.0	24.1	255.0	10.3
招生数(万人)	681.5	267.6	39.3	189.7	27.8	162.7	23.9	61.5	9.0
在校学生数(万人)	2308.5	926.9	40.2	632.3	27.4	531.8	23.0	217.5	9.4
毕业生数(万人)	608.2	247.1	40.6	171.5	28.2	132.1	21.7	57.4	9.4
医院数(个)	21979.0	7702.0	35.0	5274.0	24.0	6701.0	30.5	2302.0	10.5

续表

①本表根据《2012 年中国统计年鉴》整理。

指　　标	全国总计	东部地区		中部地区		西部地区		东北地区	
		绝对数	占比(%)	绝对数	占比(%)	绝对数	占比(%)	绝对数	占比(%)
卫生技术人员(万人)	620.3	252.5	40.8	152.2	24.6	157.7	25.5	57.0	9.2
医疗机构床位数(万张)	516.0	190.3	36.9	132.8	25.7	142.7	27.6	50.2	9.7
城镇居民可支配收入(元)	21810.0	26406.0		18323.0		18159.0		18301.0	
农村居民人均纯收入(元)	6977.0	9585.0		6530.0		5247.0		7791.0	

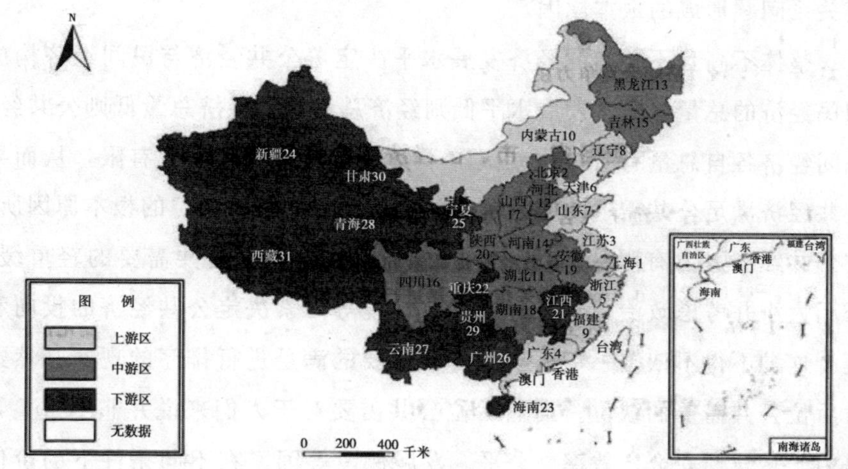

图 4-1　2008 年全国省域经济综合竞争力排位图①

三、当代中国公共经济、民间经济及其关系问题的成因

当前中国公共经济、民间经济及其关系的主要问题既有其深刻的历史原因，也有现实的各种因素的制约，对此本书试做如下分析。

（一）经济发展水平整体不高且不平衡是问题形成的根本原因

唯物史观认为，生产力是社会发展的最终决定力量，它决定着整个社会的基本面貌，同时也是社会进步的首要内容和衡量社会进步的根本尺度。我国生产力水平从纵向的历史角度看，经过新中国 60 多年的发展，尤其是

①http：//www. ceh. com. cn/ceh/xwpd/2010/3/2/60129. shtml.

改革开放的30多年，确实有了绝对量和速率的提升，但我国社会生产力与发达国家比还相对落后[①]，而且在第一、第二、第三产业内部和东部、中、西部等区域间极不平衡。2010年我国GDP总量已居世界第二，但作为经济发展水平基本标志的人均GDP却只有约4500美元，居世界第100位左右[②]，还有4500万贫困人口[③]。这就决定了我国经济发展整体水平不高且不平衡的现实国情。而这一现实国情正是我国当前公共经济、民间经济及其关系问题形成的根本原因。

整体不高且不平衡的经济发展水平决定着公共经济与民间经济构成的国民经济的总量。经济发展水平低则经济总量低，经济总量低则公共经济、民间经济各自总量有限，这就决定了公共经济的汲取能力有限，从而导致公共经济满足公共需求的能力较低，这正是公共经济缺位的根本原因所在。在公共经济财力有限的情况下，公共部门只能根据公共需要的轻重缓急、作用大小并考虑政治、经济、社会、环境等因素决定公共经济的投向和规模。这种不得不依据一定标准对公共需要的满足进行排序的现实必然造成对后位公共需要的缺位。当然后位公共需要对于人们来说并非不重要，只是由于转轨、安全、效率、公平、发展保障等因素在不同条件下的价值有大小之别而已。我国现阶段公共经济在科学教育、社会保障、环境保护、公共设施、农村公共建设等方面的缺位，根本上就是因为公共经济总量受到经济发展水平的制约。

在经济总量有限的情况下，民间经济发展的整体环境和自身能力也受到相应限制，因而民间经济也同样遭受“环境”和“自身”的双重约束。如，我国个体私营经济整体规模较小、技术较低，这就使反映个体私营经

---

①2005年，中国现代化战略研究课题组提出，2002年中国综合经济现代化指数在世界108个国家中排在第69位。如果把人均GDP的经济结构的综合年代水平与其他国家的年代差距相比，那么，2002年，中国经济现代化水平相当于1858年的英国、1892年的美国、1957年的日本和1976年的韩国经济现代化水平。

②据国际货币基金组织2010年4月发布的2009年世界各国人均GDP数据，2009年中国的人均GDP为3677.88美元，排名第97位，美国为46380.91美元，德国是40874.64美元，日本为39731.04美元。按此计算，中国的人均GDP是美国的8%，德国的9%，日本的9.2%。

③这是我国的扶贫标准，如果按世界银行划分的每天生活费不足1美元的贫困线，我国贫困人口将多达1.5亿。

济的呼声较低，有利于其发展的环境条件成熟缓慢，由于得不到资金、技术和政策支持，其自身竞争能力也就不足。

经济发展水平不高且不平衡，经济总量有限且分布不均，必然造成民间经济、公共经济规模不大。这就导致民间经济、公共经济内部，各经济形式和经济事项相互补充和支撑不够。在民间经济内部，各种经济形式由于规模、技术、享受政策的差异，内部竞争呈现非“费厄泼赖”状况，相互协调、共同发展的力量被削弱。我国当前的国有经济、国有民营经济、个体经济、私营经济和外资经济之间就存在着这种相互扯拽的不和谐状况，如关于重复税收问题、市场准入的“玻璃门”现象、政策资金对不同经济形式的不平等问题等。公共经济内部各事项存在相互依赖关系，在部分事项缺位、部分事项越位的情况下，其他事项的发展也必然受到影响而导致错位和失衡，进而使公共经济与民间经济的界限模糊、主体混杂，使二者在区域和产业布局上处于不平衡状态。

（二）转型期政府职能的伸缩是问题产生的主要原因

改革开放前，我国实行的计划经济体制实际上是政治经济一体化模式，在这种体制下，政治原则支配经济原则，经济运行服从政府目标，由此形成了无所不能的全能型政府职能模式。改革开放后，随着社会主义市场经济体制的建立和逐步完善，计划经济体制下建立的全能型政府职能模式逐步向市场经济条件下“有限”和“有效”的服务型政府职能模式迈进。这种转型过程既是艰难的又是长期的。

在经济转型过程中，社会经济生活的复杂性、市场经济体制的不完善、政府部门利益的固化、政府公务员服务意识的淡薄等，使全能型政府职能模式带有一定的惯性，再加上实施“赶超战略”的“大政府”的职能观，政府主导经济的观念在我国普遍存在，这就在理论上和实践上为政府职能的转变制造了障碍。

在市场经济转型过程中，政府面临着重塑市场主体、形成要素市场、规范市场运行、优化市场环境、维护经济稳定等任务，为此就要进行国企改革、流通体制改革、财税改革、金融改革、收入分配制度改革、社会保障体制改革等，这些改革需要由政府制定具体的改革方针、政策和措施，并加以实施和推行，这使政府在改革的各个环节和领域作用和地位不断加强。改革过程中这种加强应当说是必要的，但这种政府职能的伸张需要在改革完成后逐步缩退，但往往由于政府职能惯性而延续这种职能。在市场经济体制建立和完善的过程中，由于市场经济的不完善和市场经济本身固有的弊端，需要政府加以调控和弥补也使政府职能有扩大的可能。在计划经济体制下，一些部门由于握有计划审批权而享有相应利益，这些部门不舍得放弃这些利益，超越职权范围，对市场经济主体进行不必要的行政干预和瞎指挥，甚至某些官员利用行政权力的自然垄断，以权谋私，权钱交易，进行权力寻租，导致一定程度上腐败行为加剧。某些公务员官本位和权力欲望较强，缺乏服务意识，对人民和法律赋予的职权不能正确使用，也导致政府权力的扩张。政府职能扩张造成政府职能的越位，其反面则是政府职能的缺位，这种缺位同样可能是由于社会经济生活复杂多变，市场经济的不完善和固有缺陷，以及部门利益和公务员服务意识淡薄，政府来不及应变、没有能力应付或不愿管理、消极不作为而造成的。

转型期政府职能的伸缩在现实中表现为越位、缺位、夹杂错位，这就导致公共经济与民间经济主体混杂、范围模糊，相应地造成公共经济缺位、越位、不平衡，以及民间经济消极的外部发展环境。因此，可以说我国转型期政府职能的伸缩是公共经济、民间经济及其关系问题产生的主要原因。

（三）传统产权制度的弊端是问题产生的重要原因

产权是指主体对经济资源行使的社会公认的权利和这些权利行使过程中产生的责、权、利关系。产权制度则是产权关系的制度化安排，是关于产权界定、运营、保护的一系列规则的总称。在市场经济条件下，交易本质上是产权交易，建立现代市场经济体制必须有现代产权制度与之相适应。现代产权制度通过界定产权归属，明确不同市场交易主体之间责、权、利界区，规范和校正市场主体的经济行为，使经济主体对经济资源的权利能够在不同层次上共享或分享，进而解决市场的外部性问题，形成利益预期。我国传统产权制度正是我国公共经济、民间经济现存问题的症结之一。

在计划经济体制下形成的传统产权制度具有僵化、模糊、缺乏法律保护的弊端。这种产权制度，在形式上表现为单一的公有经济（全民和集体）一统天下；在主体和权利行使上，由政府代表所有者享有并运用产权的各种权能；在内容上，产权的各种权能集中合一，政企不分、政权与产权直接结合，企业成为政府的附属物；在产权的变动上，其流转不畅，障碍较多；在产权保护上，由于法律不健全和政府干预较多，产权保护脆弱。传统的产权制度是一种低效率的产权制度。

在传统产权制度下，作为公共经济、公有制经济主体的国家政府及其附属机构不是共有人，也不是法人，而是一种抽象意义上的“全民主体”。这对于公共经济中公共物品的提供是合乎逻辑的，但对于公有制企业来说，则导致“全民资产”权利与义务的不明确，实际上是所有者主体缺位，国家对企业经营负无限责任。政府直接经营企业，实际上是对企业本质的否定，它一方面使企业活力荡然无存，另一方面必然造成政府越位、缺位并存，从而损失企业效率。另外，政府作为主体经营民间经济中的部分企业，容易破坏价值规律，违反平等、竞争、法制的市场交易原则，这已为过去事实所证实。政企不分、政权与产权直接结合，产权的所有权、占有权、使用权、收益权、索取权、继承权等权利集中合一，这就限制了企业的经营权，等于让企业“戴着镣铐跳舞”。在这种形势下，我国企业效率极低，甚至亏损严重，这就制约了财政汲取能力，公共财政支出受到限制，致使公共经济缺位和政府服务不到位。由于产权缺乏流动性，产权保护脆弱，民间经济自身竞争力受到限制，发展环境也得不到优化。如，在农村土地产权、房屋产权的流动性不足，阻碍着农村经济的发展，农村土地流转也没有相应的法律保护。在传统产权制度下，公共经济与民间经济主体经常混而为一，政府既充当公共经济主体又是部分民间经济主体，二者的活动领域也因此混淆不清，致使二者在区域和产业上陷入失衡状态。

改革僵化、模糊、缺乏法律保护的传统产权制度，建立“归属清晰、权责明确、保护严格、流转顺畅”的现代产权制度是解决我国公共经济、民间经济及其关系问题的重要途径。

（四）公共经济体制的缺陷是问题产生的直接原因

公共经济体制是“界定公共经济范围、规范公共经济活动主体上下左右各方面责任与权力关系的一整套规则，从而构成公共经济赖以运行的机制”①。它关系着一个国家特定阶段公共经济范围、公共收入与支出、公共经济主体在纵向的上下级层次之间与横向的不同部门和区域之间的责权划分、公共经济资源的分配和再分配等。我国当前公共经济体制存在诸多问题，这些问题是公共经济、民间经济及其关系问题产生的直接原因。

当前，我国公共经济体制在民主程度、权力机关作用、纵向分权以及市场作用等决策与执行体制方面比改革开放前有了明显进步，但就其运行机制的民主化、法治化、科学化的目标而言还有较大差距，主要表现在：公共经济与民间经济界限模糊，上下级国家机构之间的责权多有交错，国家立法、行政、司法机构之间的责权多有相互僭越，不同区域之间对跨区域的公共事务责权不明确，公共财政体制有待建设与巩固。这些差距必然导致政府职能出现缺位、越位和错位现象，进而使公共经济出现缺位、越位、错位和失衡状态，公共经济与民间经济主体混杂不清、范围交错。另外，公共经济的缺位、越位、错位和失衡必然对民间经济发展的政策、服务等外部环境造成影响，从而影响各种形式民间经济的发展。

公共经济体制连接着国家政治体制和财政体制，而我国现行公共经济体制的这些严重弊端阻碍着公共经济、民间经济的协调发展，乃至阻碍着中国民主政治和整个经济的发展。正如公共经济学家齐守印所说，“尽快完成公共经济体制改革的任务，需要刻不容缓地摆上国家重要决策日程”，“应以强烈的紧迫感尽快完成公共经济体制改革”②。

---

①齐守印．科学理财与理性从政［M］．北京：中国财政经济出版社，2008：114.

②齐守印．中国公共经济体制改革与公共经济学论纲［M］．北京：人民出版社，2002：54—55.

此外，我国公共经济、民间经济及其关系问题和矛盾还受到社会制度、财政收入分配制度、人口等因素的影响。

第五章

当代中国公共经济与民间经济关系优化的总体设计

本书第四章揭示和分析了当代中国公共经济、民间经济以及二者关系中存在的大量矛盾和问题，这些矛盾和问题一方面影响着公共经济与民间经济自身的发展和壮大，同时也严重制约着我国社会的转型与繁荣。而要解决这些问题应以优化公共经济与民间经济的关系为切入点，即先从战略上摆正二者的关系，然后从具体战术上壮大民间经济、发展公共经济，从而使公共经济与民间经济互促互进、均衡发展，达到二者发展的“帕累托最优”状态。本章从公共经济与民间经济关系优化的目标、原则、内容、机制和评价等方面设计了优化的基本方略，旨在为二者关系的优化确立圭臬。

一、当代中国公共经济与民间经济关系优化的目标

前文叙及当前我国公共经济、民间经济及其关系存在着诸多问题，这些问题是优化二者关系的直接原因，同时也说明优化二者关系具有现实必要性和紧迫性。优化公共经济与民间经济关系的目标就是要使之在互补、互促、共进中逐步达到协调、均衡的“帕累托最优”状态。

（一）互补、互促、共进的动态目标

从公共经济与民间经济的逻辑关系上看，二者是应然的互补、互促、共进的动态关系，但从当前我国公共经济、民间经济及其关系的现实状况

看，二者又存在着诸多的矛盾和问题，因此现阶段优化公共经济与民间经济的关系首先要把二者的互补、互促和共进作为优化目标。

公共经济与民间经济互补的优化目标，是指二者应各在其位、各显其能，互为对方提供对方所欠缺的资源和其他发展条件。公共经济、民间经济都满足人们的需要，公共经济以提供公共物品满足人们对安全、秩序、公平、效率、发展、自由、公共设施等的公共需要，民间经济则以提供私人物品满足人们吃、穿、住、用、行以及个人的精神消费需要，对于满足人们需要的目的及其内容而言，二者必须相互补充。公共经济依靠政府调控机制，而政府调控机制在特定条件下也会失灵，导致公共决策失误、工作机构的低效率、政府寻租和政府扩张等。在这种情况下，引进竞争、激励的市场化机制对于克服政府失灵有一定作用。民间经济依靠市场机制运行，市场经济自身固有的自发性、盲目性、滞后性缺陷以及对公共物品提供的失效，会导致市场失灵，这时又需要政府加以调控、管理和服务。因而，从调控机制上说，公共经济与民间经济是相互补充的。公共经济和民间经济相互补充配置社会资源、满足人们需要应是优化公共经济与民间经济关系的重要目标之一。

公共经济与民间经济互促的优化目标，是指二者应相互为对方发展创造条件，通过自己的发展带动或促进对方的发展。从根本上看，价值、财富的创造主要由民间经济来完成，公共经济则是对价值和财富进行再配置，从而为价值和财富的创造准备条件。民间经济是公共经济运行所需资金的源泉，也是公共经济服务的对象。民间经济的发展、壮大有利于提高公共收入和公共支出的总额和水平，同时也开辟和扩大着公共经济服务的领域和规模。公共经济则为民间经济发展提供积极的公共环境和各种民间经济“不能、不愿、非政府莫属”的事务。公共经济、民间经济只有相互促进才能使二者同时发展壮大，从而增加经济总量。我国当前公共经济、民间经济及其关系之间的缺位、越位、失衡、发展环境约束、自身竞争力不强、界区不清、主体混杂等现象要求优化二者的互促关系。

公共经济与民间经济共进的优化目标，是指二者应在互补、互促的基础上自我发展、共同进步，实现经济增长、满足人们需求的社会发展目标。优化公共经济与民间经济关系的最终目的就是更好地促进经济增长，最大限度地满足人们需求，因而公共经济与民间经济需要在增强自身经济总量和能力的基础上携手共进。

公共经济与民间经济的关系本身就是一种动态关系，二者的互补、互促与共进当然是在优化二者关系的动态过程中完成的。另外，这里的"动态"还包含有在不同的时间、区域、条件下，优化公共经济与民间经济的关系要具体问题具体分析，针对不同问题，运用不同举措，采用不同方式加以优化，使之处于动态的帕累托改进过程中。

（二）协调、均衡的静态目标

经济发展是一个动态的过程，在这个过程中各种经济的、政治的、社会的、文化的等因素通过多重环节、不同方式相互交织、相互作用，形成特定的社会经济系统。公共经济与民间经济是社会经济系统的两个重要方面，它们处于既对立又统一的矛盾关系中。当公共经济、民间经济及其内部诸要素处于协调的均衡状态时，就能促进经济发展、社会进步，社会经济系统就处于良性的优化状态，这正是公共经济与民间经济关系优化的理想目标，即二者处于协调、均衡的"帕累托最优"状态，要使公共经济、民间经济及其内部诸要素在特定条件下处于相互依赖、配合得当、和谐一致的相对稳定状态。

使公共经济与民间经济关系达到协调、均衡的"帕累托最优"状态就是要恰到好处地运用市场的、政府的各种调控手段，对社会经济系统的诸要素进行优化配置，使之处于最优状态。针对我国当前公共经济、民间经济及其关系的矛盾和问题，协调、均衡的静态目标应包括公共经济、民间经济及其内部诸要素在范围、规模、比例、布局、结构上的协调与均衡。

这里的"静态"是优化公共经济、民间经济关系的指向，或说是特定条件下的理想性目标，当然这是一种相对静止。从经济运转的角度看，公共经济、民间经济内部及其关系永远是一种动态的过程。

二、当代中国公共经济与民间经济关系优化的原则

公共经济与民间经济关系优化的效果如何，能否达到互补、互促、共进和协调、均衡的优化目标，在很大程度上取决于所遵循的原则是否科学。笔者认为优化公共经济与民间经济的关系必须遵循以下主要原则。

（一）协调发展的效率原则

效率是经济学的第一价值。优化公共经济与民间经济关系的协调发展的效率原则，就是要提高公共经济与民间经济的决策、生产、流通、配置的效率，使公共经济与民间经济各在其位、相互补充、协调一致、相互促进，以最少的投入获取最大的经济产出，共同拉动社会经济总量增长与质量提高。

在优化公共经济与民间经济关系过程中，协调发展的效率原则主要有三方面要求。

第一，要求公共经济与民间经济必须主体明确、产权清晰、范围合理、分工科学。现阶段，我国在某些公共物品供给上，公共经济主体不明确，产权模糊，造成中央和地方政府之间、地方政府与地方政府之间、政府部门与部门之间相互扯皮，有利益则你争我抢，没利益则避而躲之，严重损害了公共物品的供给效率。民间经济领域的国有企业仍然存在主体虚位、产权模糊的现象，有待进一步深入改革提高效率。依据我国国情，尊重市场经济条件下的分工规律，考虑中国社会经济现有承受能力和持续发展的需要，合理界定公共经济和民间经济的范围，使二者既分工又合作，是提高社会经济发展效率的重要途径。

第二，要协调政府调控机制与市场机制，使二者在各自的领域内合理、充分地发挥作用又协调配合、相得益彰。提高政府调控机制的效率就必须克服官僚主义、信息局限性、决策时滞性、实施有限性以及政府干预的失效。提高市场机制的效率则需要克服产权制度不健全、信息不对称、竞争

失效以及其他市场经济的固有缺陷。当代经济学界多数经济学家都认识到，市场机制应与政府调控相互结合，让民间经济目标与公共经济目标相结合、个人经济决策与政府经济决策相结合、政府与企业分工合作，只有这样才能在最大限度上有利于公共经济与民间经济效率的同时提高。

第三，建立科学、高效的公共经济体制是提高我国现阶段公共经济、民间经济效率的最为急迫的任务之一。该问题已在第四章的“当代中国公共经济、民间经济及其关系问题的成因”一节中说明，这里不再赘述。

（二）社会和谐的公平原则

公平原则具有极强的伦理意蕴，在经济学领域它一般有两重含义：参与竞争的机会均等和收入或财富分配的公平。在优化公共经济与民间经济关系过程中，坚持社会和谐的公平原则就是要社会成员（民间经济主体）能够在社会道德允许的范围内获得公平的经济竞争机会、过程和结果，对于由市场机制而产生的有违社会道德的经济现象则由公共权力部门（公共经济主体）加以调控，使人们享有基本的生存发展资料和最大限度的均等化公共服务。

在优化公共经济与民间经济关系过程中，社会和谐的公平原则的目的在于维护公共经济主体、民间经济主体以及二者主体之间机会均等、利益平衡，不致因为优化二者关系，调整社会成员和政府部门利益，而出现新的矛盾和问题。这就要注意以下三个问题：（1）建立有利于公共经济、民间经济发展的公正的法律秩序，使公共经济和民间经济主体在法律规定的范围内活动，做法律允许和不禁止的行为。（2）处理好公平与效率的关系，公共经济和民间经济都既需要公平又需要效率。公平不等于损害效率，损害效率的所谓的公平不是真正的公平，提高效率应当更有利于公平的实现。当然，在公共经济与民间经济关系中，公共经济应当更加注重公平，民间经济应当更加注重效率。（3）公平是相对的，在优化公共经济与民间经济过程中，主张社会和谐的公平原则绝不是倡导所谓的绝对公平，而是在现有条件下、在不违反社会公义的道德前提下的公平，认为公平就是绝对平均的观点显然是错误的。

社会和谐的公平原则对于协调公共经济、民间经济关系，促进经济发展、社会和谐意义重大。

（三）经济平衡的稳定原则

稳定原则是任何动态调整活动的重要原则，是指在任何变革过程中不致损害或最低程度地损害社会总福利，使变革所获得的正福利从长期看必须大于因变革而产生的负福利。优化公共经济与民间经济关系的过程无疑是一次重大的改革活动，在这一活动中，坚持经济平衡的稳定原则，就是要在经济体制（包括公共经济体制、市场经济体制及其关系）的调整过程中保持诸经济要素相对平衡，经济体制的各个环节不断优化从而获得稳定发展的结果。

经济平衡的稳定原则，要求在公共经济与民间经济优化过程中，保持公共经济、民间经济内部以及二者在不同区域、产业的相对平衡，同时保持公共经济与民间经济之间的相对平衡，并在相对平衡的基础上实现变革过程的稳定。

（四）经济发展的可持续原则

在优化公共经济与民间经济关系的过程中必须树立一种动态的发展观——经济发展的可持续原则。坚持这一原则就是既要顾及公共经济、民间经济当前矛盾和问题的解决，又要考虑公共经济、民间经济长远的可持续发展；在公共经济对民间经济的汲取与服务上，既要最大限度地满足人们的公共需求与民间经济的需求，又要考虑民间经济提供公共收入的自身能力和进一步发展的要求；在公共经济、民间经济的优化结果上，调整既要惠及当前经济主体和有利于当前的经济体制优化，又不致损害后代经济主体的福利和以后经济体制的高效运行。

三、当代中国公共经济与民间经济关系优化的内容

依据公共经济与民间经济的逻辑关系和当代我国公共经济与民间经济的各种问题，当前优化我国公共经济与民间经济的关系应当主要包括以下内容。

（一）优化公共经济内部关系

优化公共经济内部关系，就是要在我国当前特定国情下为公共经济科学定位，确定公共经济的范围，统筹公共经济内部各部分的关系，纠正现存缺位、越位和失衡的现实问题。优化公共经济内部关系是公共经济与民间经济关系优化的基础。

1. 为公共经济科学定位，纠正公共经济的失位和失衡

为公共经济科学定位是我国当前公共经济研究领域的基本性问题，公共经济定位不明确也恰是公共经济失位与失衡的直接原因。我国现阶段，公共经济的科学定位应主要包括如下内容：（1）公共经济概念的科学界定，包含公共经济的内涵、外延、特征等内容；（2）公共经济在我国现阶段的作用、功能；（3）公共经济在我国现阶段的存在领域、规模等其他方面的定位。只有为公共经济科学定位才能使公共经济“在其位、司其职、显其能”。

2. 合理确定公共经济活动范围，创造优良的公共经济环境

在公共经济科学定位的基础上，合理确定公共经济的活动范围，“对财政、经济、政治体制理论研究和改革实践都具有重要意义”，“是公共经济学的核心内容之一”①。我国现阶段确定公共经济活动范围，主要应从以下几个方面着手：一是要充分全面地考虑我国国情，遵循社会主义市场经济条件下的分工规律，考虑中国社会经济现有承受能力和持续发展的需要，

①齐守印．论公共经济活动范围的合理界定［J］．西北农林科技大学学报（社科版），2004（3）．

合理界定公共经济范围[①]；二是适当伸缩当前公共经济存在范围，使其“适位”，即进入缺位的领域、退出越位领域、纠正错位和失衡领域；三是对公共经济范围的相关事项进行立法，形成稳定的公共经济活动规范，从而形成优良的公共经济环境。

3. 统筹公共经济内部各环节、领域关系，提高公共经济整体质量与能力

公共经济存在的依据在于人们对公共安全、秩序、公平、效率、保障等方面的需要，而这些方面存在着内在的不可分割性。为了更好地满足人们的公共需要，就要统筹公共经济内部各部分的关系，从总体上提高公共经济的质量和能力。公共经济内部各部分关系主要包括：（1）公共物品的生产、分配、交换、消费等各环节的关系；（2）公共经济在职能分工上、区域上以及中央和地方上的比例、结构、布局等；（3）政府调控机制的健康运转。统筹公共经济内部关系既要重点突出又要兼顾其他，理顺公共经济内部关系，才能充分发挥公共经济作用和功能。

（二）优化民间经济的发展环境及其内部关系

现阶段，我国民间经济在发展过程中必须面临来自两方面的约束：一方面要摆脱计划经济和其他不利因素造成的发展环境对自身的约束；另一方面要逐步自我完善，增强自身竞争力。

1. 优化民间经济发展环境，为民间经济充分发展创造必要条件

广义上的民间经济发展环境包括政治环境、社会环境、文化环境、国际环境、资源环境等凡是能对民间经济产生影响的一切外生变量。从公共经济学视角和我国民间经济发展的制约因素分析，笔者认为民间经济发展环境主要是指对民间经济发展起直接影响的市场环境、政府环境、制度环境等。优化民间经济的发展环境主要包括：（1）优化民间经济发展的市场

①齐守印．论公共经济活动范围的合理界定［J］．西北农林科技大学学报（社科版），2004（3）．

环境，就是要加强民间经济主体的市场主体意识、明晰产权关系，让市场机制真正起作用；(2) 增强政府服务功能，为民间经济创设优良的政府服务环境，主要是增强政府服务意识、创新服务机制，提高服务质量和水平；(3) 优化民间经济发展的制度环境，就是要为民间经济的发展扫除制度性障碍，如对市场准入制度、产权制度、融资制度、贸易制度、分工制度等进行改革，以确立有利于民间经济发展的规范、高效、稳定的市场经济制度环境。

2. 优化民间经济内部关系，提高民间经济自身竞争力

影响民间经济的内在经济因素主要有自然资源、经济资本（包括实物资本、货币资本和人力资本）、经济技术、经济结构、企业组织制度等。优化民间经济内部关系包括两个方面：一是通过以市场机制为基础、政府调控机制为重要手段的混合经济体制对以上各种经济要素进行优化设计，使其组合成高效的经济系统，发挥最大的经济功能；二是优化民间经济内部关系，也包括优化不同地区、不同产业、不同经济环节、不同经济形式的民间经济部分之间的关系，使之相互补充、相互协调、相互支持、共同发展。

（三）优化公共经济与民间经济之间关系

公共经济内部关系的优化、民间经济发展环境及其内部关系的优化是优化公共经济与民间经济相互关系的前提和基础。可以说，没有公共经济与民间经济的自身优化，二者关系就不可能优化。从我国当前公共经济与民间经济关系的矛盾和问题看，优化二者之间的相互关系主要包括以下几个方面。

1. 准确厘定公共经济与民间经济主体之间的关系

公共经济与民间经济的关系首先是二者主体之间的关系。优化公共经济与民间经济的关系需要准确厘定二者主体之间的关系，这主要包括：(1) 厘定某项经济活动由公共部门还是民间部门去做。正如前文所述，凡属公共需要，民间“不能、不愿、非政府莫属”的事务，由公共部门为之；

反之，民间部门“能做、愿做且无损效率”的经济事务则应由民间经济主体——个人或企业去做。公共部门不应与民间部门争利，这是由公共部门的存在价值决定的。（2）在确定某项经济活动由公共部门还是民间部门去做之后，还要根据效率、公平、稳定、可持续等原则，确定由公共部门中的哪个具体部门、民间部门中的哪个具体部门去做更合适。（3）明晰经济主体之间的产权关系，做到责、权、利分明。某项经济活动可能既有公共经济主体也有民间经济主体参与，这时要明确谁是该经济活动的真正主体，理顺产权关系。

2. 合理确定公共经济与民间经济之间的边界

公共经济与民间经济之间的边界问题被认为是构建中国公共经济理论与体制双重创新的难题之一。合理确定公共经济与民间经济之间的边界主要包括如下内容：（1）合理确定公共经济与民间经济的目标边界，主要是个人需要与公共需要的边界、个人利润最大化与社会公共福利的增进的边界；（2）合理确定公共经济与民间经济的产权边界，即二者主体在责、权、利方面的界限；（3）合理确定公共经济与民间经济的职能边界；（4）合理确定公共经济与民间经济的规模边界。动态合理地确定公共经济与民间经济各自活动范围是合理确定二者边界的核心内容。

3. 优化公共经济与民间经济的布局

公共经济与民间经济在不同区域、产业存在失衡的矛盾和问题。优化公共经济与民间经济的布局就是协调、平衡二者的比例关系，主要包括：（1）平衡公共经济、民间经济在我国东部、中部、西部、东北部等各大区域以及省域之间的不平衡；（2）平衡公共经济与民间经济在我国城市与农村之间的不平衡状态；（3）平衡公共经济与民间经济在不同产业及同一产业内部的不合理的分布状况。

4. 建立科学、高效的公共经济体制

优化公共经济与民间经济关系最为关键也最为有效的途径是建立科学、高效的公共经济体制，这是由公共经济与民间经济的逻辑关系以及我国现阶段公共经济、民间经济及其关系的矛盾和问题双重决定的。在我国现阶段，建立科学、高效的公共经济体制主要包括：（1）合理划定公共经济范围；（2）形成分工清晰、职责明确、权责相当、协调配合、制约得力、运转高效的公共经济决策与执行系统；（3）形成划分科学、责权匹配、集散适度、调控有力的公共经济责权配置格局；（4）形成支出责任清晰、收入划分明确、转移支付规范的财政体制；（5）形成中国特色的社会保障与国有资产管理体制。①

四、当代中国公共经济与民间经济关系优化的机制

在一国社会经济系统中，公共经济与民间经济互补、互促、协调、共进的优化均衡状态能够最大限度地促进经济发展、社会进步，而达到这种公共经济与民间经济优化的“帕累托状态”需要建立一种健全、高效运行的经济机制——市场机制与政府调控机制相结合的混合经济机制。

（一）构建健全、高效的混合经济机制

正如美国经济学家萨缪尔森所言：完全由市场自发调节和完全由政府统治这两种极端形式都不能代表当今经济制度的现实，只有“私有制度通过市场机制的无形指令发生作用，政府机构的作用则通过调节性的命令和财政刺激得以实现”② 的混合经济机制才具有全面的效率。构建健全、高效的混合经济机制是个大命题，涉及政治体制、经济体制和一些经济制度的改革，这里只做概要阐述，后文将有详述。

1. 健全、高效的混合经济机制要建立在完善的市场机制、政府调控机制之上

市场机制和政府调控机制是混合经济机制的“双脚”，只有“双脚”健全，混合经济机制才能“健步如飞”。

---

①齐守印．中国公共经济体制改革与公共经济学论纲［M］．北京：人民出版社，2002：86.

②［美］保罗·A. 萨缪尔森，威廉·D. 诺德豪斯．经济学（第12版）［M］．胡代光，等，译．北京：中国发展出版社，1992：68.

市场机制，是微观市场主体在价值规律作用下，通过供求、价格、竞争等经济因素的作用实现资源配置的经济运行机制。完善的市场机制应具有如下特点：公平、法制的竞争环境；敏感、高效的价格变动；迅速、准确的供求反应；合理、有效的风险约束。我国的市场经济是从计划经济逐渐转型而来的，还带有浓厚的计划色彩。因而，我国市场机制还有待进一步完善，主要是形成独立、完全意义的市场主体；建立健全现代产权制度；建设全国统一市场；发展资本和其他要素市场；健全社会信用体系；做强国际市场；加强市场监管等。完善的市场机制是混合经济机制的主要方面。

政府调控机制，是政府及其附属部门以社会公益为目的，通过法律、行政法规、政府计划、政府指令等方式进行资源配置的经济运行机制。完善的政府调控机制要求：调控范围大小适度；调控权责明确、匹配；调控手段、方式恰当、有力。我国当前的政府调控机制尚处于初级阶段，主要表现为前文提到的政府职能缺位、越位、错位并存的现象。完善我国政府调控机制从根本上就是要尽快实现政府职能由“全权管理型”向“有限服务型”的转变。

由于我国当前市场机制与政府调控机制的不完善，建立健全、高效的混合经济机制可谓任重而道远。当然我们也应当看到，随着我国经济体制和政治体制改革的不断深入，在构建混合经济机制的过程中我们也取得了巨大的成绩和积累了丰富的经验。

2. 建立健全、高效的混合经济机制需要各个领域的具体体制、制度作支撑

一种社会机制的功能发挥需要社会系统中各个要素相互配合与共同作用。混合经济机制功能的发挥需要市场机制、政府调控机制及其与之配套的各种具体制度作支撑。在我国现阶段，建立健全、高效的混合经济机制就要建立、健全以下各种具体机制和制度：多种所有制形式构成的所有制结构；现代产权制度；有效的国有资产管理和监督体制；公司法人治理结构；有效的垄断行业经营制度；农村土地流转制度；农业社会化服务、农产品市场和对农业的支持保护制度；农村富余劳动力转移就业制度；行政审批制度；投资体制；税收制度；财政管理体制；金融调控和监管体制；全方位对外开放制度；劳动就业体制；收入分配制度；社会保障制度；科技体制；教育体制；文化体制；公共卫生体制；行政管理体制；公务员制度；村民自治制度和基层民主制度；党风制度建设，等等。尤其要注重构建与市场经济相一致的法律制度、个人权利制度和监管制度等。

3. 市场机制与政府调控机制的协调运行是混合经济机制高效运行的关键

市场机制与政府调控机制是构成混合经济机制辩证统一的两个方面，二者各以对方的存在作为自己的补充，从而实现有机的辩证融合。在当代社会生产力水平下，市场机制通常被认为更有利于资源的优化配置，更具有效率的优势，因而人们更为推崇市场机制在资源配置上具有基础性地位。而市场机制的缺陷又决定政府调控机制存在的必要性。同时政府调控机制同样也具有失灵的事项与方面，因而政府调控机制必须与市场机制相配合。市场机制、政府调控机制作用的最终结果都是实现经济资源的宏观优化配置，因此二者的协调运行是混合经济机制健全、高效运行的关键。在当前社会条件下，市场机制与政府调控机制的相互配合、协调的方式整体上应以市场机制为主，以政府调控为辅，当然二者在不同的时代、区域、条件下也可以转化。

（二）混合经济机制在优化公共经济与民间经济关系中的机理

混合经济机制可作为优化公共经济、民间经济及其关系的动力机制、反馈机制和约束机制。

1. 混合经济机制作为公共经济与民间经济关系优化的动力机制

混合经济机制下，人们公共需要和个人需要的满足，分别由公共部门和私人部门来完成，某些混合物品则由公共部门和私人部门“合作”完成，公共经济与民间经济的主体实现了主体明确、责权利清晰。在此基础上，公共经济主体在政治市场上依靠公共选择追求自己的利益，从而实现满足公共需要的结果；民间经济主体在经济市场上依靠自己的经营能力追求自己的经济利益，从而实现满足个人需要的结果；公共经济主体与民间经济主体也可以相互结合，共同满足人们的某种需要。这种利益驱动机制是实现公共经济与民间经济关系优化的内在驱动力。

2. 混合经济机制作为公共经济与民间经济关系优化的反馈机制

混合经济机制对公共经济与民间经济关系优化的作用可以通过政府调控机制和市场机制的作用表现出来。对于公共经济来说，熨平经济波动的能力、GDP 增长的幅度、社会就业率、社会风险规避、人民福利的增加等可作为衡量政府调控机制绩效的指标；对于民间经济来说，利润增加、技术改进、劳动收入提高等可作为衡量市场机制绩效的指标。当政府调控机制和市场机制的绩效同向增长时，公共经济与民间经济的关系处于优化状态；反之，则需要改进。以此可以构建监督、评价公共经济与民间经济关系优化的反馈机制。

3. 混合经济机制作为公共经济与民间经济关系优化的约束机制

谁去优化、怎样优化公共经济与民间经济的关系，这是公共经济与民间经济关系优化的核心问题，答案当然是政府通过混合经济机制来实现优化，即政府是二者关系优化的主体，混合经济机制是二者优化的途径和方式。公共经济与民间经济关系的优化要靠政府弥补市场经济的不足，并利用市场经济来克服自身的缺陷，实现公共经济与民间经济的整体增长与内部协调，从而形成二者关系优化的约束机制。

五、当代中国公共经济与民间经济关系优化的评价

公共经济与民间经济关系优化的评价包括前提评价与结果评价、动态评价与静态评价、理论评价与现实评价、应然评价与实然评价等多个方面。本书是从我国当代公共经济与民间经济的现存问题出发来研究二者的优化问题的，因此更注重结果评价。

当代中国公共经济与民间经济关系优化的前提评价是对当前我国公共经济、民间经济的存在环境、现状及其存在问题进行评估，以形成对优化

起点、难度、路径、对策的充分认识。而我国公共经济、民间经济及其关系的现状和问题在本书第四章已有较详细的论述，此处不再赘述，只引用温家宝在第65届联大上“认识一个真实的中国”的讲话作为旁证我国现阶段公共经济、民间经济发展的前提。“中华人民共和国成立以来，特别是改革开放30多年来，中国这个古老的东方大国发生了翻天覆地的变化。国家经济实力和综合国力大为增强，人民生活显著改善，社会文明程度大幅提升，国际交流与合作不断扩大。中国已经实现了由解决温饱到总体上达到小康的历史性跨越。中国对自己通过艰苦奋斗而取得的成就感到自豪。同时，我们对今天中国在世界上的位置和作用，也有着清醒的认识。中国国内生产总值位居世界第三，但人均水平较低，只相当于发达国家的十分之一左右。中国经济已保持30多年的快速增长，但进一步发展受到能源、资源和环境的制约。中国若干重要产品产量位居世界前列，但总体上仍处于全球产业链的低端。中国已经成为国际贸易大国，但出口产品技术含量和附加值低，核心技术仍然大量依赖进口。中国沿海地区和一些大中城市呈现出现代化的繁荣，但中西部和广大农村的不少地方仍然相当落后，还有1.5亿人口生活在联合国设定的贫困线之下。中国民生有了很大改善，但社会保障体系不健全，就业压力很大。中国社会政治生活日趋活跃，公民基本权利得到较好的维护，但民主法制还不够健全，社会不公和贪污腐败等问题依然存在。中国现代化走到今天，先进落后并存，新旧矛盾交织，面临诸多前所未有的挑战。中国仍然处于社会主义初级阶段，仍然属于发展中国家。这就是我们的基本国情，这就是一个真实的中国。”① 这就是当代中国公共经济与民间经济关系优化的基本前提和起点。不难看出我国的经济建设、社会发展和民族复兴的任务还任重道远。优化公共经济与民间经济关系涉及政治、经济、文化、社会等的各个方面，问题较多、难度较大。从优化路径上需要从完善科学、高效的混合经济机制入手，深化政治体制改革，实现发展方式的逐步转变。针对现存具体矛盾，抓住问题的关

①温家宝．认识一个真实的中国——在第65届联大一般性辩论上的讲话［N］．人民日报，2010－03－16．

键，运用系统论的观点循序渐进地推出改革措施和对策是优化公共经济与民间经济关系的当务之急。

所谓公共经济与民间经济关系优化的结果评价，就是在各种优化措施实施后或实施过程中的某一阶段对其效果进行评价的过程。这种评价是一个系统的、复杂的、不易操作的过程，但又是优化二者关系不可缺少的环节。公共经济与民间经济关系优化的结果评价应包括以下内容：结果评价的指导思想、结果评价的原则、结果评价的标准和指标体系、结果评价的过程等。公共经济与民间经济关系优化结果评价的指导思想就是要使公共经济与民间经济之间形成互补、互促、共进以及协调、均衡的“帕累托最优”状态。结果评价的原则应包括定量评价与定性评价相结合原则、全面评价与重点评价相结合原则、现实性与前瞻性相结合原则、社会效益与经济效益相结合原则等。结果评价的标准就是公共经济与民间经济优化的原则：协调发展的效率原则、社会和谐的公平原则、经济平衡的稳定原则、经济发展的可持续原则。结果评价的指标体系是一个庞大有序的系统指标，可分为三大部分：公共经济内部关系优化指标、民间经济内部关系优化指标、公共经济与民间经济之间关系优化指标；每一部分中的指标又可分为可量化的指标和不可量化的指标两个分项。对于各个指标进行加权赋分，得出的结果就是优化的结果评价。结果评价的过程应当以民间研究机构为主体，结合政府部门、民间经济主体等来实施。

公共经济与民间经济关系优化的结果评价意义重大，一方面它可以对以往的各种相关政府经济活动和市场经济运行做出效果评估，另一方面则可以及时发现问题，为下一阶段的优化提供借鉴。

第六章　合理划分公共经济与民间经济界区

公共经济与民间经济界区的合理划分是公共经济学研究的基本问题之一，也是优化二者关系的首要问题。本书在第二章对公共经济与民间经济的概念及其逻辑关系做出了理论界定，在第三章对公共经济与民间经济的历史演变做出了实证性考察，认为公共经济与民间经济在不同历史时期、不同社会经济条件下的界限是动态的，其中公共经济范围随着社会经济水平的发展在不断扩张。现阶段，我国公共经济、民间经济及其关系的问题，如公共经济的缺位、越位，民间经济发展的环境有待优化，二者界区模糊、主体混杂及失衡等问题，要求必须首先划分我国现阶段公共经济与民间经济的界区，这不仅是必要的，也是可能的和急迫的，这有利于明确公共经济和民间经济的各自范围，有利于优化二者内部结构及其关系，有利于顺应和利用二者不同的发展规律促进各自发展和整体国民经济的发展。

一、划分现阶段我国公共经济与民间经济界区的依据

从我国现阶段看，划分公共经济与民间经济的界区应主要考虑以下四个方面。

（一）现阶段的基本国情是划分公共经济与民间经济界区的根本依据

新中国成立六十多年来，我国的社会主义建设取得了巨大成就，但从横向的世界范围看，我国的社会发展水平还有很大差距，有待加速发展。

现阶段，我国的基本国情可以概括为：社会主义初级阶段。这个社会主义初级阶段的基本国情表现为四个方面：一是，我国处于社会主义阶段，具有人类历史上最为进步的生产关系，能够最大限度地解放和发展生产力。二是，我国的社会主义尚处于社会主义初级阶段，表现为生产力仍然不够发达，仍然是世界上最大的发展中国家。如，我国现阶段的工业化、信息化、城镇化、市场化、国际化等水平较低，人均生产能力和国民收入较低；但在某些产业和地区生产力的水平又较高，如在核能太阳能利用、军事工业、航天航空、高速铁路、计算机开发等产业都在世界名列前茅，北京、上海、天津、浙江、广东等经济发达地区基本达到了中等发达国家水平。三是，我国正处于社会转型过程中，正从传统社会向现代社会、从农业社会向工业社会、从封闭性社会向开放性社会变迁和发展，其中，社会经济结构的转变是其最为鲜明的特色。四是，在世界范围内，我国正处于迅速崛起的过程中，面临着复杂的国际形势，包括周边以及世界范围内的合作与对抗。

我国社会主义初级阶段的基本国情决定了在公共经济与民间经济界区上应当充分发挥民间经济在资源配置、满足需要、财富创造上的积极作用，公共经济则要尽力为民间经济的发展提供服务、保障。这里有这样一个矛盾——由于现阶段我国经济水平较低的限制，公共经济不可能过宽，但由于加速发展的需要又要求在经济发展的基础和薄弱领域创造必要的发展条件，这又决定了应适度扩张公共经济的范围。这个矛盾的解决就要求我们在公共经济与民间经济的界区上要遵循适度原则，“不仅要满足一般市场经济条件下共性的要求，还要满足有效地发挥国家在实现赶超现代化和体制转轨过程中特殊作用的需要”“既要防止政府服务不足，更要避免因政府过度占用资源而对由市场配置资源的民间经济产生挤出效应，从而降低国民经济的整体效率”①。

①齐守印．中国公共经济体制改革与公共经济学论纲［M］．北京：人民出版社，2002：101—102.

（二）社会分工规律是划分公共经济与民间经济界区的直接依据

社会分工是人类社会的一种自然历史过程，它因人们的生理、天赋等自然因素以及需要、效率、公平等社会因素而产生和发展，其意义在于效率的提高和社会福利的增进。社会分工规律表现为：随着社会生产方式的变化而在原有生产活动领域、工种和职业上分化和独立出新的生产活动领域、工种和职业。从人类历史看，分工首先是基于男女性别的自然分工。在此基础上，基于满足人们公共需要与个人需要的不同出现了公共经济与民间经济的分工。基于生产力发展水平和劳动关系的不同，原始社会末期出现了三次社会大分工——农业与畜牧业分工、手工业与农业分工、商业与农牧业分工，并且这种分工远未停止，它会随着生产力的发展而愈加细密，并由最初的自发分工逐步向自觉分工转化。当今世界社会分工之细密、劳动关系之复杂有目共睹，单就公共经济中就有多种公共部门、不同职业分工。

社会分工规律是划分公共经济与民间经济界区的直接依据。在社会经济生活中，人们的公共需要和个人需要是客观存在的。从效率角度分析，享有公共权力的公共部门在满足公共需要方面具有效率优势，个人、企业在满足个人需要方面具有效率优势。这就决定了公共部门、个人、企业各自的经济分工，公共部门要做的应当是个人、企业“不愿”、“不能”、“不宜”从事的公共经济领域。个人、企业则从事满足人们吃、穿、住、用、行以及个人精神消费等民间经济领域。“中外历史实践证明，在生产私人物品的民间经济领域，市场是资源配置效率最高的调节机制，家庭、个人和企业则是市场活动的主体；政府的责任是为家庭、个人和企业正常进行消费、买卖、投资、生产、经营等市场活动提供规范、保护、宏观调节、基础设施、生态环境等外部条件。只有在政府与市场及其活动主体之间形成这种合理社会分工的制度安排下，整个国民经济才有可能实现最佳效率运转。政府如果违反这种社会分工规律，不去专注于充分履行本身职责，而热衷于直接涉足民间经济领域，就像运动场上裁判员不去执行裁判职能却冲入球场抢球、踢球一样，势必造成全局大乱，哪里还有效率可言？所以，既然中国已经确定搞市场经济，那么，在界定公共经济范围时就必须遵循市场经济的分工规律，而不能按照计划经济条件下形成的传统观念去看待国家经济职能和财源建设问题。”[①]

（三）社会转型是划分公共经济与民间经济界区的重要依据

社会转型是我国现阶段的一个重大时代特征。美国学者亨廷顿、阿尔蒙德通过量化和实证的研究，对发生社会转型的一些国家进行了比较深入的研究，认为社会转型带有一些共性现象：一是处在社会转型期的国家，整个社会骚动不安，不稳定因素大大增加；二是社会成员格外关注自身的经济利益，从而引发了一系列的利益矛盾和利益纷争；三是社会犯罪率急剧上升，政府维护社会秩序的难度加大，成本上升；四是政府官员最容易在社会转型期出现明显的腐败现象，动用手中的权力搞寻租活动。[②] 我国社会转型又具有自己独有的特点，主要表现为“双转”交织的过程：一方面，中国从传统封闭型农业社会向现代开放型工业和信息社会转变，经济体制由计划经济体制向市场经济体制转变，既面临复杂的社会转型的任务，又面临体制转轨的使命；另一方面，又要改变中国城乡二元化的社会结构，完成城镇化和全体人民共同富裕的历史重任。

社会转型的共性与个性，决定了我国当前社会经济矛盾的复杂性和解决这些矛盾的艰巨性，因而需要公共经济和民间经济担负起超过常规的任务。对于公共经济来说，它需要承担起社会转型带来的社会经济成本并竭尽所能地去解决转型带来的相应问题，如要解决经济秩序混乱、劳动力就业、贫富差距拉大、社会保障需求加大、“三农”问题等。对于民间经济来说，则既要面临自我成长、自我发展和壮大的迫切需要，又要以其不太宽

①齐守印．中国公共经济体制改革与公共经济学论纲［M］．北京：人民出版社，2002：103—104.

②［美］塞缪尔·P. 亨廷顿．变革社会中的政治秩序［M］．王冠华，等，译．上海：三联书店出版，1989；［美］加布里埃尔·A. 阿尔蒙德，等，著．比较政治学［M］．曹沛霖，等，译．上海：上海译文出版社，1987.

厚的肩膀负担起公共经济的汲取需要。可以说，在社会转型的特殊时期，公共经济与民间经济都在不同程度地担负着特殊责任，因而划分当代我国公共经济与民间经济的界限必须考虑社会转型期的特殊需要。

（四）物品供给效率与公平是划分公共经济与民间经济界区的理论依据

从公共经济与民间经济的产生和历史过程看，二者的界区根本上源于效率与公平的自然选择。为了满足人们的公共需要和个人需要，就要有公共生产和个人生产。在一定生产力条件下，个人生产可由单个或特定数量的人进行，效率也不受损失。而公共生产作为满足公共需要的生产形式，由于单个人能力的有限性、“经济人”特性以及个人效率的有限性，由个人供给公共物品显然是不可取也是不现实的。出于人类生存和发展的需要，也由于效率和公平的要求，在社会的自然选择过程中逐渐出现社会公共权力部门和其他公共部门，它们担负了公共生产的责任。随着社会生活和需要的丰富，效率和公平成为人们进行社会分工和社会生产的基本标准——如果由民间部门（个人、企业）承担某项物品的生产，效率更高且不损坏公平，则应由民间部门承担；如果民间部门不能、不愿或由公共部门承担某项物品的生产更有效率，出于社会公平和效率的原则，则应由公共部门承担。

我国当代随着民间经济的发展，公共经济需要为之提供的管理、服务、保障的功能有所扩张，划分二者界区要从效率和公平两个方面具体考察，以此为理论依据使公共经济与民间经济二者功能都得到最大程度的发挥。

划分公共经济与民间经济界区除了考虑以上四个方面，还要具体问题具体分析地考察不同地区、产业的发展水平、特点等具体情况，从而更有利于公共经济与民间经济的共同发展。

二、我国现阶段公共经济与民间经济的界区

依据我国现阶段的基本国情、社会分工规律、社会转型的现实以及效

率与公平的基本原则，具体划分我国现阶段公共经济与民间经济的界区“需要解决的主要矛盾在于，如何把基于内外环境对发挥国家职能的广泛特殊需要与较低的社会经济承载能力恰当地结合起来；只有有效地实现了这种结合，由此所界定的公共经济范围才是切实可行的。然而，真正的难点也正在于此。克服这一难点的出路，只能是同时具体地界定公共经济范围质的和量的规定性”①。公共经济与民间经济的“质”的规定性是二者相互区别的内在规定性，表现为二者目标、职能、产权关系的不同；二者“量”的规定性则是二者可用数量来表示的外在规定性，主要表现为二者规模及其内部各部分的大小。相应地，公共经济与民间经济的界区，可以分为质的界区和量的界区，质的界区包括二者的目标边界、职能边界、产权边界，量的界区主要是规模边界。

（一）目标边界

根据人类共性需求的层次性和我国现阶段国情，按照公共经济与民间经济满足需要的目标不同，可划分我国现阶段二者的目标边界，即可从生存、安全、发展、自由与享乐的共性需求与我国现阶段转轨与赶超的个性需求来划分。

1. 以生存为目标的公共经济与民间经济边界

维持个人生存需要的阳光、空气、水等自然环境和资源；吃、穿、住、用、行等日常生活用品；群居、民族、国家等社会组织。民间经济在满足生存需要方面主要表现在市场机制的调节下生产和供给吃、穿、住、用、行等生活用品，并为社会组织的存在提供基本的物质条件和手段。公共经济则需要保护环境和自然资源；保障、调控和检查生活用品；建立、维护社会组织使之正常运转。

2. 以安全为目标的公共经济与民间经济边界

个人安全包括人身和家庭安全、健康保障、道德保障以及工作保障等。

①齐守印．中国公共经济体制改革与公共经济学论纲［M］．北京：人民出版社，2002：104.

民间经济为个人提供工作岗位，并以个人劳动为尺度提供相应物质报酬，成为个人维护自我安全的必要物质条件。公共经济在维护安全方面则需要提供国防、外交、公安、法律、社会保障、灾害预警、抚恤、社会福利、公共卫生、社会秩序、医疗、调控就业等这些民间经济不能提供的公共物品。

3. 以发展为目标的公共经济与民间经济

个人的发展与价值实现是人类的较高需要，个人要获得发展就要占有一定资源和财产，接受教育提升劳动能力，从而获取更高的工作职位和更多的物质财富。民间经济在这方面为个人提供了发展场所和机会，个人可以通过自己的劳动、知识、资本、技术等获取发展的物质条件。公共经济则需要为个人发展提供相应的产权制度、基础设施（包括道路、通信、水利等）、社会环境（包括行政服务与管理、公平竞争机会、文化教育等）、自然资源勘查、科技进步等。

4. 以自由与享乐为目标的公共经济与民间经济

个人都有自由与享乐的自然与社会欲求，主要包括人身自由、政治自由、精神自由、物质享乐与精神享乐等。自由与享乐在民间经济中的表现主要为两个方面：一方面民间经济为个人自由与享乐提供物质产品，这些物质产品（如奢侈品）的消费本身就是自由与享乐的一部分；另一方面个人作为民间经济的主体，享有经济成果，为自由与享乐奠定物质基础。公共经济在满足人们自由与享乐方面的主要表现为提升国家地位和民族尊严、提高政治民主化程度、主导和繁荣文化精神生活，这主要通过外交、选举、政府服务、公益性文化等来实现。

5. 以社会转轨与赶超为目标的公共经济与民间经济

根据我国现阶段的基本国情和发展战略，民间经济与公共经济应满足我国社会转轨和赶超的社会发展需要。民间经济是社会转轨与赶超的主体，民间经济的总量增长、结构优化、质量提升、发展方式转变等是社会转轨的应有之义，而赶超战略最终也要体现在民间经济的总体优化上。公共经济在社会转轨与赶超过程中发挥着主导作用，它可以缓解社会、经济、文化转轨的“摩擦”，担负因转轨与赶超而必需的公共支出的增加（基础设施优先增长、制度制定的费用、政策试错的损失等）以及财政对国有经济的支持等。

公共经济与民间经济的目标边界还表现在二者主体的直接目的边界上，即民间经济主体以个人利益最大化为目标，公共经济主体以社会公共福利的增进为目标。民间经济主体既是个人利润的直接生产经营者又是该利润的享有者，且该利润是可以用货币来度量的，其最大值存在于边际投入等于边际收益的交点。公共经济主体所增进的社会福利的享有者则是公共经济所服务的对象——个人、家庭、企业，且这种福利很难用货币度量，因为它包括安全、秩序、公平、效率、保障等非物质内容。显然，判断公共经济与民间经济的边界要以其主体、服务对象及其生产经营的直接目的为标准。

（二）职能边界

关于公共经济、民间经济的功能本书第二章已有论述，指出了公共经济的功能主要在于配置资源、收入分配、经济稳定三个方面，民间经济的主要功能在于资源配置、满足人们生活需要、集聚社会财富三个方面。我国现阶段公共经济与民间经济的职能边界，也即二者在功能上的边界。不难看出，划分公共经济与民间经济在功能上的边界主要在于二者在资源配置上的边界，在其他方面则是显而易见的。这里只重点分析二者在资源配置上的边界。

我国当前的经济体制是社会主义市场经济体制，它以社会主义基本政治制度、经济制度为制度基础；在资源配置上，以市场机制为基础方式，以政府调节机制为重要手段。我国现阶段，民间经济范围内的资源配置除部分领域外基本上实现了以市场为资源配置的手段，通过价格机制、供求机制、竞争机制、风险机制等，实现经济资源的优化配置，但整体上看，市场化程度还较低①，尤其在投资市场、金融市场、产权市场、农产品市场等方面差距还较大。也就是说，这些本应由市场机制调节的市场还存着相当的指令性或政策壁垒，存在着由政府调节机制配置的企业、产业等经济资源（如土地市场）。现阶段我国公共经济存在着越位、缺位和错位等多种问题，在资源配置方面主要表现为政府调节机制越位、缺位和错位的问题，这一方面是我国社会转轨与赶超所必需的，另一方面也是计划经济体制的“后遗症”和社会转轨的“并发症”。以资源配置为视角，现阶段我国公共经济范围包括提供公共物品的企业形式（如国有的供水、供电、供气、铁路运输、电信、民航、金融等企业）和社会事业形式（如社会福利、公共教育、公共医疗保健、人居环境、生态环境等）。在以企业形式存在的公共经济中，其资源配置形式是由国家作为出资人，企业作为独立法人，利用市场机制整合经济资源为主，又配以一定政府调控。社会事业形式的公共经济，则完全依靠政府调控机制，利用国家收入满足社会公共事业的需求。民间经济形式以市场调节机制为资源配置方式，只在出现问题时由政府调控机制从宏观层面加以调节。概言之，在资源配置上，公共经济与民间经济的界区在于公共经济主体无论是利用市场机制还是直接利用政府机制调控，都是在掌握公权力的基础上进行资源配置的，因而在配置过程中具有自觉性、主动性和强制性；而民间经济在资源配置中则是根据市场的变化做出反应或根据政府调控做出调整，它具有一定的被动性和投机性。

（三）产权边界

现阶段，我国正处于产权改革的过程中，很多领域的产权改革还不到位（如国有企业产权关系、农村土地产权关系等），这有碍于社会主义市场经济的完善和发展。基于这一原因，界定现阶段公共经济与民间经济的产权边界具有相当的复杂性。

我国社会主义初级阶段的基本国情决定了我国公共经济的公益性本质

①美国传统基金会、华尔街日报关于 2013 年世界经济自由度（市场化）指数排名中，我国位于世界第 136 位，总评得分 51.9 分（参见 http：//www. heritage. org/Index/Country/China.）。

更具有广泛性和现实性，同时也决定了它将承担起比资本主义社会更多的公共职能。在社会主义制度下，人民群众之间是团结、协作和共同发展的新型人与人之间的关系，因此民间经济的私人性本质也被社会主义法律制度所规范，具有以满足个人需要为目的而非无限制追求剩余价值的生产特征。据此，我国现阶段公共经济与民间经济的产权边界从二者主体的责、权、利出发可做如下划分。

1. 责任边界

我国宪法明确规定了国家和各级政府部门①在现阶段的职责。从经济角度看，这些职责即国家职能就是公共经济向社会提供的公共物品，也即公共经济的责任。依据公共经济提供公共物品的领域，传统上可以把公共经济的责任分为政治责任、经济责任、社会管理和服务责任。公共经济的政治责任是指公共经济向社会提供政治统治、保卫国家主权和民主的责任。国家作为阶级斗争的必然产物，其本质是阶级统治的暴力工具，维护我国工人、农民、知识分子等最广大的人民群众的政治利益是我国现阶段国家的最基本职能，也是公共经济的基本责任。在当代复杂的国际背景下，尤其是不同发展程度和社会制度下，国与国之间的政治、经济和意识形态冲突仍比较明显和突出，维护国家主权和领土完整是公共经济基本责任之一。为社会主义民主提供物质条件，确保公民的政治民主权利、建立稳定的民主政治秩序，发展和完善社会主义民主，这是我国公共经济政治责任的重要方面。公共经济的经济责任是指公共经济调控经济资源以维护社会稳定和发展的责任，主要表现为：为市场经济提供制度基础、提高经济效益、改善收入分配、通过宏观经济政策稳定经济、执行国际经济政策等②。公共经济的社会管理和服务责任是指公共经济管理社会事务和为社会提供服务的责任，主要包括：维持社会秩序，保证人身安全和私人财产安全；确保社会公平分配；环境保护；社会保障；发展教育、文化、卫生等公益事

①广义上的政府部门不仅指作为行政机关意义上的政府，而是指整个公共权力机构，包括国家权力机关、国家行政机关、国家司法机关、军队等。

②李文良．中国政府职能转变问题报告［M］．北京：中国发展出版社，2003：10.

业等。

民间经济的责任可分为民间经济的自身经济责任和社会责任。民间经济的自身经济责任是指民间经济主体（个人、企业）负有利润最大化的自我责任、生产和经营的风险责任以及对出资人、员工的责任等。个人和企业作为市场主体，其“经济人”特征所造就的行为有限理性就是追逐利益最大化，这是其存在的自我经济价值，我国民间经济主体当然也不能例外。民间经济的生产和经营过程中存在着诸多产品风险、资金风险、技术风险、竞争风险等，这是民间经济必须承担的风险。民间经济主体还担负着对出资人的报偿责任、对员工的收入分配责任等。民间经济的社会责任是指民间经济必须承担对消费者、社区和环境的责任。我国社会主义条件下，企业的社会责任要求企业必须超越把利润作为唯一目标的传统理念，强调要在生产过程中对人的价值的关注，强调对消费者、对环境、对社会的贡献。任玉岭教授曾建议我国企业社会责任的八项标准：明礼诚信，确保产品货真价实的责任；科学发展与交纳税款的责任；可持续发展与节约资源的责任；保护环境和维护自然和谐的责任；公共物品与文化建设的责任；扶贫济困和发展慈善事业的责任；保护职工健康和确保职工待遇的责任；发展科技和创造自主知识产权的责任。① 这八项责任在我国现阶段对每个企业来说显然有些扩大化，甚至僭越到了公共经济的责任，但从我国社会主义经济制度、生产性质、现实国情以及整个民间经济来说，它也具有一定的参考价值。

2. 权利边界

根据责权一致原则，只有具有相应权利才能完成相应责任。公共经济与民间经济的上述责任边界与其权利边界必须是一致的。

作为公共经济主体的政府等公共部门享有国家公共权力，可以动员国家财力、物力、人力进行资源配置，并以国家强制力作为行使该项权力的后盾，这是公共经济权利的核心，同时也是公共经济运行的动力源泉。我

①黄乐桢．企业应承担的八大社会责任——专访全国政协常委、国务院参事任玉岭［J］．中国经济周刊，2005（41）．

国一切权力属于人民，人民通过选举代表组成人民代表大会行使权力，人民代表大会是全权、统一、唯一行使国家权力的机关，由它统一配置国家权力，划分国家的立法权、行政权、军事指挥权、审判权和检察权，并在中央的统一领导下，充分发挥地方的主动性、积极性，在中央与地方国家机关之间分配相应职权。这些权力由不同的公共经济主体行使，即为不同的公共经济权利。公共经济在行使宪法和法律赋予的权力的过程就是其提供公共物品、满足社会公共需要、完成公共经济责任的过程。

作为民间经济主体的个人、企业在负有自我经济责任和社会责任的同时应当拥有如下权利：第一，平等权，包括个人、企业法律地位平等和市场机会均等，这是民间经济主体参与市场经济的基础和前提条件。第二，市场对策权，包括个人、企业的公平竞争权和正当竞争权、消费者的知情权和选择权等。第三，财产权，包括个人、企业的所有权、占有权、使用权、收益权、剩余索取权、继承权等。第四，经营权。根据《全民所有制工业企业法》和《全民所有制工业企业转换经营机制条例》的规定，我国国有企业的经营权具体分为十四项：生产经营决策权、产品劳务定价权、产品销售权、物资采购权、进出口权、投资决策权、留用资金支配权、资产处置权、联营兼并权、劳动用工权、人事管理权、工资奖金分配权、内部机构设置权、拒绝摊派权。概括地说，民间经济的权利即是其参与商品生产、交换、分配和消费的基本权利。在我国现阶段，由于民间经济在所有制上分为国有经济、集体经济、私营经济、个体经济和“三资”经济形式，这些不同经济形式的经济主体权利也有所不同。即使同一种经济形式，由于所处行业、地区的不同，其权利也有所不同。这正是优化公共经济与民间经济关系的一个重要问题，也是我国经济改革的重要内容。

3. 利益边界

在我国现阶段社会主义制度下，公共经济与民间经济的利益边界应当说是交织的，公共经济的利益表现为民间经济的利益，民间经济的发展同样也为公共经济提供更多物质基础。

我国公共部门由人民代表大会产生，是以“为人民服务”为宗旨的公共机构，所以，从理论上说它们没有自己的物质利益，或者说它们的利益就是人民群众的利益。当然，对于公共经济本身来说，公共经济也有壮大自己、在社会经济中发挥更大作用的利益要求。具体到某一公共部门负责人和其工作人员而言，其利益就是获得其管理和服务对象的认可。

民间经济的利益核心是其利益最大化，包括其有形资产和无形资产的最大化，表现为可以用货币表示的利润、物品、品牌价值等。我国现阶段民间经济的利益水平还不高，主要靠外包经济和廉价劳动力获取利益，而缺乏自身核心竞争力。

（四）规模边界

公共经济与民间经济共同构成国民经济整体，只要确定公共经济的规模就等于确定了二者的边界。从大原则上讲，公共经济的总量规模在一定程度上反映了政府参与社会经济生活、国民收入分配的程度，其规模水平既要满足政府提供公共物品的需要，又不能损害市场经济本身资源配置的机制。

确定公共经济的规模就要界定公共部门和公共物品的总量。公共部门的确定是容易的，即凡其活动是非市场导向且受到政府控制的均属于公共部门；反之，即使是政府全资兴办的机构，只要其活动是市场导向的也不属于公共部门。公共物品的确定，在理论上也较为容易，但在现实中由于经济发展水平的阶段性、社会分工规律的复杂性、政府职能的方向性等因素，使公共物品往往具有不同范围，尤其是混合物品。对于纯公共物品，由公共部门单独供给容易掌握，但对于混合物品，须由公共部门和私人部门共同提供。混合物品的供给中，两个部门所占比例份额如何确定则是一个难题。因为公共物品并非市场形成价格，同样一种混合物品中公共物品份额的不同判断标准、不同时期、不同国家，甚至同一时期、同一国家的不同地方的公共部门用于该方面的支出也是不一致的。我国的公共支出就经历了一个不断变化的过程，且还需要继续改革。

确定我国公共经济的规模，必须从我国现阶段的国情出发。改革开放以来，我国公共支出经历了总量规模和结构的重要变动（见表6－1）。我国公共支出变化呈现出如下特征：第一，公共支出总量快速增长。预算内财政支出1978年为1122亿元，2006年达到40422亿元，净增39300亿元，总规模扩大360倍；预算外支出1978年为352亿元，2006年达到5866亿元，增加5514亿元，总规模扩大17倍。这两部分支出是统计较为完整的公共支出，此外中国还存在大量的基金支出、制度外支出和隐性的公共支出。一些学者估计制度外支出占GDP的比重大约在4%；税式支出包括税收优惠也有相当大的规模；此外还有大量的隐性支出，如地方政府预算暂付的长期挂账（一些地方政府的这些挂账其实已经符合列支出了，但为了预算的平衡还是一直挂在账上，这些支出在5%左右）。按这样的口径估算，2005年中国的公共支出总量在67558亿元左右，比预算内外账上数额增加21269亿元，约增46%。可见，中国实际公共支出总量远大于报表所反映的数额。第二，公共支出的增长速度呈现出周期性。从长周期来看，公共支出与GDP的增长基本同步，但是公共支出与GDP的增长呈现出短期周期不同步的特征。第三，公共支出呈现出与经济市场化和财政公共化过程同步的特征。公共支出占GDP的相对规模反映政府介入经济和社会的深度，反映出政府的规模大小。所以，这个指标体现了中国进行市场化改革的过程，也体现了财政公共化变迁的过程。如图6－1所示，中国公共支出规模变化可分为三个阶段，总体经过了一个U形的变动过程，1995年和1996年成为谷底。第一阶段是1978—1994年，这是U形的左边，由于政府职能转向以经济建设为中心、政府对微观主体的放权让利以及税收制度的改革，总体上这时期公共支出占GDP的比重呈现出下降趋势，从1978年的30.8%下降到1994年的12%。第二阶段是1995—2002年，这是U形的右边，这一时期公共支出占GDP的比重呈上升趋势，从1995年的11.2%上升到2002年的18.3%，这一时期由于1994年财税体制改革效应的显现和1992年市场化道路的明确，1995年后公共支出占GDP比重随着国家转型的方向不断提高，政府应该承担的公共物品逐步归位，应属市场领域的建设性任务逐步让位于市场。第三阶段是2002年以后，这个时期公共支出占 GDP 的比重呈现平稳波动的态势，政府公共支出在支出结构方面不断进行量变的积累，总量比重将保持缓慢增长，公共支出正在不断地进行规模和结构的嬗变。[①] 第四，公共支出结构有较大变化。如表 6－2 所示，经济建设支出所占比重呈逐年下降趋势，但仍占较大比重；社会文教费所占比重平稳增加；国防费支出比较稳定，但略有所下降；行政管理费所占比重升幅有所增加；用于其他方面的支出也呈现出逐年增加趋势，特别是 90 年代后期开始，升幅明显增加。可见，改革开放以来，我国公共支出规模一直保持着较快的增长，但我国的公共支出规模长期存在着“两个比重”偏低的问题：一是财政收入占 GDP 的比重偏低；二是中央财政收入占全部财政收入的比重偏低。同时，由于财政支出的增幅较大，财政收支差额逐年增加，政府履行其职能的财力明显不足，同期我国债务收入规模也不断扩大，债务负担日益沉重。

表 6-1　中国公共支出规模增长情况

年　份	财政支出（亿元）	增长速度（%）	GDP 增幅（%）	预算内支出占 GDP（%）	预算外支出（亿元）	预算内外支出合计（亿元）	预算内外支出占 GDP（%）
1978	1122.09	33.00	13.21	30.80	352	1474	40.44
1979	1281.00	14.20	10.78	31.70	423	1704	42.20
1980	1228.83	－4.10	12.57	27.00	508	1727	38.21
1981	1138.00	－7.40	6.96	23.40	611	1749	35.97
1982	1229.00	8.00	8.89	23.20	734	1963	37.08
1983	1409.00	14.60	12.09	23.70	875	2284	38.49
1984	1701.00	20.70	20.85	23.70	1114	2815	39.26
1985	2004.25	17.80	25.73	22.20	1375	3379	37.48
1986	2122.00	5.90	13.15	20.80	1578	3700	36.27
1987	2199.00	3.60	17.25	18.40	1840	4039	33.77
1988	2357.00	7.20	24.80	15.80	2145	4505	30.16

①龚明聪．中国公共支出规模增长研究［D］．厦门：厦门大学，2009：53－58.

续表

年　份	财政支出（亿元）	增长速度（%）	GDP 增幅（%）	预算内支出占 GDP（%）	预算外支出（亿元）	预算内外支出合计（亿元）	预算内外支出占 GDP（%）
1989	2823.78	13.30	13.83	16.60	2503	5327	31.35
1990	3083.59	9.20	9.86	16.50	2707	5791	31.02
1991	3386.62	9.80	16.68	15.50	3092	6479	29.74
1992	3742.20	10.50	23.61	13.90	3650	7392	27.46
1993	4642.30	24.10	31.24	13.10	1314	5957	16.86
1994	5792.62	24.80	36.41	12.00	1710	7503	15.57
1995	6823.72	17.80	26.13	11.20	2331	9155	15.06
1996	7937.55	16.30	17.08	11.20	3838	11776	16.54
1997	9233.56	16.30	10.95	11.70	2686	11919	15.09
1998	10798.18	16.90	6.87	12.80	2918	13716	16.25
1999	13187.67	22.10	6.25	14.70	3139	16327	18.21
2000	15886.50	20.50	10.64	16.00	3529	19416	19.57
2001	18920.58	19.00	10.52	17.20	3850	22753	20.75
2002	22053.15	16.70	9.74	18.30	3831	25884	21.51
2003	24649.95	11.80	12.87	18.10	4156	28806	21.21
2004	28486.89	15.60	17.71	17.80	4352	32839	20.54
2005	33930.28	19.10	14.43	18.50	5243	39173	21.41
2006	40422.73	19.10	15.30	19.20	5866	46289	21.90

注：1. 价格补贴 1985 年以前冲减财政收入，1986 年以后列财政支出。将 1985 年以前冲减财政收入的价格补贴改列在财政支出中。

2. 财政收入中不包括国内外债务收入。

3. 从 2000 年起，财政支出中包括国内外债务付息支出。

确定我国公共经济规模还要注意借鉴国内外的相关经验。从本书第三章关于公共经济的历史演变以及当代发达国家经济发展的历程来看，公共经济规模的变化具有一定的规律性，主要有：第一，在社会、经济转型期，公共经济的规模会急剧扩张，以为民间经济的发展提供前瞻性的服务和保障。第二，随着市场经济的深入发展，公共经济呈现出瓦格纳定律所指出的其规模不断扩张的现象。第三，公共经济支出的范围日益明确。以往“任意的政府职能”正逐渐变得明确化，许多既具有公共支出性质又具有非公共支出性质的混合物品的供给支出开始明晰起来，如转移支付的范围渐趋法定化、规范化。第四，公共支出的有效性大大提高，即公共物品的供给有效性与公共有效需求的一致性逐渐提高。第五，公共支出的目标正向宏观调控的目标转移，即公共支出正在作为一种政府调控机制的手段用于调节经济总供需平衡、提高资源配置效率和促进公平分配上。

联系我国公共支出的现状、问题和其范围变化的规律性，对我国现阶段的公共经济范围和规模应当做出如下调整：第一，纠正公共经济越位状况，使其适当地从应属于民间经济主体活跃的竞争性行业和领域退出，让民间经济在市场机制的作用下去调节资源配置，促进经济效率的提高。第二，在公共经济缺位的领域补位，主要是从科学发展的立场适当加大教育、医疗、社会保障、农村、科技改革与投入，改善政府服务的水平与效率。第三，规范和理顺中央和地方的各级财政分配关系，主要是在明确和细化中央和地方事权的基础上科学地分配财权，事权与财权统一起来。第四，社会转型、体制转轨中的我国政府还面临着其他改革中难以预料和避免的问题，这些必要的“代价”应属于公共支出的范围。

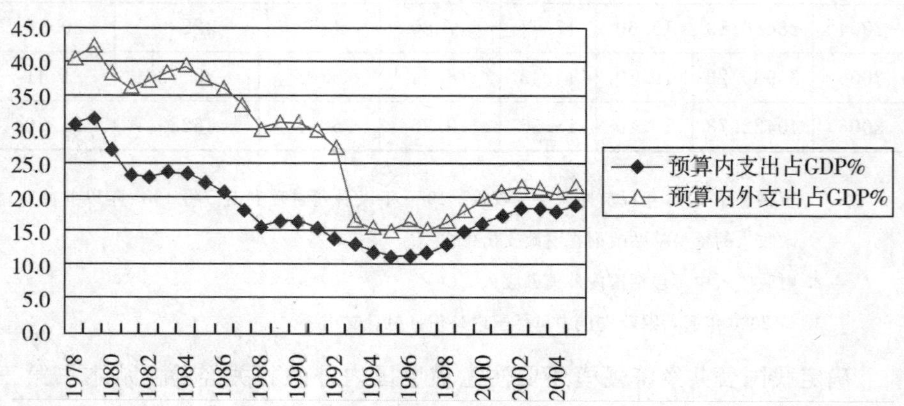

图 6-1　1978—2004 年中国公共支出占 GDP 的比重曲线

表 6-2　1978—2006 年中国政府支出结构基本情况

年份	公共支出总计单位	经济建设费		社会文教费		国防费		行政管理费		其他支出	
		总量单位	比重(%)	总量单位	比重(%)	总量单位	比重(%)	总量单位	比重(%)	总量单位	比重(%)
1978	1122.09	718.98	64.08	146.96	13.10	167.84	14.96	52.90	4.71	35.41	3.16
1980	1228.83	715.46	58.22	199.01	16.20	193.84	15.77	75.53	6.15	44.99	3.66
1985	2004.25	1127.55	56.26	408.43	20.38	191.53	9.56	171.06	8.53	105.68	5.27
1990	3083.59	1358.01	44.36	737.61	23.92	290.31	9.41	414.56	13.44	273.10	8.86
1991	3386.62	1428.47	42.18	849.65	25.09	330.31	9.75	414.01	12.22	364.18	10.75
1992	3742.20	1612.81	43.10	970.12	25.92	377.86	10.10	463.41	12.38	318.00	8.50
1993	4612.30	1834.79	39.52	1178.27	25.38	425.80	9.17	643.26	13.66	569.18	12.26
1994	5792.62	2393.69	41.32	1501.53	25.92	550.71	9.51	847.68	14.63	199.01	8.61
1995	6823.72	2855.78	41.85	1756.72	25.74	636.72	9.33	996.54	15.60	577.96	8.47
1996	7937.55	3233.78	40.74	2080.56	26.21	720.06	9.07	1185.28	14.93	717.87	9.04
1997	9233.56	3647.33	39.50	2469.38	26.74	812.57	8.80	1358.85	14.72	945.43	10.24
1998	107498.18	4179.51	38.71	2930.78	27.14	934.70	8.66	1600.27	14.82	1153.92	10.68
1999	13187.67	5061.46	38.38	3638.74	27.59	1076.40	8.16	2020.60	15.32	1390.47	10.54
2000	15886.50	5748.36	36.18	4384.51	27.60	1207.54	7.60	2768.22	17.42	1777.87	11.19
2001	18902.58	6472.56	34.24	5213.23	27.58	1442.04	7.63	3512.49	18.58	2262.26	11.97
2002	22053.15	6673.70	30.26	5924.58	26.87	1707.78	7.74	44101.32	18.60	3645.77	16.53
2003	24649.95	6912.05	28.04	6469.37	26.24	1907.87	7.74	4591.26	19.03	4669.40	18.94
2004	28486.90	7933.25	27.85	7490.51	26.29	2200.01	7.72	5521.98	19.38	5341.14	18.75
2005	33930.28	9316.96	27.46	8953.36	26.39	2474.96	7.29	6512.34	19.19	6672.66	19.67
2006	40422.73	10734.63	26.56	10846.20	25.83	2979.38	7.37	7571.05	18.73	8261.47	20.51

资料来源：根据《中国统计年鉴 2007》有关数据整理计算得出。

三、确定现阶段公共经济与民间经济范围，优化二者关系

依据我国现阶段的基本国情、社会分工规律、社会转型的现实以及效率与公平的基本原则，从应然的角度划分我国现阶段公共经济与民间经济的界区，需要从公共经济与民间经济的外延上加以区分，这是二者界区最为外在的表现。

（一）我国现阶段公共经济与民间经济的范围

1. 公共经济的范围

英国古典经济学理论体系完成者约翰·斯图亚特·穆勒将政府职能划分为“必要职能”和“选择职能”两部分。中国学者贾康则将统一的政府职能分为古今中外共有的“共性范围”和“由于历史传统、国情、发展阶段、体制模式等条件赋予的个性的范围”两部分①。确实，一个国家在一定时期的公共经济范围，既有作为一个国家而必须具有的共性的一方面，又有根据自己的国情、历史任务、发展阶段和其内在的矛盾特点而具有的个性的一方面。本书试把我国现阶段公共经济范围从满足人们不同公共需要层次和提供的公共物品种类的角度划分为共性的公共经济和个性的公共经济。

共性的公共经济范围，即维护人民生存、安全、发展、自由与享乐的公共经济形式。在我国当前市场经济条件下，共性的公共经济可分解为如下几个方面：（1）维护人民生存需要的公共经济形式，包括制定政策，采取必要措施和行动，保护和改造自然环境、自然资源和生态环境；保障、调控和检查生活用品，保证人民生活必需品的供给和安全；建立、维护社会组织，使之正常运转。（2）维护人民安全方面的公共经济形式，包括国防、外交、公安、法律、社会保障、灾害预警、抚恤、社会福利、公共卫生、医疗、秩序、调控就业等这些民间经济不能提供的公共物品。（3）为个人发展提供条件的公共经济形式，包括产权制度、基础设施（包括道路、通信、水利等）、社会环境（包括行政服务与管理、公平竞争机会、文化教育等）、自然资源勘查、科技进步等。（4）为满足人们自由与享乐方面的公共经济形式，包括外交、选举、政府服务、公益性文化等。当然这四种形式之间不是截然分开的，而是相互依托、相互作用的，甚至同一公共经济形式由于其有不同方面可能同属于两种或以上的形式。

---

①［英］约翰·斯图亚特·穆勒．政治经济学原理及其若干对社会哲学的应用［M］．上海：世界书局，1936：736；贾康．财政本质与财政调控［M］．北京：经济科学出版社，1998：87－90.

个性的公共经济范围，即为解决我国现阶段主要矛盾，实现社会转型，建设富强、民主、文明、和谐的社会主义国家而必须具有的公共经济形式，主要包括：(1) 坚持和巩固社会主义道路、人民民主专政、共产党的领导、马列主义毛泽东思想等四项基本原则以及人民代表大会制度、民族区域自治制度、“一国两制”制度、基层民主制度等其他政治制度。这类公共物品关系到我国国家性质、人民福祉、社会发展方向等根本性的问题，是我国现阶段最高公共利益之所在，是我国公共经济最为首要的层面。(2) 促进、保障社会转型。我国的社会转型包括：①经济上，由社会主义计划经济体制向社会主义市场经济体制转型，这个转型需要改革和创新产权制度、政府管理体制、现代企业制度，形成开放、统一、公平竞争的商品市场、生产要素市场以及国际市场，建立和完善市场经济法律体系等，提高宏观经济方针、政策和措施的制定和执行水平。②由传统的农业社会向现代农业、工业化和信息化社会转型，这一转型过程包括农业现代化、农村城市化、农村土地产权制度、工业技术更新、信息技术的研发等，这就需要坚持科教兴国和可持续发展战略，通过一定的公共支出加强对现代农业科技投入，大力发展高新技术产业、资金技术密集产业，充分发挥人力资源的优势。③由封闭半封闭社会向全方位开放社会转型，这个转型包括对内开放和对外开放。在对内开放方面，需要打开国内各个区域之间、城市和农村之间、三次产业及其内部之间的市场；在对外开放方面，则要对世界各国、在各个领域开放，形成全方位、立体式的对外开放与对内开放相结合的格局，这就要发展公共交通事业沟通区域之间的联系，改革城乡“二元制”结构，注重社会二次分配，坚持“引进来”和“走出去”的对外开放战略，制定引进政策和措施，改善对内、对外投资环境，等等。④由伦理道德基础上的“人治”社会向民主、法治、和谐社会转型，这一转型是经济结构转型的必然结果，包括意识形态、思维方式、价值观念等一系列的变革和发展，包括深入进行政治体制改革，建设高度民主和法治国家，构建社会主义核心价值体系的任务，这就需要从民主选举、完善立法、司法、执法等一系列制度入手，适应社会主义市场经济发展的规律，建设民主、法治、和谐的社会主义社会。⑤在实现社会转型过程中，解决和缓解社会、经济、文化等方面转轨“摩擦”，担负转轨而必需的公共支出的增加，如基础设施优先增长、制度创新的成本、政策试错的损失、社会保障的急剧扩张等。(3) 赶超发达国家，和平崛起，实现中华民族伟大复兴，这是中国人民多年来的夙愿和希冀，而要实现这一历史使命，需要政府统筹和创造国内外各方面积极因素，循序渐进、不折不挠、艰苦奋斗地去实现。

2. 民间经济的范围

国民经济中，公共经济之外即为民间经济的范围。我国民间经济同样具有共性的民间经济与个性的民间经济两个方面。

共性的民间经济，即维护人民生存、安全、发展、自由与享乐的民间经济形式。(1) 以生存为目标的民间经济，即民间经济在满足生存需要方面主要表现在市场机制的调节下生产和供给吃、穿、住、用、行等生活用品，并为社会组织的存在提供基本的物质条件和手段。(2) 以安全为目标的民间经济。民间经济为个人提供工作岗位，并以个人劳动为尺度提供相应物质报酬，成为个人维护自我安全的必要物质条件。(3) 以发展为目标的民间经济。民间经济在这方面的为个人提供了发展场所和机会，个人可以通过自己的劳动、知识、资本、技术等获取发展的物质条件。(4) 以自由与享乐为目标的民间经济。自由与享乐在民间经济中的表现主要为两个方面：一方面民间经济为个人自由与享乐提供物质产品，这些物质产品（如奢侈品）的消费本身就是自由与享乐的一部分；另一方面个人作为民间经济的主体，享有经济成果，为自由与享乐奠定物质基础。

个性的民间经济，即以社会转型为目标的民间经济。根据我国现阶段的基本国情和发展战略，民间经济与公共经济应满足我国社会转型和赶超的社会发展需要。民间经济是社会转型与赶超的主体，民间经济的总量增长、结构优化、质量提升、发展方式转变等是社会转型的应有之义，而赶超战略最终也要体现在民间经济的总体优化上。

（二）以公共经济与民间经济合理划分为切入点优化二者关系

前文叙及，我国公共经济、民间经济及其关系中存在诸多问题，分析这些问题形成的根源，公共经济与民间经济边界模糊、公共经济范围的不合理是重要原因之一。通过上文关于我国现阶段公共经济与民间经济的合理划分，使二者各在其位、各司其职，有助于二者各显其能、相互支持、彼此促进、共同发展。

1. 有利于纠正公共经济缺位、越位的状况

从我国国情和现实问题出发，以社会主义市场经济的客观要求为导向，科学确定公共经济与民间经济的范围，定位二者的发展空间，纠正公共经济的缺位、越位现象，需要做到以下几个方面：一是，合理规范公共经济主体活动，主要是进一步转变政府职能，规范政府行为，深化政府机构改革，压缩行政费用，提高行政效率，尽快退出竞争领域，摆脱公共经济承担的属于市场的职责，转向管理、服务、调节和基础投资领域。二是，优化公共支出结构，突出其公益性的特征，主要是进一步加大对基础科学、基础教育、社会保障、公共医疗等的投资力度，特别关注“三农”问题、新型工业化问题、贫富差距问题、地区差距问题、环境污染问题、资源过度浪费问题等。三是，建立科学、民主、法治化的公共经济决策和监督机制，解决公共经济低效率和有损公平的问题，加强公共规制建设，防止公共权力寻租、失控、不当行为的发生。

2. 有利于营建民间经济发展的健康环境

从理论上说，民间经济是公共经济的基础和前提，公共经济为民间经济提供服务和保障，而我国现阶段民间经济发展则面临发展环境亟须优化和自身竞争力有待加强的双重约束。首先，科学厘定公共经济与民间经济的边界和范围，使公共经济退出某些竞争领域，使其“适位”，并转向管理、服务、调节和基础投资领域，这对于营建公平、法治、竞争的市场经济环境意义重大。我国现阶段民间经济内部各种经济形式之间的实际地位、权利存在较大差别，政府须制定法律、制度、政策和相应的具体措施，拉平民间经济主体经济权利的现实差距，主要是放宽、疏通市场准入领域，统一税制，改革投资融资制度，消除体制性障碍。其次，政企分开，政府对经济的干预退缩到适度的范围，增强政府服务的水平。这就要改革我国国有企业产权制度，按照“政企分开、政资分离、人资分离”的原则，建立国有资产管理新体制和社会保障新体制，促进产权关系明晰、流动通畅；政府对经济的干预限于对经济稳定、收入分配和资源的宏观配置，且手段限于经济手段、计划手段和必要的行政手段；规范、高效、文明的政府服务对于民间经济的发展具有重要促进作用，而政府服务水平的提高有赖于服务意识增强、服务规程科学、服务手段提高、服务方式多样，努力构建与市场经济相适应、人民群众满意的行为规范、运转协调、公正透明、廉洁高效的服务型政府。最后，政府要对民间经济适度调控。由于我国市场经济不够完善、市场失灵和市场固有缺陷的存在，我国民间经济中存在着诸如诚信问题、不正当竞争问题、“权贵资本主义”问题等一些消极现象，这就要求政府相关部门适当干预、调控和治理。

3. 有利于解决公共经济与民间经济界区模糊、主体混杂的现状，并有利于优化二者的互动关系

合理划分公共经济与民间经济的边界和范围，本身就是解决我国公共经济与民间经济界区模糊、主体混杂问题的手段和内容，二者边界和范围的清晰、合理有助于二者关系的优化。划分公共经济与民间经济的边界和范围，实质上就是定位二者存在和发展的空间，使二者“适位”和“当位”，据此消除公共经济缺位、越位、错位现象和民间经济不得不从事的一些公共经济领域的活动，并逐步调整二者在区域布局、产业布局上的不平衡，加强二者互补、互动、共进的动态关系，达到协调、均衡的静态目标。

第七章　建立完善、高效、科学的混合经济体制

经济体制是一个国家国民经济管理制度及其运行方式的总和。从经济运行方式的主体及其范围看，经济体制表现为政府调控机制主导的公共经济体制（即公共经济制度及其运行方式）和市场机制主导的市场经济体制（即民间经济制度及其运行方式）。它具有确定经济主体权利范围、行为规范、利益分享规则、信息交流结构的功能。本章试从我国现阶段经济体制存在的问题入手，分析阻碍我国公共经济、民间经济及其关系优化的体制原因。笔者认为优化公共经济、民间经济及其关系的根本机制是其经济调整机制——健全的市场机制和政府调节机制的科学结合，也就是要建立完善、高效、科学的混合经济体制。

一、我国现阶段的市场经济体制、公共经济体制及其问题

（一）由计划经济向市场经济过渡

新中国成立后的前 30 年，中国政府一直推行计划经济体制，工厂按照国家计划生产产品，农村按照国家计划种植农作物，商业部门按照国家计划进货和销售，所有的品种、数量和价格都由计划部门统一制定。这种体制使中国经济能够有计划、有目标地稳步发展，很快在旧中国留下的一片废墟之上奠定了工业体系和国民经济体系基础，取得了突出成就。但是，计划经济体制存在诸多弊端：集中决策的信息障碍、缺乏有效激励与约束机制、容易导致“命令和控制”、抑制企业和个人经济活力等，其理想化的资源配置方式脱离了现实生产力的水平，难以成为中国经济社会长期发展

的体制基础。

1978年以来，经过30多年以市场化为导向的经济体制改革，至今，我国已基本建成了社会主义市场经济体制。根据李晓西等人的研究报告，我国市场化指数在30年中有了质的变化，1978年我国的市场化指数为15.08%，而到2008年提高到了76.40%（见表7-1），衡量我国市场化程度的五个参数——政府行为规范化、经济主体自由化、生产要素市场化、贸易环境公平化和金融参数合理化，都取得了长足进展（见表7-2）。

表7-1 1978—2008年中国市场化指数测度得分表①

年份	测度结果（%）	年份	测度结果（%）	年份	测度结果（%）
1978	15.08	1989	19.83	1999	55.29
1979	14.25	1990	20.25	2000	60.64
1980	14.25	1991	21.10	2001	64.26
1981	16.63	1992	26.04	2002	64.76
1982	18.92	1993	34.11	2003	67.07
1983	15.79	1994	37.72	2004	70.53
1984	16.63	1995	40.60	2005	76.03
1985	18.38	1996	41.43	2006	75.19
1986	18.38	1997	49.93	2007	76.19
1987	19.38	1998	55.49	2008	76.40
1988	19.63				

表7-2 1992—2008年按百分制折算的各领域市场化指数②

年份	政府行为规范化（%）	经济主体自由化（%）	生产要素市场化（%）	贸易环境公平化（%）	金融参数合理化（%）	总指数
1992	43.75	12.50	33.33	25.00	15.63	26.04

①曾学文．中国市场化指数的测度与评价：1978－2008［J］．中国延安干部学院学报，2010（7）．由于对中国市场化程度的测度指标不同，不同的研究者对同一时期中国市场化程度的测度结并不相同。

②根据北京师范大学经济与资源管理研究院．2010中国市场经济发展报告［M］．北京师范大学出版社，2010：290、321相关内容绘制。

续表

年份	政府行为规范化（%）	经济主体自由化（%）	生产要素市场化（%）	贸易环境公平化（%）	金融参数合理化（%）	总指数
1993	60.42	19.17	41.67	30.56	18.75	34.11
1994	56.25	27.50	50.00	36.11	18.75	37.72
1995	60.42	36.67	50.00	36.11	19.79	40.60
1996	47.92	40.83	54.17	44.44	19.79	41.43
1997	60.42	50.00	54.17	61.11	23.96	49.93
1998	66.67	50.00	62.50	63.89	34.38	55.49
1999	60.42	56.67	54.17	66.67	38.54	55.29
2000	60.42	60.83	58.33	69.44	54.17	60.64
2001	60.50	67.50	66.75	73.50	53.00	64.26
2002	60.50	65.75	66.75	73.50	57.25	64.76
2003	62.50	76.75	66.75	80.50	49.00	67.07
2004	62.50	78.25	66.75	80.50	64.50	70.53
2005	62.50	85.00	79.25	89.00	64.50	76.03
2006	62.50	85.00	79.25	84.75	64.50	75.19
2007	62.50	85.75	83.25	84.75	64.50	76.19
2008	62.50	85.75	87.50	89.00	57.25	76.40

我国经济的市场化进程可分为三个阶段。1978—1991 年为市场化进程的第一个阶段，主要表现为以现有制度调整为主的“存量”改革。这一阶段中国经济改革从“计划经济”转变为“以计划经济为主、市场调节为辅”，再过渡为“有计划的商品经济”。1978 年，以家庭联产承包责任制为主要内容的农村改革使农产品商品化率迅速提高。随着城乡集市贸易和个体经济的放开，消费品市场迅速发展起来。1985 年后，我国在商品价格体系、价格管理体制和价格形成机制方面的改革力度加大，也取得了明显进展，经济生活中出现政府定价、政府指导价和市场价格等多种价格形式，这被称为“双轨制”。这一时期，经历了各种挫折和“摩擦”，市场化发展呈现出一定的不稳定性。在 1992—2000 年的第二个阶段，中国市场化进程

迅速提升。1992 年，中共十四大明确了建立社会主义市场经济体制的目标，自此要素市场开始逐步发育。先是资本市场，相继成立了深圳和上海证券交易所，企业出现股份制改革趋向。1997 年党的十五大后，又逐渐开放了劳动力市场、土地市场、技术市场和信息市场。到 2000 年，随着商品价格体系和价格形成机制的初步确立，我国统一、全面的商品市场逐步建立并走上完善阶段，各类生产要素市场基本形成。2000 年，我国市场化指数达到 60.64%，初步建立了社会主义市场经济体制。而且，这一阶段，随着国有企业改革向建立现代企业制度和“抓大放小”、“有进有退”的战略调整，“经济主体自由化”程度迅速提高，“贸易环境公平化”也取得了非常大的进展和突破，到 2001 年我国加入世贸组织前，中国市场化程度显著提高，市场化改革进入了全局性整体推进的新阶段。2001 年以来的第三个阶段是中国市场化进一步提高和逐步完善的阶段。2001 年中国加入 WTO（World Trade Organization，世界贸易组织），促使中国市场体系在市场规则、运行机制、法律制度等方面与国际市场接轨步伐加快。这一时期，各类因素的市场化程度均有不同程度的上升，相比较而言，“生产要素市场化”的程度提高最快，而“政府行为规范化”因素市场化程度提高最慢。随着政府职能的进一步转变，我国政府行为更加规范，经济主体和生产要素在市场机制调节下更加自由，并得到优化配置，市场交易环境相对公平，各种金融参数的形成也更加科学化。我国市场化进程进入了渐进式、统筹式发展的新阶段，由初步建立起充满活力的社会主义市场体制逐渐向成熟的市场经济体制转变。

（二）我国市场经济体制与公共经济体制现状

1. 我国市场经济体制改革取得显著成就

30 多年的改革开放使我国社会主义市场经济建设成效显著，“已初步建成了适应经济转轨与制度变迁的各层次市场体系，正向成熟社会主义市场经济体系迈进”[①]。

首先，我国社会主义市场体系基本建成。我国已形成了较为完整、统一的商品市场、生产要素市场、技术市场和信息市场。从市场的商品交换范围看，形成了国内市场与国际市场相结合、全国市场与区域市场相结合、农村市场与城市市场相结合的具有整体性和开放性的市场体系。其次，市场微观主体初步形成。这主要表现在国有企业改革过程中。宏观层面上，国有经济布局和结构的战略性调整沿着垄断性和竞争性行业两条线同时推进；微观层面上，国有企业产权改革取得重大进展，法人治理结构逐步完善。具体来说有以下几个方面的进步：国有企业从放权让利到承包经营责任制再到股份制试点，政企渐趋分开，其独立性和创造性日趋增强，国有企业逐步成为独立的市场主体和法人实体；在“抓大放小”、“有进有退”、“从整体上搞活国有经济”等国企改革战略思想指导下，国有经济布局和结构不断优化，国有企业数量减少，但整体实力和竞争力增强；随着公有制实现形式的多样化和管理体制的调整，国有企业产权逐步明晰，法人治理结构逐步完善；在国有资产监管方面，“三分开、三统一、三结合”[②] 的实施使国有资产监管体系日趋完善。其他所有制形式的企业发展非常迅速，到 2008 年，全国企业总数为 971.46 万户，其中私营企业为 657.42 万户，国有企业为 56.88 万户，外商投资企业为 43.49 万户，其中 99%为中小企业。最后，我国社会主义市场经济体制已进入完善阶段。在对外开放过程中，我国走过了一条从局部试点到全方位开放、从非多边贸易到成为世贸组织成员国、从“政策性开放”到“体制性开放”的渐进式开放之路，现已形成全方位、“引进来”和“走出去”相结合、在法律框架下的制度性开放的新阶段。如今，我国社会主义市场体系已经建立，市场规模明显扩大，

①章玉贵．全力构建真正平等竞争性市场体系［OL］．http：//finance. sina. com. cn/review/20101208/02519071638. shtml.

②中共十六大和十六届二中全会明确提出的国有资产管理体制改革的重大原则。“三分开”即：政企分开，政府授权国有资产监督管理机构对企业国有资产履行出资人职责，不直接管理国有企业；政资分开，国有资产监督管理机构不行使政府社会公共管理职能，政府其他机构、部门不履行企业国有资产出资人职责；所有权与经营权分开，国有资产监督管理机构不得直接干预企业的生产经营活动。“三统一”即：权利、义务和责任相统一。“三结合”即：管资产和管人、管事相结合。

市场结构趋向合理，市场主体日益成熟，市场规则逐步健全，市场机制在资源配置中发挥基础性作用，宏观调控不断完善。

2. 社会主义公共经济体制不断完善与发展

近年来，随着我国政府向服务政府、责任政府、法治政府的转变，政府职能正从“全能”向“有限”转变。在此基础上，我国公共经济体制也不断完善和发展，主要表现在以下几个方面：第一，现行公共决策与执行体制的民主化程度不断提高。近年来，我国各级政府在决策与执行方面都在推行政务公开，强化公民对公共事务的监督，各层次的民主都有显著扩大。第二，权力机关的实际作用不断加强。随着市场经济体制建设的推进，近几年来，国家将依法治国提到更高程度上加以强调，并且采取了一系列实际步骤，如加快立法进程，加强人大的执法监督力度，对司法部门实行错案责任追究制，按照《预算法》规定强化对政府预算草案的初审。第三，纵向分权成果相对巩固。1978 年改革开放以来，国家在经济政治体制方面采取了一系列纵向分权措施。这些分权成果多数得到持续和巩固，公共经济体制的稳定性趋向增强。

（三）我国市场经济体制与公共经济体制的主要问题

我国经济体制的发育是在诸多新情况、新矛盾的不断涌现又不断解决过程中进行的，至今还存在着大量亟待解决的矛盾。而这些矛盾正是我国公共经济、民间经济及其关系问题的导因所在。

1. 当前我国市场经济体制的主要问题

我国社会主义市场经济体制在民间经济范围内的进一步发展和完善面临诸多问题，主要有以下几个方面：

第一，市场体系还不够健全。整体上看，我国当前商品市场化的程度较高，但要素市场化发育还相对滞后。一是，我国劳动力的流动还受到户籍制度、性别、行业等诸多限制。尤其是对农村劳动力，还有很多限制其流动的制度性和非制度性障碍，这对农村劳动力从农村解放出来向城市转移造成严重影响，使城乡劳动力市场处于分割状态。二是，我国土地市场的市场化程度较低，这主要表现为：我国土地还是主要由国家所有和控制的一个要素，土地交易、转让的市场调节比重很低。农村土地市场远没有建立起来，大大地制约了我国二元经济结构的转换。三是，资本市场仍待进一步完善。目前，我国资本市场体系结构相对单一，没有层次性。全国资本市场只是以上海、深圳两个交易所为中心，缺乏适应市场需求的多层次市场体系。而且，资本市场规模上偏小；结构失衡，股票市场和债券市场的比例失衡、直接性融资比例较低；商品期货和金融期货市场有待发展。四是，利率和汇率的市场化程度还较低。当前利率和汇率还是我国进行宏观调控的重要经济手段之一，政府对利率和汇率干预较多。而政府干预和调整利率和汇率的灵活度还不够，不能完全根据经济形势和金融市场变化而灵活变动。这主要是利率和汇率调整体制的问题。如我国现在仍然是强制结售汇管理体制，这种体制一方面使我国外汇储备总量激增，2012 年底我国外汇储备达 33116 亿美元；另一方面不得不被动增加人民币供给，导致向市场注入的人民币流动性增加①，制约货币政策的独立性和有效性。五是，资源产品价格和环保收费的市场化改革滞后。近年来，我国电价、水价、天然气价格和环保收费的改革一直是社会热点问题，就目前看，这部分资源产品价格的形成机制还不完善，有待进一步在实践中探索改革。

第二，市场经济的微观基础尚不完善，市场主体的经济权利有待进一步调整。我国国有经济战略性调整和国有企业改革还没到位，尤其是垄断行业改革相当滞后，政府对国有企业人、财、物仍有不同程度的不当干预。民间经济主体的权利、地位还没有实现市场平等，在市场准入、企业融资和土地使用等方面存在着较多障碍，如在电力、通信、石油和市政设施等基础产业领域还存在一些歧视性准入的标准，民营企业还难以获得公平的准入条件；即使已经允许外商投资进入的金融、保险等行业领域，民营资本也很难进入；在煤炭、矿山开采、冶金等资源性行业还存在市场准入标

①根据央行数据，2010 年 9 月末，广义货币余额已经达到了 69.64 万亿元，按照国家统计局发布的前三季度 GDP 达 26.866 万亿元计算，超发货币将近 42.774 万亿元（见《升值与通胀：人民币超发 43 万亿之后》，载《中国经济周刊》，2010 年第 42 期）。

准过窄、过低现象。政府对市场经济主体管理仍然过多，服务则相对不足。

第三，各种不正当竞争、市场失信现象频繁出现，市场秩序仍待改善。如一些企业协议限制竞争，大企业滥用市场优势地位限制竞争，甚至一些商家为了达到自己的目的而不择手段，恶意诋毁自己的竞争对手，进行商业贿赂、恶意降价、倾销等。还有一些跨国公司往往依赖自己的市场优势地位，变相强制捆绑销售或搭售其商品等反竞争行为。我国现阶段远未形成全面的诚实守信的市场环境，没有有效的社会信用信息共享机制，社会信用管理中介服务业也不发达，且尚未形成有效的信用监管体系。对进行这些不正当竞争和市场失信行为缺乏有效的和强有力的惩治措施，如类似中国乳业的“潜规则”等现象现在还没有得到有效治理。

第四，市场进出壁垒仍然存在。一些地方政府在本位主义思想诱导下，滥用行政权力，设置外地企业和产品进入本地的壁垒，对外地产品多头检验、重复检验，甚至是“超严”执法，或制定有利于本地企业、妨碍外地企业和产品进入的技术标准、认证制度、卫生检验检疫制度等，使市场封锁合法化。

第五，亟须营建法治市场环境。法治在规范市场经济行为中起着举足轻重的作用。我国现阶段市场经济活动中，有法不依、执法不严、违法不究、徇私枉法的情况屡见不鲜。没有严格的法治监管，就难有公平竞争。在不公平的环境里，合法经营成本太高，迫使市场经营主体寻找体制的弊端或薄弱点，甚至践踏法制。

2. 当前我国公共经济体制存在的主要问题

我国当前公共经济体制的问题主要表现在其民主化、法治化、科学化的程度不足上，第四章关于“当代中国公共经济、民间经济及其关系的问题及成因”部分中对于当前我国公共经济体制的缺陷已有论及，这里主要强调以下几个方面：

第一，政府职能转变滞后，公共经济决策科学化、民主化不够。我国现阶段公共经济与民间经济之间边界错位问题还相当严重。一方面，不少地方政府仍然热衷于直接干预企业甚至农户的经营活动；另一方面，对于应该由政府承担的许多重要的公共服务、公共物品生产却无心或无力进行。这种角色错位、边界不清现象，不仅降低公共资源配置效率，而且常常严重损害民间经济效率，还直接制约着各级政府之间纵向责权的合理配置和财政职能的合理化。政府由于本身职能转变不到位、具体事务缠身，难以对重大公共经济决策在科学论证基础上做出通盘的战略安排，导致决策上顾此失彼、行为短期化。另外，公共经济决策的透明度较差，缺乏民主决策程序，公民的参与程度较低。这既与缺乏相应的法律规定有关，又是中国长期封建社会形成的政府与公民双方民主意识淡薄所致。

第二，政府行政管理体制改革相对滞后，不能适应市场化改革需要。这主要表现在以下几个方面：（1）在财税体制方面，财政收入制度不够完善，还是以生产型增值税为主的收入结构；财权与事权不尽匹配，重要公共服务支出责任下移较多；政府预算制度还不够完善；财政管理的法制性和绩效尚需提高；财政宏观调控作用有待进一步发挥等。[①]（2）在投资体制方面，政府投资范围界定不清，对竞争性领域的市场化投资介入过宽，行政干预过多；对全社会投资存在重审批、轻服务的倾向；缺乏科学的、有预见性的宏观产业导向；在市场准入方面偏重经济性指标，忽视社会性指标。[②]（3）在社会管理和公共服务方面，现阶段我国公共服务产品总量不足；国家对各类事业机构的投入与公共服务产品的产出严重不对称，事业机构给社会提供的公共服务严重不足；国家在公共卫生、农村义务教育等基本公共物品供给和公共服务方面的投入太少，严重制约社会事业的发展；公共服务产品分配严重不均衡，弱势群体得到的公共服务严重不足，远不能满足他们对公共服务的基本需求。[③]

第三，各级政权机构之间公共经济责权界限不清。一是，各级人大作为权力机关的地位与其实际发挥的职能尚不相称，不仅许多重大的公共经济决策并非由同级权力机关做出，而且权力机关对于执行机关执法情况的

①谢旭人．坚定不移深化财税体制改革［J］．求是，2010（7）．

②卢中原．加快财税体制与投资体制改革［EB/OL］．http：//www.drcnet.com.cn/DRCNet.Common.We－b/DocViewSummary.aspx？docId＝306487&leafId＝1.

③迟福林．公共服务制度改革与创新［N］．经济参考报，2004－05－09.

监督也显得粗疏和无力。二是，各级政权机构之间，一方面难以严格进行自上而下的责任考核，另一方面助长下级对上级的依赖，从而影响地方政权机关充分发挥为辖区居民高效提供优质公共物品的职能。

第四，社会领域的体制改革和制度建设相对滞后。一是，公共服务制度改革仍需完善。当前，我国公共服务领域的主要矛盾是传统的公共服务制度还不适应经济社会全面转型的需要。公共服务机构的某些改革偏差已经造成公共服务机构自身利益的集团化、普遍化和机制化，产生了某些比较严重的腐败问题。二是，收入分配格局亟待调整。我国收入分配制度改革至今仍相对滞后，主要是劳动报酬在初次分配中所占比重偏低，社会成员收入差距过大，城乡之间、地区之间、行业之间的收入差距都有拉大的趋势。三是，社会保障体系尚不健全。城乡社会保障发展不平衡，广大农村地区严重滞后；一些基本保障制度覆盖面比较窄，基金统筹层次低，保障水平不高；农民、农民工、被征地农民、城市无业人员和城乡残疾人等群体的社会保障问题比较突出。[①]

3. 当前我国市场经济体制与公共经济体制之间存在不协调的问题

市场经济体制与公共经济体制是一国经济体制中既相互对立又相互统一的矛盾的两个方面。市场经济体制是以市场机制作为配置社会资源基本手段的经济体制，是民间经济赖以运行的机制。公共经济体制是以政府调节机制作为配置社会资源的手段，是界定公共经济范围，规范公共经济活动主体上下左右各方责任与权力关系的一整套规则，是公共经济赖以运行的机制。

探究当前我国民间经济领域、公共经济领域以及二者关系中出现的诸多问题，可以发现这些问题中有些是“市场失灵”引起的——主要表现为市场经济体制存在的问题；有些是“政府失灵”引起的——主要表现为公共经济体制存在的问题；还有些则是“市场”与“政府”的配合不足、协调不够引起的——主要表现为“市场”和“政府”的同时失灵，而同时失

①罗福群．重视和解决社会保障中存在的问题［N］．羊城晚报，2005－04－14．

灵的根源在于现阶段我国市场经济体制还不够完善，政府调节机制作用发挥的水平还不够充分。

我国的经济转轨过程是计划经济不断被市场经济所替代的过程，也是政府调节机制的作用逐渐退缩的过程，这个过程中公民与企业的权利则相应逐步增大。这里有这样一个逻辑悖论——改革的对象是政府本身，但是改革又是在政府的推动下进行的。一方面，改革需要一个强有力的政府以消除市场化的障碍；另一方面又需要紧缩政府权力，尤其是行政过多干预经济的权力，以便完成市场化改革。这个逻辑悖论表现在现实经济生活中，往往阻碍政府职能的转变，使得政府与市场、政府与企业的关系难以理顺。公共经济越位就表现为政府对微观经济活动进行干预，在相当大的程度上替代了企业的市场行为，排斥了市场机制，也阻碍着资源的有效配置。例如，近几年我国房价高企现象，表面上看是市场主体的非理性“炒作”行为所致，但实质上却是政府的“土地垄断”、“土地财政”、房地产的税费过高等因素决定的，其中也掺杂了土地寻租与腐败因素，这也正是政府千方百计调控房价却不见成效的根本原因。

二、完善市场机制和政府调控机制，构建完善、高效、科学的混合经济体制

市场经济体制、公共经济体制的不完善以及二者之间关系的不协调，是我国现阶段经济体制的显著特点，也是我国公共经济、民间经济及其关系问题产生的重要原因。优化公共经济与民间经济关系必须优化完善市场经济体制、公共经济体制，建立完善、高效、科学的混合经济体制。

（一）社会主义市场经济体制是混合经济体制的一种形式

1. 混合经济体制是当代社会经济发展的必然选择

从近现代世界各国的历史和现实考察，各国经济体制都带有混合经济体制的特征，只是在不同时期市场机制与政府调节机制对经济调节的力度、

手段、作用和范围大小不同而已。

以亚当·斯密为代表的古典经济学派认为，在自由、平等的社会中，仅靠市场机制这只“无形之手”就可以实现社会资源的优化配置，从而增进公共福利，实现社会利益。国家只需充当保护公民人身与财产安全的“夜警”，构建一个保证市场健康、稳定运行的环境，并为经济发展和公民生活提供必要的公共设施和公共服务。可见斯密也看到了市场并非万能和必要的政府调控经济的作用和意义。随着社会化大生产水平的提高，社会分工的日益细密，市场经济活动的日益复杂，在长期的经济实践和理论研究中，特别是经历了1929—1933年的世界性大危机的强烈震撼后，以凯恩斯为代表的国家干预主义开始兴盛起来。自此，各国开始尝试运用财政手段、货币手段等对宏观经济进行必要的调控。到20世纪70年代，西方国家普遍存在“滞涨”的经济现象，经济学家们开始普遍认识到经济运行中既有“市场失灵”又有“政府失灵”，因此有必要配合使用市场机制和政府调控机制这“两只手”。

正如马斯格雷夫所言：“在满足各种各样的需求，完成各种各样的任务时，通过预算程序的模式解决某些问题效率较高，市场模式在解决另一些问题时则更胜一筹，在两种模式中都存在失灵以及满足一些需要，这两种模式对于社会秩序是必不可少而且是相互补充的。”① 萨缪尔森也认为，现代经济是“私人组织和政府机构都实施间接控制的‘混合经济’：私有制度通过市场机制的无形指令发挥作用，政府机构的作用则通过调节性的命令和财政刺激得以实现”②。显然，现代经济已成为市场经济和政府调节机制“一个巴掌拍不响”的混合经济体制。华民教授也曾对混合经济体制作如下定义：混合经济体制是当代国家的社会目标补足私人目标，以政府经济政策补足个人经济政策，以政府调控补足市场调节的一种经济体制。在这种体制下，国家与市场、政府与企业和个人通过职能分工与合作来实现国家

①[美] 布坎南，马斯格雷夫．公共财政与公共选择：两种截然不同的国家观［M］．北京：中国财政经济出版社，2000：24.

②[美] 保罗·A. 萨缪尔森，威廉·D. 诺德豪斯．经济学（第12版）［M］．胡代光，等，译．北京：中国发展出版社，1992：68.

经济的稳定增长和社会福利的最大化。[①]

混合经济体制已成为当代社会经济发展的必然选择。从理论上说，这主要基于如下原因：第一，市场机制与政府调控机制各有缺陷是混合经济体制产生和存在的根据。在自由市场主义经济理论中，市场机制实现资源的最优配置必须建立在几个必要条件的基础上，即须在完全自由、平等的社会中；理性经济人；市场处于完全竞争和出清状态；市场信息完全。而这些理想化的条件在现实社会经济活动中根本不可能完全具备，相反，现实经济活动中却存在着经济外部性、公共物品供给不足、公共资源过度使用、区域经济发展不协调、垄断、收入两极分化及信息不对称等现象，这些现象的存在必然导致市场失灵，市场机制对资源的优化配置也不可能达到最优境界。同样，传统的计划经济以行政命令为主，建立在排斥商品经济和市场机制的基础上，在现有的生产力条件和技术手段下，这种理想化的“计划”根本无法真正实现。相反，却带有很大的盲目性，容易造成僵化、短缺、条块分割，束缚人们的积极性和创造性。另外，在市场经济条件下，过度、不当的政府干预同样会引发政府失灵，包括：由于短缺或过剩、信息不足、官僚主义、缺乏市场激励以及政府政策的频繁变化容易导致政府公共决策的失误；又由于缺乏竞争压力、没有降低成本的激励机制以及监督信息不完备必然导致政府工作机构的低效率；同时存在政府的扩张和寻租现象。可见，单一的市场调节或政府计划都有自身无法弥补的缺陷，只有把二者结合起来，使二者各在其位、各显其能、相互补充，相互促进，才有利于经济发展。第二，市场机制与政府调控机制相互协调是社会经济发展的动力和保障。市场经济在市场机制的自发调节下，客观地存在着一定的盲目性、滞后性，如果让其自发运行就会产生诸多问题，如两极分化、负的外部性、公共物品短缺、竞争受损、经济波动加大等，甚至出现大的资本主义经济危机。所以，在现代市场经济条件下，政府已进入经济体制内部，从经济活动的外生变量转变为一个影响经济发展的内生变

①华　民．西方混合经济体制研究［M］．上海：复旦大学出版社，1995：28.

量，即成为公共经济部门。政府成为公共经济的主体，它不仅运用财政政策、货币政策、产业政策等手段来间接干预社会经济生活，同时还通过自己掌握的经济资源影响社会生产与消费过程，促进经济增长。于是，整个社会经济形成相互协调的两个层次：在微观层次上，企业和个人在市场机制这只“看不见的手”的作用下从事经济活动，实现资源的优化配置；在宏观层次上，政府运用各种宏观调控手段，包括经济的、法律的、行政的、计划的等手段调节经济活动，从而保证总供给与总需求的均衡，以期实现宏观经济的稳定和增长。

2. 我国现阶段的社会主义市场经济体制是混合经济体制

不同国家由于经济发展水平、社会与政治结构、经济意识形态等方面的不同，往往形成不同形式的混合经济体制，如以美国为典型的“国家需求管理型”的混合经济体制；以瑞典为典型的“福利国家型”混合经济体制；以德国为典型的“社会市场型”混合经济体制；以法国为典型的强调供求管理的“指示性计划型”混合经济体制；以日本为典型的“政府主导型”混合经济体制，等等。我国当前的社会主义市场经济体制就是一种转轨混合经济体制。

中共《关于完善社会主义市场经济体制若干问题的决定》描述了一个“完善的社会主义市场经济体制”的概貌。这个完善的社会主义市场经济体制实质上是以市场为基础，以国家计划干预为主导的混合经济体制。这个混合经济体制既具有与西方市场经济国家混合经济体制的共性特征又具有其个性特征。

我国社会主义市场经济体制的共性特征主要有四个方面：一是相似的社会组织结构：大企业——大工会——强势政府。我国经过 30 多年的改革开放，已形成了“大企业”，包括大型国有企业、大型的外资企业、日益壮大的民营企业、跨国公司等，这些“大企业”对我国经济生活的影响越来越大。我国也存在着庞大的工会组织，只是其力量和作用有待加强。我国的各级政府在经济活动中的作用显示着其绝对强势政府的角色。二是相似的产权结构。西方国家产权制度突出表现为私有制。但一个不争的事实是，西方国家中国有经济成分在增加，纯公共物品和混合公共物品的数量很大，而且占比在不断提高，还出现了一系列国有化的部门，尤其是在一些自然垄断的部门。这就使西方资本主义国家的产权结构向着私有产权与公有产权并存的方向迈进。我国的产权结构当前同样是公有产权与私有产权并存的格局：一方面有数量巨大、占主体地位的公有制经济的公有产权的存在；另一方面又有非公有制经济的私有产权的存在。这种公私并存的产权结构，是混合经济体制运行的产权基础。三是相似的资源配置方式。当代市场机制与政府调控机制并存已成为西方国家混合经济体制的重要特征。我国现阶段已形成了宏观调控下的以市场配置资源为主的资源配置方式。四是相似的国家、市场、企业的分工原则。在自由市场经济理论中，国家、市场和企业各有各的运行逻辑，即“市场的逻辑是将经济活动集中在便于发展生产并获得高额利润的地方；而国家的逻辑则是获取并控制经济增长及资本积累的进程”①。在当代资本主义混合经济体制下，强势政府、有效市场、自由企业成了“三位一体”不可或缺的社会经济运行机制必要要素。三者的关系准则是：凡是个人、企业和市场能够解决的经济问题，或者它们能以高于政府干预的效率来解决的经济问题，原则上都由个人、企业和市场来解决；政府则从事那些个人、企业和市场所不能、所不愿从事的经济活动，以及那些由政府来做效率更高的经济活动。我国现阶段的市场经济体制关于政府、市场、企业的运行准则与之相类似。

我国社会主义市场经济体制的个性特征，是建立在社会主义公有制经济基础之上，以市场机制为基础并辅之以强有力的政府调控机制的混合经济体制。第一，我国的混合经济体制建立在社会主义公有制经济基础之上。社会主义公有制经济是自由人联合基础上的劳动合作制，是我国社会主义政治制度和意识形态的经济基础，它在我国经济结构中处于主体地位，控制着社会主义国民经济命脉，这是资本主义混合经济体制下，通过政府对一些自然垄断部门和公共物品生产实现国有化政策所致的国有经济所无法比拟的。我国社会主义公有制经济在混合经济体制中的作用表现在以下几

---

①［美］罗伯特·吉尔平．国际政治经济［M］．北京：经济科学出版社，1989：17.

个方面：一是，公有制经济作为实现政府目标的工具而存在，即政府可以通过公有制经济调整经济结构、实现产业政策、增加就业等。政府可通过建立或控股国有企业，实现利用公有制经济调控经济运行的目标。如在应对2008年的金融危机过程中，“四万亿经济刺激计划”就是由中央或地方政府出资，主要依靠国有企业投资于公共经济“缺位”的领域——保障性安居工程、农村基础设施、铁路、公路和机场等重大基础设施建设、医疗卫生、文化教育事业、生态环境等。二是，公有制经济作为协调和解决各种社会经济矛盾的手段而存在。我国在经济改革过程中面临着诸多矛盾和问题，这些矛盾和问题的解决有赖于公有制企业，如，通过国有企业投资缓解区域经济发展的不平衡；公共物品与私人物品生产的不协调；掌控自然垄断产业而防止个人垄断产生；在国际竞争中获得优势从而提高中国经济的国际竞争力；生产、经营不适合完全由市场方式提供的公共物品等。我国公有制经济在混合经济体制中的这两方面作用，是西方混合经济体制中的国有经济成分无法企及的。第二，我国混合经济体制拥有强有力的政府调控机制。我国的政府调控机制是在中国共产党的领导下，在人民民主专政和人民代表大会制度的基本政治制度下，并有社会主义公有制经济为调控工具和手段的资源配置方式，因而它具有强有力的调控力量。这不仅是我国混合经济体制的个性特点，同时它也是我国混合经济体制的优点。改革开放三十多年，我国经济的高速增长与政府的强力调控是分不开的，这也是社会转型必需的。当然在调控过程中，政府也有越位的地方，这是需要增强政府调控科学性而克服的地方。

（二）构建完善、高效、科学的混合经济体制的具体路径

针对我国社会主义市场经济体制的现状和问题，建立完善、高效、科学的混合经济体制，优化公共经济、民间经济及其二者关系，需要从健全市场机制和提高政府调控水平着手。

1. 健全市场机制，增强我国混合经济体制的效率

第一，健全我国市场体系，主要是加快发展和完善要素市场。一是培

育劳动力市场。加快消除我国限制劳动力自由流动的各种体制性障碍，如消除城乡二元制户籍制度的藩篱，建立“人档分离”的人事档案制度等，建立城乡劳动者自主择业、平等就业的新型就业制度。二是规范发展土地市场。明确界定适应产权市场化的土地权利，完善土地登记工作；改革现行征地制度，把征地限制于《宪法》规定的“公共利益的需要”之内，把非公共利益需要的用地纳入市场配置的范畴，对被征地的农民给予公平、完全的补偿；落实集体土地产权，彻底解决集体建设用地入市及其利益分配问题；土地使用权要市场定价，而不能政府定价。建立城乡统一的土地管理制度、城乡统一的产权产籍管理制度和土地市场监管体系，实现农村建设用地、农用地整理和耕地保护的统筹，提高土地利用效率。三是建立多种所有制、多种经营形式、结构合理、功能完善、高效安全的现代金融体系。四是稳步推进利率市场化改革，完善以市场供求为基础的有管理的浮动汇率制度。五是加快资源产品价格改革，建成反映市场供需关系、资源稀缺程度、环境损害成本的生产要素和资源产品价格的形成机制，主要是：(1) 继续深化电力改革。按照补偿成本、公平负担、合理盈利的原则调整电价，推行阶梯电价，同时减轻低收入居民电价负担。(2) 积极推进水价改革，稳步提高污水处理费和水资源费标准，着力对推进居民生活用水的阶梯式水价和非居民用水的超定额加价制度；扩大水资源费征收范围并适当提高征收标准。(3) 完善石油、天然气定价机制。建立既反映国际市场石油价格变化，又考虑国内市场供求、生产成本和社会各方面承受能力等因素的石油价格形成机制。规范天然气价格管理，逐步提高价格水平，建立与可替代能源价格挂钩的动态调整机制。(4) 全面实现煤炭价格市场化，即实现煤炭价格由市场定价、供求由市场调剂、煤价随市场变化。建立煤炭期货市场，完善煤电价格联动机制是实现煤炭价格市场化的必然选择。

第二，增强市场主体竞争力，完善市场经济的微观基础。一是，继续推进国有企业改革和国有经济战略性调整。国企改革的重点是深化国企产权制度改革，既摆脱作为政府“附属组织”的地位和不当政府干预的束缚，又要摒弃享有公权力和政策优惠的优势条件，使国有企业成为与其他企业形式一样的、平等的、真正的市场主体。国有经济要从一般竞争性行业逐步退出，而向关系国家安全和国民经济命脉的重要行业和关键领域集中，加快形成一批具有国际竞争力的优势企业。二是，引入竞争机制，加强政府微观规制，深化垄断行业改革。对于垄断行业的改革重点是实行政企分开、政资分开，引入新的市场主体，对那些不能靠市场机制解决的垄断行业则要由政府对这些行业的技术标准、产品质量、服务水平、产品和服务价格等做出严格规定，并加强日常监管。三是，鼓励、引导和支持非公有制的民间经济主体的发展和壮大。要着力消除非公有制民间经济主体发展的体制性障碍，鼓励和支持民间资本进入公用事业、基础设施、金融服务以及社会事业等领域；加快完善保护其合法权益、合法私有财产等各类产权的法律法规，创造各类市场主体平等利用生产要素、公平开展市场竞争的政策和法治环境。

2. 提高政府调控水平，增强我国混合经济体制的科学性

随着我国政府职能向宏观调控、社会管理和公共服务方向的转变，政府对经济和社会的调控作用将更为科学、高效。从我国当前政府职能转变中存在的问题、市场经济体制和公共经济体制中存在的问题出发，进一步提高我国政府调控机制的水平和质量，从而增强我国混合经济体制的科学性，主要应从以下几个方面着手：

第一，加强和改善党的领导，为完善政府调控机制“松绑”。中国共产党的领导是顺利推进我国改革的根本保证，完善政府调控机制，离不开加强和改善党的领导。中国共产党必须改变以党代政、党政不分、党大于法的旧的领导方式和执政方式，自觉适应市场经济发展的新形势，坚持“谋全局、把方向、管大事”，而把应当属于政府的权力交由政府去行使。这就要特别注重加强和改进党风廉政建设，反对和防止腐败，抓好党和国家机关工作人员特别是领导干部的廉洁自律，这是实现党政分开，为政府调控机制松绑的前提条件。

第二，继续改善宏观调控，加快转变政府职能。（1）改善宏观调控方面，要以国家宏观调控的总目标和总体要求为依据，特别注重国家计划、财政政策、货币政策、产业政策、分配政策等调控政策的健全和综合运用。这是几次世界性经济危机的重要启示。国家计划要在科学发展观的指导下，从具体实际出发，注重发展的全面性、协调性和可持续性。财政政策和货币政策要注重宏观性，尽量减少具体支出与帮扶；财政政策要强调优化经济结构、促进经济增长、调节收入分配，要注重财政政策实施方式的有效性；货币政策要平衡国际收支、稳定币值、促进就业，要注意健全和发挥货币政策传导机制的作用。宏观调控还必须完善统计体制，健全经济运行监测体系，加强各宏观经济调控部门的功能互补和信息共享，提高宏观调控水平。(2) 政府经济管理职能的转变方面，要切实以建设“服务型政府”为目标，为市场主体服务，创造良好的经济发展环境。进一步改革行政审批制度，有碍市场作用的、市场机制可替代的行政审批要取消，对需要保留的行政审批，需建立健全监督约束机制。继续深化行政管理体制改革，加快建成“行为规范、运转协调、公正透明、廉洁高效”的行政管理体制。在中央与地方责权划分上，要进一步明确和细化中央和地方的责权。坚持全国性和跨省域的事务由中央统筹、管理；地方性事务由本行政区政府或跨区域的上一级政府管理；中央和地方共同管理的事务，则要区别对待，明确各自的管理范围，分清主次责任和责任比例。深化投资体制改革方面，实行谁投资、谁决策、谁收益、谁承担风险。在投资审批上，要确立企业的投资主体地位，国家只审批涉及整体布局、关系经济安全、影响环境资源的重大项目、政府投资项目及限制类项目，其他项目由审批制改为备案制，由企业自行决策。

第三，加强法治建设，政府对经济社会的调控要依法进行。政府应依法行政，政府调控机制离不开法律、法规的规范。事实上，法律、法规对经济社会的调整同是政府调控的重要内容。当前，政府调控相关的法治建设主要任务在于“确立制度、规范权责、保障权益”。当前亟须完善的相关制度主要包括：市场主体和中介组织法律制度；产权法律制度；市场交易法律制度；预算、税收、金融和投资等法律法规；劳动、就业和社会保障等方面的法律法规；社会领域和可持续发展等方面的法律法规。在对经济社会调节过程中还要加强执法和监督，提高行政执法、司法审判和检察的能力和水平，加大执法力度，确保法律法规的有效实施。建立权责明确、行为规范、监督有效、保障有力的执法体制，防止和纠正地方保护主义和部门本位主义。

第四，提高政府市场监管水平和力度，强化政府市场监督职能。提高政府对市场的监管能力，主要是通过政府职能的转变，理顺政府监管体制，提高政府监管的能力、水平和其针对性、有效性。首先，政府对市场的监管要依法进行。要尽快完善保障市场经济运行和秩序的相关法律法规，如民商法、反垄断法、工资法、个人信息保护法、土地流转法、期货交易法、金融控股公司法、医药法等，依法维护市场秩序，打击不当、不法和损害消费者利益的市场行为。其次，政府对市场的监管要注重科学化和规范化，要采取经济、法律和必要的行政手段，严格执法，对各种违法违规、扰乱市场秩序的行为绝不姑息。最后，特别加强对垄断行业的监管，如电力、石油、天然气、城市供水等行业，对这些行业在实施政企分开的同时，要建立独立的监管委员会，将政府决策职能与监管职能分开，以加强对权力的监督。如建立和完善公共咨询机制、听证制度，加强对政府监管机构的制衡，以保证政府监管过程的公正和公平。

第五，加快转变政府管理方式，实现由直接管理向间接管理、由微观管理向宏观调控、由部门管理向全行业管理、由“管”字当头向服务监督的转变。政府工作人员要从传统的“官”就要“管”以及官本位的旧思想中解脱出来，树立为人民服务、科学服务、高效服务的立场和观点；从“唯 GDP 政绩观”中解放思想，树立科学发展观和正确政绩观。政府对市场的管理要运用宏观经济政策进行间接的控制和调节，即政府根据其掌握的市场信息通过调整某些经济变量来影响市场中各种变量，从而影响民间经济部门行为。要坚持这样的原则：“凡是企业和个人能够做好的事情，政府就不插手；凡是市场能够优化资源配置的领域，政府尽力为其创造有利条件。”而且，即使在市场失灵领域，也要考虑是否需要政府发挥作用，政府发挥作用是否有效，是否有更好的办法。只有在不仅需要而且能够做好时，政府才进行干预。

三、驱动混合经济体制“双轮”优化公共经济与民间经济的关系

现阶段，我国公共经济的缺位、越位与失衡，民间经济的环境约束、自身竞争力缺乏，以及二者关系模糊、失衡，在很大程度上与我国当前混合经济体制——社会主义市场经济体制的不完善有关。建立完善、高效、科学的混合经济体制是优化我国公共经济与民间经济关系的基本路径，而驱动混合经济体制的“双轮”——协调政府调节机制和市场机制则是优化公共经济与民间经济的根本方法。①

（一）必须协调政府调节机制与市场机制的关系

政府调控机制和市场机制分别是公共经济和民间经济的运行机制，但这并不等于说政府调控机制对民间经济不起作用、市场机制对公共经济不起作用，事实上正如公共经济与民间经济不可分割一样，政府调控机制与市场机制也是相互依赖不可分割的。一方面，政府调控机制离不开市场机制。商品经济条件下，政府调控的目的是配置资源、稳定经济、调节收入分配，实质上是自觉地对市场机制自发的固有缺陷加以纠正、熨平的过程；从政府调控的方法——公共收入和公共支出来看，政府调控就是把来源于民间经济的公共收入当作“蓄水池”，当民间经济在市场机制作用下出现

①关于政府和市场的关系历来是经济学争论的焦点。2011 年 2 月 15 日亚布力企业家论坛上，张维迎与高西庆关于企业作用与政府作用展开了激烈舌战。张维迎以《好政策与坏政策》为题的演讲认为，政府在制定政策时是基于“无知和利益”，限制了企业家的创业和创新热情，并导致企业参与寻租经营。张维迎表示，强调政府主导的经济政策必然倾向于成为坏政策，“任何限制自由竞争的政策不是好政策”、“应当彻底埋葬凯恩斯主义”。高西庆则以《新的十年要有新思维新力量》为题发言认为，希望政府“什么都别管”的想法是不现实的。二人的辩论代表了我国经济实践中政府调控机制与市场机制作用的两种极端看法（参见 http：//www.iceo.com.cn/renwu/35/2011/0216/209251.shtml.）。

"水位"波动时，利用公共支出稳定"水位"。从政府调控的过程和结果看，它必须利用市场机制，在市场机制起作用的基础上进行，即它必须利用价值规律的作用，按照价格机制、竞争机制、供求机制等自身运动规律实施调控，离开市场机制进行政府调控是无法想象的。可见，政府调控机制是市场机制的补充和保障。另一方面，市场机制也离不开政府调控机制。这是由市场机制的固有缺陷和现代市场经济的复杂性决定的。市场机制的自发性、盲目性、滞后性以及由此带来的对经济的破坏性要求人们自觉地、能动地利用和改造它；市场机制也不是万能的，对于一些公共物品、外部性、收入分配等问题则要靠政府调节机制来解决；现代市场经济条件下，社会分工越来越细密、利益要求越来越多元化、经济"微澜"和"惊涛"越来越多、市场失灵的破坏性越来越大，这就要求必须提高政府调控的效率和质量。市场机制是政府调节机制的依据和基础。既然作为公共经济、民间经济运行机制的政府调控机制、市场机制谁也离不开谁，那么优化公共经济和民间经济的关系当然需要协调政府调控机制和市场机制的关系。

解决公共经济、民间经济以及二者关系的问题需要协调政府调控机制和市场机制的关系。公共经济的缺位主要表现为公共决策的科学性和民主性欠缺、公共规制不够、某些公共物品供给不足以及农村公共物品的严重不足；公共经济的越位主要表现为公共经济在竞争领域进入过深、社会服务领域"管"得太宽、部分公共支出不当等；公共经济的失衡表现为政府职能分项支出不平衡、区域性支出差距明显以及中央与地方收支之间存在矛盾的现象。可见公共经济的缺位、越位与结构失衡，是在市场机制失效的情况下，政府调控机制起作用过程中，政府和其他公共部门没能适度行使公权力、执行经济职能的结果。民间经济中，各种经济形式实际地位和权利的差别、政府干预多服务少、权贵资本主义的出现等，正是市场环境存在问题、政府调控不到位引起的，而民间经济主体自身竞争力不足则需要政府适当的引导与支持。公共经济与民间经济界区模糊、主体混杂、良性互动不够以及在地区、产业上的失衡等问题，正与市场机制、政府调控机制各自的作用范围与功能、配合程度与水平紧密相关。可见纠正公共经济、民间经济及其关系的矛盾问题，有待于健全市场体系、完善市场经济的微观基础、维护市场秩序、拆除市场壁垒、营建法制的市场环境，也依赖于转变政府职能、增强公共经济决策的科学化和民主化、改革行政和社会管理体制等，即要协调市场机制与政府调控机制，建立完善、高效、科学的混合经济体制。

（二）协调政府调节机制和市场机制以解决公共经济失位与失衡

公共经济失位是指前文叙及公共经济主体在经济活动中的缺位、越位现象。从根本上讲，公共经济的失位与失衡是生产力水平低、经济发展水平不高造成的，同时与我国转型期政府职能的伸缩、传统产权制度的弊端和公共经济体制的缺陷相关。对公共经济的失位与失衡的各种表现及其解决，我们可做如下具体分析。

第一，在公共经济缺位方面，无论是公共决策的科学性和民主性的欠缺、公共规制的不够，还是某些公共物品供给不足以及农村公共物品的严重不足，都是市场经济条件下公共经济内部各个要素不够协调、政府调控机制效率和水平不高的结果，而产生这些问题的根源在于民间经济中市场机制缺陷、失灵问题的存在。公共决策的科学化要求公共决策者从社会经济的实际出发，考虑、研究、掌握市场经济运行的规律和市场主体决策的特点，准确、快速地对社会、经济条件做出判断，并使用恰当的方式和手段做出有效决策。离开对市场机制的研究和正确把握就没有正确的公共决策。在公共规制上，公共部门对市场上存在的不当、不法行为的规范制约不够，一方面是公共部门自身能力的不足，另一方面也是公共部门对市场经济的缺陷认识不够和执法不力的结果。类似“三鹿事件”之类的现象，只有从市场和政府两方面去解决才能杜绝。公共经济在某些公共物品供给上的严重缺位，跟我国现行的公共物品大多由政府直接提供的方式有关。在市场经济条件下，公共物品的供给也可引进市场机制。基本公共物品可由政府直接提供，也可间接提供；既可通过政府出资、公办机构提供，也可以通过政府购买、特许经营、委托代理、服务外包等方式，由企业、行业组织、民办或社会中介机构提供。非基本公共物品则可以更多地利用市场机制来提供。利用政府和市场两方面力量，实现公共物品提供主体和提供方式的多元化是解决某些公共物品供给缺位的基本方式。公共经济在农村中的严重缺位同样需要运用政府调控机制和市场机制加以解决。

第二，公共经济的越位主要表现为公共经济在竞争领域进入过深、社会服务领域“管”得太宽、部分公共支出不当等问题，这一方面是我国传统计划经济体制下“全能”政府职能的惯性所致，另一方面也是市场经济体制不完善，政府调控过当的结果。对于公共部门过多进入市场竞争领域，诸如政府投资生产或补贴私人物品、财政为国有企业注资等现象，要加强政府调控的科学性，在尊重市场机制的前提下决策，除了必须由国家投资的涉及国民经济重大利益的领域外，公共部门应逐步退出这些市场竞争领域，交由市场调节。现阶段改变我国公共经济背负太多职责的现状，有赖于完善市场机制，转变政府职能，使之以经济建设为主转变为公共服务为主，同时，改变政府施政理念和 GDP 的政绩观，只有如此才能使公共经济归位和适位。

第三，公共经济在政府职能分项支出、区域性支出以及中央和地方支出方面的失衡，主要是由现行的公共经济体制决定的。改革和完善现行公共经济体制也需要从市场和政府两个角度着手，主要是在明确市场和政府作用边界的基础上，在协调发展的效率原则、可持续发展原则指导下，把公共经济目标与民间经济目标相结合、政府经济决策与个人经济决策相结合，即把市场经济体制调节与政府调控机制相结合。如在投资体制上，政府要下放投资核准权限，确立企业的投资主体地位，缩减政府核准投资的范围，把政府投资范围严格限定在“关系国家安全和市场不能有效配置资源的经济和社会领域”，规范政府投资行为，即政府投资也必须遵循市场规律，不可利用公权侵犯私权，坚决杜绝无理强拆、不法划拨等类似事件的发生。再如，推进基本公共服务均等化过程是解决区域性公共支出失衡的重要方法，它是指政府要为社会成员提供基本的、与经济社会发展水平相适应的、能够体现公平正义原则的大致均等的公共产品和服务，这显然是政府调控机制应当也必须指向的方向，但在推行基本公共服务均等化过程中也要注意运用市场的力量，通过活跃民间经济增强落后地区自身发展的能力。

（三）协调政府调节机制和市场机制以解决民间经济的双重约束

民间经济的双重约束是指民间经济存在和进一步发展的市场环境、制度环境、政策环境等亟须优化和民间经济主体的自身竞争力的有待加强。

民间经济内部各种经济形式的实际地位和权利的差别、受政府干预较多且政府服务水平不高、特殊利益集团的出现等民间经济发展的环境问题，都是在政府调节不力和市场机制失效的共同作用下出现的，解决这些问题当然也需要完善政府调节机制和市场机制，并协调二者关系。拉平各种经济形式在市场经济中作为市场主体的实际地位和权利，就要放开旧体制下种种市场准入的限制，允许民间经济“进入法律法规未禁入的行业和领域”，“在投资核准、融资服务、财税政策、土地使用、对外贸易和技术合作等方面，对非公有制企业与其他所有制企业一视同仁”；“清理和修改不利于民间投资发展的法规政策，切实保护民间投资的合法权益，注重培育和维护平等竞争的投资环境”；“要全面清理整合涉及民间投资管理的行政审批事项，推进管理内容、标准和程序的公开化、规范化；进一步清理和规范涉企收费，切实减轻民营企业负担”。这些新旧“非公经济 36 条”中规定的精神实质就是要在政府调控机制推动下，政府逐步向市场让权，让市场机制起作用，从而使各种经济形式实现真正的市场平等。对于政府干预较多且政府服务水平不高的问题，实际上就是政府调控机制的科学性、民主性、法制性的问题以及政府职能转变的程度问题，而这些都需要在完备的市场体系、充分的微观市场主体发育的配合下才能实现，这正是政府调控机制与市场机制的统一关系决定的。民间经济利益格局的调整、“特殊利益集团”的形成，在我国当前的社会转型期，同样一方面需要政府调控机制相机而动的科学决策的推动，另一方面也依赖于市场机制的充分发挥作用。尤其对于消除“权贵市场经济”的倾向，更需要政府“金猴奋起千钧棒”，对强势资本精英与强势权力精英的合谋交易加以强有力的监督、干预、惩治，而“玉宇澄清万里埃”。

增强民间经济主体自身竞争力，从根本上讲是市场机制起作用、对民间经济优胜劣汰的过程。在这个过程中，政府只需为之提供服务，维护市场规则和秩序，进行间接地宏观调控即可，只是在涉及国家经济安全、重大的国际竞争，为维护和发展本国经济、民族产业时，才有必要直接干预。民间经济中的国有大中型企业仍然面临着进一步市场化的任务，主要是政企分开、产权改革、提高效率、消除垄断等问题，这需要政府有计划、有步骤地按照市场经济的要求推进。民间经济领域的国有民营企业、集体企业、个人私营企业面临的自身竞争力不足主要受到我国市场竞争环境、政府服务环境等不够优化的影响和我国生产技术水平较低、劳动生产率不高的影响。提高它们的竞争力，一方面要优化完善市场机制、提高政府服务和调控水平；另一方面，政府也要引导企业引进技术、管理手段，提高劳动生产率。外资经济中存在的问题，如流向不均衡、垄断、“三高”（高物耗、高能耗、高污染）等，同样要注重完善市场机制，通过市场引导投资，同时政府也必须对其进行适当引导和干预。

（四）协调政府调节机制和市场机制以解决公共经济与民间经济关系的矛盾

现阶段，我国公共经济与民间经济关系中的问题主要包括二者界区模糊、主体混杂不清、良性互动不强以及二者在区域布局、产业布局上的比例失调，解决这些问题同样需要驱动混合经济体制的“双轮”——政府调节机制和市场机制。

公共经济与民间经济的界区，从二者的运行机制上看，就是政府调控机制、市场机制各自作用的范围。尽管从理论上，我们一直遵循着公共经济只存在于民间经济所不能、不愿、不宜介入以及由公共经济经营效率会更高的经济和社会领域，但是在现实中，我国公共经济与民间经济一直处于界限不清的状态下。本书在第六章已较为详尽地从公共经济、民间经济的目标、职能、产权和规模等方面做出了界区，并明确界定了我国现阶段公共经济、民间经济的共性范围和个性范围。但在实际的经济运行中，仍需从实践和理论的层面、从政府调控和市场机制的相互协调方面加以具体的研究、总结、划分和实施。

公共经济与民间经济主体混杂问题直接表现为二者主体权利和责任的混杂不清——公共部门在从事民间经济活动，个人企业却要承担公共物品的供给。在混合物品的供给上，二者的责权界定模糊且缺乏科学性，这当然是二者界区不清的直接结果，同时也是政府调控缺位、越位和市场机制失效造成的。在实践中纠正和解决这一问题则需要政府调控与市场调控“双管齐下”。

关于公共经济、民间经济二者的互动关系，从理论上讲前者为后者提供服务和保障，后者则是前者的前提和基础。但这种关系在我国现阶段还没有达到完全良性互动的水平。一方面，民间经济的迅速发展为公共经济集聚了大量的可供政府调控的公共资金，但这个从纵向上和绝对量上讲比较大的公共收入如果用人均占有量来衡量，又是非常小的，所以有必要继续大力发展民间经济，把“蛋糕做大”；另一方面，公共经济也为民间经济在服务、管理、调控等方面做了大量工作，甚至“亲自上阵”，也取得了很大成效，但公共经济在对民间经济的服务和保障上还存在着很多问题。可见二者的互动关系有必要进一步加强，而驱动、协调政府调节机制和市场机制是加强二者互动关系的重要手段。

公共经济与民间经济在区域布局、产业布局上比例失调、发展不平衡的问题更需要发挥政府调控机制和市场机制的作用才能解决。在充分发挥市场机制作用的基础上，由政府调配全国或区域的经济资源来调节我国东部、中部、西部、东北部或其他区域的发展不平衡和公共经济、民间经济的比例失调以及调节二者在产业布局上的比例失衡，这是政府调控机制的应有之义和重要任务之一。在平衡公共经济与民间经济的区域布局失衡上，要坚定不移地实施区域发展总体战略，在落后地区可优先发展公共经济，用公共经济引导、保障、服务于民间经济；坚持深入推进西部大开发、全面振兴东北老工业基地、大力促进中部崛起、积极支持东部地区率先发展的总体战略；在同一区域内，根据该区域的现状和特点，系统考虑各种因素，在市场机制调节的基础上综合运用各种政府调节手段，促进公共经济与民间经济的协调发展。在平衡公共经济与民间经济的产业布局失衡上，要特别注重运用政府调节手段解决三次产业中的问题，尤其在现阶段要注重对农业的公共投入，坚持反哺农业和“多予、少取、放活”的方针，加快转变农业发展方式，提高农业的市场竞争力，大力推进农业现代化建设；按照推进城乡经济社会发展一体化要求，加强农村基础设施建设和公共服务，搞好社会主义新农村建设规划；完善农产品市场体系和价格形成机制，健全农业补贴等支持保护制度。

第八章　规范公共经济与民间经济的产权关系

产权理论是研究产权界定和交易的经济理论，它从经济主体之间的责权利关系角度阐述经济活动的展开和运行。我国公共经济、民间经济及其关系问题与二者不规范的产权关系密切相关。因此，优化二者关系必须规范公共经济与民间经济的产权关系。

一、公共产权、私人产权、产权制度

产权指经济主体对经济资源行使的社会公认的经济权利和这些权利行使过程中形成的责、权、利关系。从产权的载体及其表征看，产权总是以一定的经济利益——公共物品或私人物品为内容，以经济利益的实现为目的。所谓社会公认的经济权利是指产权的取得和流转必须为社会所接受，即符合国家意志（包括法律、法令、法规、条例、决定、政策等）、社会习俗和社会公德。产权的本质和意义在于为人们的经济活动确定责、权、利的界区，从而形成确定的行为规则，规范和指引经济主体的活动。

产权经济学认为，附着在特定物品上的产权与其他产权之间必然形成特定的产权关系，我们把依附于公共物品上的产权叫作公共产权，依附于私人物品上的产权叫作私人产权。例如，国防是一种公共物品，它代表着一种公共产权；城市休闲广场是公共物品，也属于城市居民共同拥有的公共产权；居民的房屋、电视、手机等属于私人物品，它代表着私人产权。

公共物品由公共部门供给，供公共消费。从产权角度看，公共产权是说这种产权是公共拥有的。公共产权的主体是公共集体，或者说特定范围内每个消费者都是公共产权的平等的产权主体。公共产权在法律上为公共所有，是特定范围内的每个成员都享有的权利。它一方面排除了特定范围外部其他主体对该产权的分享，另一方面在特定范围内部，每个成员不能排斥其他成员享有同样的产权。作为公共产权主体，每个特定范围内的成员都要承担产权运营责任，承受公共产权带来的收益和损失。在不同的公共产权之间则是相互独立的关系。公共产权存在于公共经济之中，其供给主体是提供公共物品的公共部门，其享有主体则是特定范围内的个人或企业。公共部门负有为其服务范围内的个人提供公共物品的责任，如国防部负有为公民提供国防建设、武装组织的建设和作战指挥的责任，全国公民都有权享有这一公共物品，并通过服兵役、纳税等形式为国防建设提供条件。又如，国家卫生部门负有提供公共医疗服务的责任，所有居民都是这一产权的平等的产权主体，都有权享受公共医疗服务，都应享受该项产权带来的健康方面的益处，同时都要以纳税等形式去支持它的开展。

私人物品由个人、企业提供，供个人消费。从产权角度看，私人产权由个人、企业拥有，其主体就是享有该产权的个人或企业，由于其享有该权利，由此它也要负有相应的责任，可以得到相应的利益。在这种市场经济条件下，私有产权的存在是市场交易的前提和基础，具有激励、约束、资源配置以及维护企业内部权威关系等多项功能。民间经济的运行就是在特定的产权制度下，民间经济主体对各项产权权能的界定、运营、流转、保护等一系列过程。

产权制度是产权关系的制度化安排，是关于产权界定、运营、保护的一系列规则的总称。市场经济的制度安排，本质上是产权制度的安排。市场经济中，产权制度对于各种经济活动具有重要作用。首先，产权制度为市场机制的存在和发生作用创造条件。市场经济作为交换经济，其交易的本质内容就是产权。没有清晰的、可交易的、保护严格和流转通畅的产权制度，现代市场经济就失去了其存在的基本条件。正因为如此，市场经济对于产权制度便存在一系列基本的要求，这些要求包括：产权必须是纯粹、可交易的经济性质的权利，而不能是超经济性质的特权；交易主体对自己所享有的产权要有明确的责、权、利行为规则的约束；经济主体对经济资源的产权能够在不同层次上共享或分享。① 其次，有效的产权制度对于市场经济中外部性的解决、形成利益预期具有积极作用。在明确界定产权的前提下，可以确认双方相互影响的程度及各自应承担的责任，从而清除外部性的危害。社会产权制度是否具有持续性和稳定性，直接关系到从事经济活动的当事人能否形成稳定的预期。只有在产权明确的条件下，经济主体才会运用资源追求最大收益的目标，其行为具有长期性特征。否则，经济主体的行为是短期性的，就会造成资源闲置或滥用。最后，产权制度是塑造市场主体的基本制度。作为独立的市场主体必须具有相应的责、权、利，即能够独立承担经济责任，享有与责任相对应的权利，具有特定的经济利益。这就要求市场主体有独立的产权，能够自主经营、独立核算、自负盈亏、自担风险。这种市场主体的塑造需要特定的产权制度。

从产权角度分析公共物品和私人物品，进而分析公共经济、民间经济内部及其二者关系，有利于确定公共经济、民间经济的界区（该问题已在第六章“我国现阶段公共经济与民间经济的产权边界”论及），分析我国现阶段公共经济、民间经济中存在的产权症结，从而通过调整产权关系、改革产权制度，优化公共经济与民间经济的关系。

二、我国现阶段公共经济与民间经济中的产权问题

经过 30 多年的经济改革，中国市场化范围日益广泛，市场化程度已经大大加深，社会主义市场经济体制逐步建立和完善。可以说，没有所有制改革的成功就没有经济改革的成功，而所有制改革的主要方面则是产权关系的调整与变革。现阶段，我国产权制度较计划经济条件下僵化、模糊、缺乏法律保护的传统产权制度已有了显著变化，但总的来说还是存在产权归属不清、权责不明、保护不力、流转不畅的问题。我国经济领域中的产权问题在公共经济和民间经济中有不同的特点和表现形式。

①刘　伟，李风圣．产权通论［M］．北京：北京出版社，1998：100—107.

（一）公共经济中的产权问题

政府对社会、经济的管制、服务在本质上是一种公共物品或说公共产权。那么这种公共物品是否符合现实需要、是否适当和适量、是否有效和公平，这显然是公共产权制度的问题。我国现阶段公共经济的缺位、越位以及内部失衡，从产权的角度看就是公共产权制度存在问题，该其提供的公共物品没提供，即缺位；不该其提供的提供了，即越位；在其提供的种类、区域、主体上又不平衡，即内部失衡。也就是说，现阶段我国公共产权制度不规范，作为公共物品主要供给主体的政府，责权不明确、不对称、不灵活，缺少监督。公共经济中的产权问题具体表现在以下几个方面：

第一，政府责任缺位和越位并存。近年来，随着我国财政收入的增长，国家财政加大了对公共和社会服务的支出（包括教育、科技、文化、卫生、广电、社会福利、社会救济、社会保障以及城市维护建设和环境保护支出），但增长速度不够快，占财政支出的份额还较小，资金需求与资金投入的缺口很大。总体上看，我国现阶段的公共物品和服务的供给不足，尚处于“温饱”阶段，还不能完全满足这些领域本身要求和进一步发展的需要，这尤其表现在文教科学卫生、社会保障等问题上。造成当前这一问题的重要原因，一方面是政府职能有待进一步转变，政府对混合物品的供给范围和比例尚不够明确和清晰，从而使政府部门没有把相应的公共物品供给责任承担下来；另一方面是一些本应由民间部门负担的支出依然由财政包揽，有些本应由市场配置资源的领域，在一定程度仍由公共部门来负担，如行政事业单位办的出版社、杂志社、培训中心等，以及一些民间性的协会、学会、研究会等。这表明目前我国的公共支出仍在相当大的程度上沿袭了过去传统计划经济体制下的产权制度形式，扭曲着分配关系，加重了财政负担，明显滞后于经济形势的变化。政府责任的缺位与越位说明政府作为公共物品供给的最主要主体在公共物品公共产权责任上还不够明确、到位，有待于进一步调整和转变。

第二，公共产权供给主体上下层级、左右区域之间责权有待调整。当前，我国中央和地方各级政府权责在财政收支上存在着不平衡现象。1994年，我国推行市场经济国家处理政府间财政关系通行的分税制改革，这一改革缓解了中央财政的压力，也调动了地方政府的积极性。但由于我国财政并未分级管理，中央掌握着体制的制定和调整权，这就极易造成“财力不断集中，事权不断下移”的格局，从而使中央和地方事权、财权脱节，财政收入与支出失衡。再加上，政府间规范化的财政转移支付制度的建立和健全也步履蹒跚，更加剧了这种不平衡。事实上也是如此，实行分税制以来，我国财政收入的增长主要以中央财政收入增长为主，地方公共经济收入没有相应增长。中央和地方在财权和事权的划分上存在的这种不对称，直接影响着公共支出结构的合理性和规范性。在横向上，由于同一层级政府的收入种类和共享收入比率是统一的，但不同政府区域之间经济发展水平、人口数量密度等因素却是不同的，这就造成区域间人均公共收支的差异，从而形成不同区域政府提供的公共物品水平有较大差异，正如上文提到我国在东部、中部、西部、东北部以及其他区域公共支出的不平衡。这显然有悖公平原则，政府有必要加强规范和调整政府间的转移支付制度。

第三，公共经济的产权监管和控制机制亟须加强。由于公共产权缺乏监督和惩治措施，我国公共财政支出管理经常出现资金损失和浪费问题。我国1995年就颁布了《预算法》，但由于配套的制度不够完善，至今还没有形成科学、依法理财的预算管理。不少地方未经法定程序随意调整预算，随意开减收增支的口子；擅自扩大支出范围，提高支出标准，改变支出用途。这种缺乏公共产权管理和监督的状况，是产生违规、违法的源头和温床。另外，我国与预算法并行的还确立了不少法定公共支出项目，如农业支出、教育发展、科技投入、计划生育等，这些法定公共支出的设立虽然有利于一些重点事业的发展，但其反面是由于法定支出过多、过乱和泛化，也使有限的财政资金被瓜分和肢解，从而为切实落实《预算法》增加了障碍。另外，我国公共产权往往受到行政权的强力干预和个别调整，造成其不能正常运转，效率损失，得不到法律保障。还有，当前公共部门中奢侈、浪费的现象普遍，公款吃喝、公费旅游、公车私用、私事公办等不正之风屡禁不止，这从反面反映出我国行政办公费用管理的漏洞，同时也说明了行政费用在财政支出中总量和占比升高的部分原因。① 对此必须加强财经纪律的约束和监督，有法必依、有章必循、加强管理。当前公共财政支出管理的弱化加重了国家财力不足的矛盾。

第四，农村公共物品供给主体责任大、权力小、财力弱，造成农村公共物品总体供给不足。我国农村公共物品供给主要依靠乡镇、区县两级基层政府投入，也有部分上级政府的转移支付投入。由于农村税费改革、制度外筹资和自上而下的决策体制，再加上乡镇制度内财政的财力不足等原因，现有财政体制下，基层政府普遍面临财政运行的困境，财力不足与事权压力过大的矛盾相当突出。农村公共物品总体供给不足，尤其是农业基础设施、农业科技、农村社会保障、农村义务教育与农村环境保护等方面存在严重不足。

（二）民间经济中的产权问题

中国作为一个由计划经济转型到市场经济的发展中国家，在产权关系和产权制度方面有其特殊性，在民间经济领域主要表现为以下四个方面。

第一，民间经济主体从事经济活动的权利尚不能得到充分、完全保障。我国在社会主义生产关系和基本政治制度没有变化的基础上，在经济体制改革和政治体制改革过程中，越来越注重对个人、企业权利的尊重和保护。反映在立法上，对于私人产权的尊重程度和保护程度不断提高，个人合法私有财产受到宪法和法律的保护，个人有了越来越大的社会和经济自由。这说明我国的法律制度正向着与市场经济相适应的方向延伸。但总体上看，我国目前的法律制度仍滞后于市场经济的发展，这一方面是由于我国刚刚走上法治的道路，还不可能制定出文字上完全清晰和执行上成本很低的法

①2006 年 8 月，国家信息中心经济预测部宏观政策动向课题组研究认为，“2004 年全国公款吃喝 3700 亿元”，当年的“三公”消费中，除了公款吃喝，公车消费 3986 亿元、公款出境旅游性消费 2400 亿元。2006 年《学习时报》刊登文章说，我国公车消费和公款吃喝一年的总数高达 6000 亿元以上。其中公车一项，2004 年统计全国至少有公车 400 万辆，公车消费财政资源 4085 亿元，而全国一年的公款吃喝在 2000 亿元以上。

律；另一方面，市场经济的发展是个逐步完善的过程，与之相应的法律制度的完善也是一个过程；另外，法律上界定的产权是名义上的产权约束，不是实际上的产权约束。随着我国市场经济体制的建立和完善以及加入世界贸易组织，与世界“接轨”，我国需要在投资法、贸易法、合同法、公司法、税法、金融法、知识产权法、反倾销法、刑法、诉讼法等各个方面做出调整，尤其要尽快制定一部系统、完善的民商法典。当前，我国没有得到法律认定和保护的私有产权经常受到公共产权堂而皇之地挑战、驱赶、侵犯，这主要是政府职能越位所致，并与法律不完善直接相关。

第二，生产私人物品的公有制经济中的产权问题。这主要具体表现为公有制企业的产权改革和农村土地产权制度改革问题。计划经济体制下公有制经济的产权制度不能适应市场经济条件，这基本上已是人们的共识。公有制产权约束、阻止了面向个人的产权清晰，因此导致了很高的产权保护成本，进而使得交易成本也很高。在原有的公有制企业中，企业名义上为全体公民所有，但在实际上每个人都没有明确的所有权，这就会出现集体理性与个人理性的冲突（也称为“囚徒困境”），即每个人追求自身利益最大化时却导致每个人的利益下降，这极易造成“公地的悲剧”。现阶段我国农村土地在法律上属于农村集体所有，农村土地制度在产权关系上主要存在三个方面的问题：一是，在土地产权的分配上，集体与农民对土地的产权不合理。土地承包经营权从其本质上来说属于使用权，可以衍生出转让、转租、入股、抵押、收益等权利，但我国目前的承包权却是残缺的，只有耕种权、部分收益权以及较少的处分权，这就容易导致有些村集体随意调整农民的土地、土地流转困难、村集体非法出卖村集体的土地等情况，并不能把土地配置到经济效益最高的地方。二是，在农村集体与政府的关系上，作为村集体代表的村委会很大的精力在于为上级政府服务，充当着上级政府的派出机构，将农村集体土地置于政府的附属物的地位，以至于政府对集体土地的产权起着重要的支配作用。“集体公有制既不是一种共有的、合作的私人产权，也不是一种纯粹的国家所有权，它是由国家控制但由集体来承受其控制结果的一种中国农村特有的制度安排。”这种制度“同时损失了监管者和劳动者两个方面的积极性，其要害是国家行为造成的严重产权残缺”①。三是，地方政府对于土地管理权存在使用不当的情况，我国政府在土地管理和供给方面权力巨大，是土地的唯一调控者和供给方。这种管理和供给方式无法通过市场机制形成正确的价格，合理引导需求，合理补偿农村集体和农民的损失。地方政府在征地补偿和土地使用权出售给开发商之间存在巨大的利益空间，受片面的政绩观影响，地方政府征地失控更加严重。②

第三，产权清晰与产权模糊现象并存。民间经济多是个人或企业的民间投资，谁投资谁就拥有产权，谁就可以从中受益，并受法律保护。从这个角度说，民间经济的产权是清晰的。然而，我国现阶段民间经济在“产权清晰”这一点上仍未达到现代产权制度的要求，主要表现在：一是“红帽子”企业与主管部门之间产权不清，一些民营企业成立时挂靠在事业单位或集体经济之上，发展起来后却出现了所有权归属之争；二是民间经济的企业主体普遍存在初始投资主体不明确，创业者之间产权模糊的状况。这主要出现在家庭式企业、朋友合伙企业等形式的企业中，这些企业往往对无形资产、管理股权、技术股权等方面不做明确界定，当企业面临搞股份制或融资时就出现了种种难以解决的产权问题。③

第四，民间经济中产权结构单一，一股独大现象仍然严重。由于民间经济中的民营企业大多由个人、家族、朋友合伙设立，这使其产权多元化受到限制，一元化特征明显，因而这类企业始终摆脱不了家族血缘关系的影响，但“经济关系可以撕破你那脉脉含情的血缘关系的面纱”（马克思语），这就给企业带来重大创伤。同时，在企业扩张过程中，资产所有者的经营能力不会随着他的资产的扩张而呈正比例增长，无法实现货币资本与人力资本的有效结合。

①周其仁．中国农村改革：国家和所有权关系的变化［J］．中国社会科学季刊，1994（夏季卷）．
②陈天宝．农村产权制度改革［M］．北京：中国社会出版社，2008：15－17.
③谢小军．民营企业产权制度创新研究［M］．长沙：湖南大学出版社，2007：146.

三、规范公共产权、私人产权关系以优化公共经济与民间经济的关系

经济主体之间责、权、利关系的明晰、规范是一切经济活动顺利展开的前提条件，也是公共经济、民间经济正常运行、效率提高的必要条件。前文叙及，在公共经济领域，公共部门享有国家公共权力，负有单独供给纯公共物品的责任以及供给混合物品的部分责任，以其服务对象的满意度作为其最高利益。在民间经济领域，个人、企业首先对自己的生产、经营风险负责，企业的经营者对企业的出资人负责，并以生产经营的产品对其消费者负责，个人、企业享有法律规定的在生产经营过程中产生的对私人物品的所有权、占有权、使用权、收益权、剩余索取权、继承权等，并获得可以用货币表示的利润、物品等。规范公共经济与民间经济主体之间的产权关系，明晰其责、权、利关系是优化公共经济与民间经济关系的重要路径。

针对我国现阶段公共产权与私有产权的现实问题，规范我国公共产权与私人产权主要应采取如下对策。

（一）合理界定公共产权和私人产权

一般来说，一种产权是公共产权还是私人产权，是由社会分工规律和制度安排决定的。在一定经济发展水平条件下，社会分工是既定的，这时某种制度安排将直接决定公共产权和私人产权范围，而制度安排的理性标准在于是否提高了产权经营效益和产权给社会带来的其他福利，这取决于产权界定成本与产权经营效益损失的对比变化，以及由此带来的个人和社会实际福利的变化。前文把我国现阶段公共经济范围、民间经济范围做了共性和个性范围的划分，便内含着现阶段我国制度安排的理性标准。

产权经济学认为，在存在交易费用的现实世界中，产权界定影响资源配置的效率，进而影响经济效率；清晰的产权有利于优化资源配置，提高

经济效益；产权界定的过程就是界定产权的交易费用和收益的比较过程，当界定产权的收益大于界定产权的交易费用时，产权就会被界定，反之，部分不能被界定为个人产权的价值就会进入“公共领域”，成为公共产权的一部分；另外，产权界定具有相对性和渐进性，随着技术和知识的变化，资产的部分未界定或已界定的可被重新界定，出现新一轮的产权界定，新一轮的产权界定同样是有成本的，只有重新界定产权的成本小于因此而得到的收益时，界定才会开始。

公共产权与私人产权的界定成本是不同的。私人产权在界定过程中要实现产权排他性，要明确该种产权主体的责、权、利的内容及其关系，还要在现实的社会、经济活动中去维护它，这一过程必然形成相应的成本，即产权界定成本。如果把一种产权当作公共产权，就意味着众多的特定产权主体共享这一产权，不需要在他们之间作排他性产权界定和区分，因而没有相应的产权界定成本，就存在产权界定成本的节约。这说明，在把一种产权当作公共产权还是私人产权来经营，存在产权界定成本的差别，而这种差别的总和就形成特定的产权制度。

当把一种产品当作一种私人产品提供，调整为当作公共物品提供时，即把一种产权从私人产权调整为公共产权的制度安排，产权制度就会发生变化，形成一种新的产权制度。在这种产权制度调整和形成新的制度安排过程中，必然会有产权界定成本，并且带来不同制度安排下产权界定成本的变化。以高速公路为例，如果该高速公路是私人提供，或政府主导下的融资提供，并是收费的，那它就是私人产权或带有部分私人产权的成分。每一个通过付费而进入该公路的人取得使用权，即一次使用该公路的权利。这个过程中，交费与收费程序就是产权界定成本的形成过程，交费是取得使用权的前提，取得使用权是交费的结果，使用该公路的权利成为一种服务性商品。如果该高速公路是由政府用税收收入建造，免费供车辆通行，则该高速公路就是公共产权，政府是其供给主体，每辆进入该高速公路的车都是该公有产权的享有主体。这个过程中，没有直接的交费与收费的过程，也就没有该方面的产权界定成本。当然，既然是政府用税收收入建造，从根本上说，作为纳税人的每个公民都是该公路的“出资者”。显然，作为公共产权的高速公路，因为公路的产权是公共享有的，人们都有平等的使用权，不需要区分谁有使用权谁没有使用权。这种把高速公路当作私人产权的制度安排与当作公共产权的制度安排，在产权界定成本的节约上是不同的，相应地可能是有不同经济效率的制度安排。

公共产权与私人产权的存在有其特定性——在一定生产力、经济发展水平条件下，在社会分工规律作用下，在一国经济发展的特定阶段，公共产权与私人产权应当有其特定的范围，否则，如果产权授予不适当的产权主体则会损害经济效率和社会公平。仍以高速公路为例，现阶段，我国正处于社会、经济转型高速发展阶段，促进经济发展，发展高速公路在内的基础设施建设带有优先性质，但在现阶段我国公共收入有限的情况下，单靠政府财政投入修筑高速公路，又是我国现有财力难以达到的，因此从效率原则出发，我国高速公路便具有混合物品的特点，其产权也具有了混合产权的特性，[①] 大部分高速公路的使用需要付费。显然，如果把高速公路作为纯公共物品，则损失效率，如把高速公路完全界定为私人物品，由于其投入巨大，同样也可能出现效率损失，而且有可能出现社会公平的损失。

可见，一些产权可在公共产权与私人产权之间转化。公共产权和私人产权可以基于经济发展水平、社会分工的变化、政治制度和政策以及排他技术、需求水平和市场秩序的变化而发生相互转化。如教育，“从中外历史来看，教育在有文字记载的历史上就曾经长期作为私人部门经营的一种民间经济存在”[②]，只是到了近现代，随着经济发展水平的提高和社会的需要，教育的公益性才逐渐增大。再如收费的高速公路体现的就是一种包括公共产权和私人产权的混合产权。而在收费高速公路出现之前，道路的通行权完全是公共产权。随着高速公路的出现和增多，部分公路产权由公共产权转化为私人产权，这一方面是市场对于高速公路的需求不断增多而其供应

①目前，我国高速公路的投入资金主要来源于四个方面：一是商业银行和政策性银行的贷款；二是中央财政收入，包括中央国债和专项资金；三是省市县的地方投入；四是外资和民间资本投资。

②齐守印．中国公共经济体制改革与公共经济学论纲［M］．北京：人民出版社，2002：326.

则相对短缺，这为其私营化运作提供了可能；另一方面则是高速公路封闭使用技术和收费技术的提高使较低的收费成本成为可能。然而，从交通公益性的属性和其正外部性来看，它应当属于公共产权，相应地应由政府承担运营责任。随着越来越大的高速通行需要的产生、政府公共财力的提高以及更为便捷高效的收费技术的出现，高速公路的通行权将越来越多地由私人产权转变为公共产权。

产权是由多种权能组成的权利束，这些权利束是可以分解组合的。公共产权和私人产权也可以基于产权权能的分解和再组合进行制度性转化，尤其对混合物品产权。在混合物品中，可以直接把它组合为一项公共产权和一项私人产权，也可以分解与组合为多项的并可以分别判定公共产权和私人产权两类的多个产权。政府公共部门完全可以结合现实经济发展状况，选择多种不同的产权分解和组合模式，或者说是多种不同的产权安排，以形成更有利于增进总体社会福利的产权经营格局。政府可以把一项私人产权附加在多项公共产权上，形成一项总体上的公共产权，由政府直接经营，也可以把部分公共产权与较多的私人产权组合在一起，交给私人企业经营。如政府提供的免费公共医疗服务，从某个角度看总体上是公共产权但附加了私人产权。①

在特定经济条件下，界定公共产权、私人产权是界定公共经济、民间经济的重要内容，同时也是优化公共经济与民间经济关系的应有之义。

（二）深化经济体制改革，建立现代产权制度

优化公共经济、民间经济及其关系就要针对我国公共经济、民间经济中存在的产权问题，以建立现代产权制度为目标，深化经济体制改革——深化公共经济体制改革和经济体制改革。

解决公共经济中存在的公共产权制度问题，第一，需要转变政府职能，完善公共经济体制。政府职能的行使过程就是政府向社会提供管理、服务社会这种公共物品的过程。既然我国政府责任存在缺位与越位并存的问题，

①袁义才．公共经济学新论［M］．北京：经济科学出版社，2007：98－101.

就要求政府根据国家、社会发展和公民、企业等经济主体的需要，合理、系统、科学地界定各级政府和政府各个部门应当承担的责任和作用范围，依法行政、合理行政、公开行政，在政府缺位的教育、医疗、社会保障等领域以及农村、老少边穷地区“补位”，在政府越位的政企不分、政资不分、政事不分等事项中“归位”。第二，对于公共产权供给主体上下左右责权不平衡，现阶段主要是改革财政管理体制，即按照公共性、市场化和引导性的原则和财权与事权相匹配的原则，合理、具体界定中央和地方各级财政的支出范围、负担比例；完善转移支付制度，努力实现地区间公共服务均等化；调整和优化支出结构，建立民生型、生态型、效益型财政；加强县乡财政管理，提高财政资金的使用效益。第三，加强公共经济产权监管和控制机制的效能，主要是：对财政支出注重安全性、合规性、有效性监管，进行追踪问效和监督评价；对财政收入，要突出非税收入的监管；要强化会计财务监督；完善财政内部监督制约机制和财政监督业务机制，尤其要逐步建立公共支出的绩效考评制度。

解决民间经济中的产权问题，我国学术界和改革实践中已经形成了较为系统和完整的理论，其核心就是要建立“归属清晰、权责明确、保护严格、流转顺畅”的现代产权制度。一要建立和完善企业法人制度。尤其对于国有企业来说，要使企业依法享有包括国家在内的出资者投资形成的全部法人财产权。依法自主经营、自负盈亏，依法享有民事权利。既要明晰国有资产出资人的责权利关系，也要明晰作为法人实体和市场主体的国有企业的责权利关系，还要明晰国有控股企业多元产权主体各自的责权利关系。使全部的法人财产独立承担民事责任，依法维护所有者的权益，实现企业财产不断增值。二要构建以产权制度关系为基础、资本为纽带的新型资产管理体制。解除行政隶属关系，建立出资人与法人平等的民事主体关系。国有资产管理机构掌握资本的价值形态，享有包括国家在内的出资者的所有权，即资产的受益、重大决策和选举管理者的权利，督促企业实现国有资本的保值增值，积极参与公司的分配并且获取收益。根据谁投资、谁所有的原则，依法规定理清产权属性。要切实维护国家、集体和个人各方权益，既要防止国有资产和集体资产流失，也要避免私人资产受损。三要依法保护各类合法产权，健全产权交易规则和监管制度，推动产权的有序流转，保障所有市场主体的平等法律地位和发展权利，维护所有者权益。这样，才能促使各类资本的流动和重组，增强企业和公众创业创新的动力，形成良好的信用基础和市场秩序。要树立制度制约比资源制约更为关键的观念。市场经济不是一种“自然秩序”，而是一种“制度秩序”。正是制度性的交易程序和规则，为交易行为提供了规范和实践标准，在这种制度约束下生成市场经济的“社会契约”。社会主义市场经济体制的建设和完善是进一步解放和发展先进生产力，全面建设小康社会的基本制度条件。深化经济体制改革，就要增强保证市场经济正常运行的制度供给的弹性，对所有制结构、财产关系、产权制度作适时的调整和变革，使之与社会主义市场经济的发展程度和要求相契合。四要完善公司的法人治理结构，健全保护产权的法律法规，依法保护各类产权不受侵犯。防止内部人控制，损害所有者权益。严格按照法律规定健全股东大会、董事会、监事会和经理层的运行机构，使权力机构、决策机构、监督机构和执行机构之间相互独立、权责明确、互相制约，从而实现有效制衡和良性互动机制，使出资者、经营者和生产者的积极性充分调动起来，同时使各自的利益都得到保障，但各自的行为又都受到约束。

（三）协调公共产权与私人产权的关系

从表面上看，公共物品与私人物品分别满足人们的公共需要和个人需要，二者无论是在内容上还是形式上都有质的区别，但从二者的产权关系上看，附于公共物品之上的公共产权与附于私人物品之上的私人产权之间，以及附于混合产品的公共产权与私人产权之间则存在着某种关联关系。为此，研究公共产权与私人产权之间的这种关联关系，有助于找到一种使公共产权与私人产权相互协调的运营的有效模式，从而为协调公共经济与民间经济关系提供产权保障。

公共产权的责权利关系与私人产权的责权利关系相互交织。在公共产权关系中，公共部门作为公共物品的供给者，负有组织供给各种公共物品的职责，因而拥有国家强制力，可无偿取得运营费用的权利，即可无偿占有公共资源的全部产权和私人产权的部分权能和权利，公共产权的享有主体与私人产权的主体，从最终结果来说是一致的，都是“个人”。在私人产权关系中，个人或企业享有全部或部分产权权能和权利，同时负有维护他人产权的责任和保证自己提供的私人物品质量的责任，并因享有公共物品而负有让渡自己部分产权权利的责任。实际上，公共产权与私人产权是一个交互的经纬网络，难以分割。

公共产权与私人产权的相互交织关系表现在混合物品中更为明显。从混合产品的整体产权中分解出来的各种产权，包括公共产权和私有产权，彼此之间必然存在着密切的关联关系。作为源于同一产品的产权，基于技术上的联系，它们就应该存在有一定的相互关联性。这种关联性主要体现在同一产品的公共产权与私人产权之间的相互补充与相互制约关系。以城市公共交通的提供为例，如果它完全由政府公共部门提供，可能由于公共部门在整体公共交通需求掌握上存在困难等原因，而不能提供优质的公共交通服务，所以需要通过产权分解的方法，区分其中的公共产权和私人产权，对其中的私人产权采取私人企业经营的方式，以最终提高城市公共交通服务的水平。如果城市公共交通由公共部门和私人企业共同提供，即把公共交通产权划分为公共产权和私人产权两部分，就是要研究和利用公共产权与私人产权之间的相互补充与相互制约关系。而这从整体上看，就是要形成一个把存在相互关联的公共产权和私人产权联合起来进行经营的格局，其中公共部门负责公共交通服务标准、价格的制订与管理等工作，私人企业则根据市民出行需要，安排公共交通线路和车辆等事务，以此来实现整个城市公共交通的有效运营，促进提高整个城市公共交通服务的水平。在这里企业所承担的私人产权部分，主要由市场供求来决定，而政府公共部门负责的公共产权，则主要是对公交企业的管理，它与企业经营管理状况密切关联。政府要安排多少资源到这种管理工作上，根本上说，政府部门提供公共产权到何种程度，就要根据公交企业的情况而定。如此就是市场需求决定公交企业的经营规模和水平，而公交企业的规模和水平，则决定相应的政府管理的状况；反过来，政府对公交企业的管理，又影响和制约公交企业的发展，而公交企业的发展最终影响公交服务的水平。[①]

既然公共产权与私人产权存在着这样的关联关系，我们在现实经济实践中，就要注重利用这种关系，促进公共经济与民间经济主体的相互组合，使之相互补充、共同发展，从而实现二者关系的优化。

①袁义才．公共经济学新论［M］．北京：经济科学出版社，2007：102.

第九章
寻求公共经济与民间经济共生、同进的生态位

公共经济与民间经济关系优化是一个涉及政治、经济、文化、社会和国际环境的系统性大问题。在公共经济与民间经济关系优化的循序渐进过程中，既需要从公共经济、民间经济内部各个要素着手，使其各在其位、各显其能、相互补充，组成一个优化的结构，又要从整体着眼，优化公共经济、民间经济的存在环境，即要从内外两个方面推进公共经济与民间经济关系的优化。

本章试图从营建发展环境的角度，分析公共经济、民间经济存在和发展的国际环境、制度环境、政治环境、文化环境、自然环境等，并加以整合、协调，以此推动公共经济和民间经济的关系走上帕累托改进的道路。

一、公共经济、民间经济与“生态位”以及经济发展环境

公共经济、民间经济都产生并服务于人们的生活、生产需要，二者在时间、空间、内容上有着不同的范围、功能，这正与“生态位”的概念一致，借用“生态位”的概念更有利于说明公共经济与民间经济的共生、同进的优化关系。

“生态位”（Ecological Niche）是指一个种群在生态系统中，在时间、空间上所占据的位置及其与相关种群之间的功能关系与作用。生态位可分为三种形态：反映动物在生物群落中的位置及其食物和天敌关系的功能生

态位；以结构和条件维持物种生存的最小分布单元的生境生态位；从空间和资源利用等方面考察的多维空间的超体积生态位。一个生态位有其宽度，即生态位的广度、大小，是指被一个生物所利用的各种不同资源的总和。在不同生态位之间的关系可分为基本重叠、部分重叠和完全分离三种关系，具体来说，生态位的关系可分为三个方面：一是竞争排斥。生态位相似的两种生物不能在同一地方永久共存，如果它们能够在同一地方生活，那么，其生态位相似必定是有限的，即在食性、栖息地或活动时间等某些方面有所不同。二是互补互利。不同物种个体之间的互惠关系，本质就在于生物生态位的功能之间的互补，通过本能的互补，物种在不同程度获利，或者得到保护，以防御捕食者和竞争者，或者得以更好地繁殖，或者得到良好的生存环境等。三是协同进化。物种之间以及物种和环境之间的关系可以是竞争，是互利，也可以是偏害的，许多物种之间的关系是一种相互作用、相互影响的关系，表现在一个物种的性状作为对另一个物种的性状的反应而进化，而后一物种的这一性状本身又作为前一物种性状的反应而进化，这种方式的进化称为协同进化。

对于公共经济、民间经济和生态位可做如下比拟：整个国民经济体系就是一个大的“生态系统”，这个系统之下存在着为数众多的以产业、行业、部门、产品、生产要素等标准划分的“生态位”。我们可以把公共经济和民间经济看作是两个大的生态位，当然在其内部还有众多小的生态位。那么，公共经济内部各生态位、民间经济内部各生态位以及公共经济与民间经济这两个大的生态位之间是什么关系呢？首先，一国国内的公共经济与民间经济有着共同的国际环境，即两大生态位与全球生态系统的关系。一般来说，一国国民经济与国际环境之间是互相联系、彼此作用的：国际环境通过影响一国经济的进出口而作用于该国经济；反过来，一国经济通过进出口也影响国际环境。从现实上看，一国国内的公共经济与民间经济在对外方面往往是保持一致的，公共经济会为民间经济的对外发展保驾护航。其次，一国国内的公共经济与民间经济之间的关系，就是两个大的生态位的关系：二者功能生态位不同，即满足的社会需求的性质不同；二者生境生态位不同，由于调节机制不同使二者存在的结构和条件差异巨大；二者作为超体积生态位，其生存空间和资源利用条件差异很大。虽有这些不同，但二者在生产资料和生活资料供给上则有大量的交叉重叠部分：公共物品的供给可由民间经济主体生产；特殊情况下私人物品的供给也可以由公共经济来完成；尤其是表现在混合物品的供给上，则是公共经济与民间经济合作完成。所以可以说公共经济与民间经济之间是竞争排斥、互补互利、协同共进的关系。公共经济、民间经济内部各产业、部门，甚至企业之间也是生态位之间的关系。

寻求公共经济与民间经济共生、同进的生态位，营建和谐环境，就是对二者在经济发展环境中各自存在和发展的生态位加以界定、定位、协调，以使其处于帕累托改进过程中。关于公共经济、民间经济二者的界定、定位已在前文第六章“合理划分公共经济与民间经济界区”、第八章“规范公共经济与民间经济产权关系”中论述，本部分则重点论述二者存在和发展的各种环境，即对二者发展的国际环境、制度环境、政治环境、文化环境和自然环境等外生变量加以整合、协调。

二、拓展我国经济的国际生态位空间，提高国际竞争力

在当今世界“地球村”的经济环境中，各国经济作为一个个“生态位”与其周围各国“生态位”之间普遍存在着竞争排斥、互补互利、协同进化的生态位关系，可以说整个世界就是由一个个“生态位”组成的地球系统，其中每一个国家的经济发展都离不开国际上的其他国家。发展我国公共经济与民间经济必须首先科学把握国际环境，使我国融入国际经济系统之中，处理好与其他“生态位”的关系，提高我国经济在世界范围内的核心竞争力。

考察世界各国经济发展历程，有一种现象值得我们深思。按照经典的经济增长理论，经济增长只是源于劳动、资本、技术等要素的投入。但“二战”后原本处于同一起跑线上的很多国家（如韩国、朝鲜，前东、西德

国）发展却有快有慢。深入分析这些国家的发展状况可以发现，发展较快的国家或地区，一方面能够更有效率地发挥其劳动力资源的作用，能够进行更多的资本投入，能够更好地进行技术创新；另一方面，它们都能够融入世界经济全球化的大的国际环境中，“生态位”关系处理较好，这是这些国家得以跳出低水平均衡陷阱而步入“快车道”的重要原因所在。

另外，世界经济格局中曾经一度出现过两种经济制度、两种经济运行方式并存的状态，但市场经济体制国家在比较发展中具有越来越明显的优势和越来越强的经济控制力与影响力。随着市场经济的发展，资本逐步超越一国的边界，在世界范围内配置资源，寻求更大的利益。由于国际经济交往的基本规则和国际分工的原则都是以市场经济为基础建立的，必然会对非市场经济规则和非市场经济国家形成强大的排斥力和同化力。一国经济想要融入其中，分享国际分工和国际经济交往的好处，避免不平等竞争和体制歧视，就必须使本国的经济制度向市场经济转轨，向国际规则靠拢。随着全球经济一体化进程的加速，国与国之间的联系日益紧密，一国经济不可能独立于世界经济体系之外，因此，如何较快、较好地融入世界经济体系就显得至关重要。而且，转轨过程越顺畅，与国际经济规则越符合，就越能够充分利用两个市场和两种资源，加快经济发展，否则就会遭到歧视，甚至被排斥在国际分工和交换之外，成为国际经济中的一座孤岛，这也是我国加快推进改革开放的外部压力和动力。

营建良好的国际经济环境是我国经济发展的必要条件。“经济发展环境是指围绕经济活动并足以影响经济活动的一切外部条件的总和。”① 对当今的国际环境我们可做如下概括：和平、发展、合作仍是时代潮流，世界多极化、经济全球化深入发展，世界经济政治格局出现新的变化，科技创新孕育新突破；同时，国际金融危机影响深远，世界经济增长速度减缓，全球需求结构出现明显变化，围绕市场、资源、人才、技术、标准等的竞争更加激烈，气候变化以及能源资源安全、粮食安全等全球性问题更加突出，各种形式的保护主义抬头。显然，国际环境总体上有利于我国和平发展，

①许崇正．民营经济发展与制度环境［M］．北京：中国经济出版社，2008：4.

但外部环境更加复杂。我们必须坚持以更广阔的视野，冷静观察，沉着应对，统筹国内国际两个大局，把握好在全球经济分工中的新定位，积极创造参与国际经济合作和竞争新优势。

首先，要善于利用国际环境中的一切积极因素。（1）利用好和平、发展、合作的国际大环境。21世纪以来，国际局势呈现和平、发展和合作的态势，我国周边和国际环境总体上对我国有利。在未来几十年间不排除局部的紧张、冲突甚至战争，但要和平、要发展应当仍是世界的主流，国家之间的竞争主要是综合国力的竞争。尽管美国称霸世界的野心不死，但随着美国等西方传统强国经济的相对衰落和新兴国家、发展中国家发展加速，国际格局中多种国际力量对比正逐渐朝着相对均衡方向发展。在相当长的一个时期内，我国有可能争取到一个和平发展的大环境，这是一个战略性的大判断。我们应当充分利用这个战略机遇期。当然我们也要力图创造和维持这个发展机遇，对妨碍世界和平的行为进行坚决斗争，以斗争求和平，而不以妥协求和平。（2）经济全球化和我国加入WTO，为我国带来了广泛参与国际分工、合作及利用境外资源和市场的新的机遇。经济全球化是指跨国商品与服务贸易及资本流动规模和形式的增加，以及技术的广泛迅速传播使世界各国经济的相互依赖性增强。正如马克思在《共产党宣言》中所指出："由于开拓了世界市场，使一切国家的生产和消费都成了世界性的了……过去那种地方的和民族的自给自足和闭关自守状态，被各民族的各方面的相互往来和各方面的相互依赖所代替了。物质的生产是如此，精神的生产也是如此。"[①] 全球化已经并且还将给人类社会带来巨大而深远的影响。我国正处这个世界性历史趋势之中。随着世界整体性和开放性的加强，我国通过加入WTO，并在其中发挥重大作用，积极参与全球化进程，我们有可能利用全球的资金、技术、资源和市场，扩大中华民族与世界各族人民之间的政治、经济、文化、科技等各方面的交往，不断从不同民族和不同文化中汲取有益的养分，实现自身的跨越式发展和中华民族的振兴与繁荣。（3）要充分把握以能源、材料、信息与生物为核心的新科技革命的历

①马克思恩格斯选集（第1卷）［M］．北京：人民出版社，1995：276.

史机遇。新科技革命将引领人类进入绿色、智能和可持续发展的新时代，催生战略性新兴产业，推动全球产业结构的新变革，从而为生产力发展打开新的空间。我们必须紧紧抓住新一轮世界科技革命带来的战略机遇，更加注重自主创新，谋求经济长远发展主动权，形成长远竞争优势，为加快经济发展方式转变提供强有力的科技支撑。发展战略性新兴产业是我们立足当前、渡过难关、着眼长远、提升水平的重大战略选择。面对新形势、新挑战、新机遇，中国必须大力提升科技创新能力，在新科技革命和国际科技经济竞争中，赢得先机、占据主动，实现跨越发展。

其次，实行更加积极主动的开放战略。实行更加积极主动的开放战略，是我国发展新形势的要求。经过 30 多年的改革开放和持续增长，我国经济总量和人均收入显著增加，产业竞争力和整体经济实力大大增强。与此同时，我国原有的比较优势正在改变，主要靠劳动力低成本和要素投入增长支撑的发展模式难以长期为继。这些变化对开放提出了新的要求。从根本上说，就是要通过继续扩大开放，更大程度上在全国范围内优化资源配置，更有效地利用“两个市场”、“两种资源”，提升我国参与国际合作与竞争的能力。另外，2008 年的全球金融危机，在给我国经济带来重大冲击的同时，也为我国经济全球化水平的提高提供了机遇，我国应着力推进以商品和服务国际贸易为标志的市场全球化、以跨国投资为标志的制造全球化和以知识、技术、人才跨境流动为标志的科技全球化。实施更加积极主动的开放战略，就要拓展新的开放领域和空间，包括提高制造业和农业在全球产业分工中的地位，尽快形成一批有较强国际竞争力的高端产业，更加重视进口对宏观经济平衡和结构调整的重要作用，稳步放开教育、医疗、体育等领域。实施更加积极主动的开放战略，就要加快实施“走出去”战略，就要促使我们民间经济主体按照市场导向和企业自主决策原则到境外投资合作，发展海外工程承包，扩大农业国际合作，深化国际能源资源互利合作，并提高国际化经营水平，有效防范各类风险，能够在海外市场上长期生存和持续发展。实施更加积极主动的开放战略，就要继续以开放促发展、促改革、促创新，即以开放促使我国依法行政、公开透明、减少审批、企业改革等，加快完善适应发展开放型经济要求的体制机制。实施更加积极的开放战略，要求积极参与全球经济治理和区域合作，即要积极推动国际经济体系改革，继续深化多边双边经贸合作，创造更多的互利共赢空间，为我们自身的发展创造可持续的良好外部环境，同时，要不断完善宏观调控体系，健全风险防范体系，切实维护对外开放条件下的国家经济安全。

最后，加快培育新优势，促进出口结构转型升级。当前我国总体上处于国际分工价值链中低端，技术含量和附加值较高的出口商品比重较低，这必然引起我国在对外贸易中的相应问题：出口增长主要靠要素投入的不断增长，劳动生产率提升缓慢；出口总额中制造品所占比重高、服务出口所占比重低；出口商品的竞争力主要来自低成本劳动力，贸易利益相对较少。因而，加快培育以技术、品牌、质量、服务为核心竞争力的新优势，促进出口结构转型升级变得非常重要。促进出口结构转型升级要注意以下几个方面：一是要优化商品结构，在稳定传统优势产品出口的同时，培育一批拥有自主知识产权、自主品牌和高技术含量、高附加值、高效益的出口产品，提高出口质量和效益。二是要优化企业结构，促进大企业进一步增强活力和动力，提高创新能力，形成一批按市场规则运行的国际化大企业，从数量和价格竞争转向质量和品牌竞争；同时，要继续鼓励发展中小企业，突出专、精、深的特点，适应国际市场多元化的竞争要求。三是要优化市场结构，在巩固传统出口市场的同时，开拓新兴市场，特别是拓展拉美、中东欧、东南亚及我国周边市场。四是要优化加工贸易，结构，引导加工贸易，延长国内增值链，提高附加值和盈利水平，对资源能源消耗高和污染环境的加工贸易项目要严格限制和禁止。五是要以对外投资带动出口和提升结构。

三、创建规范、高效的制度环境

新制度经济学认为，制度是一个社会的游戏规则，包括正式制度（法律、规章、正式契约等）和非正式制度（道德伦理、传统文化、习俗等）。

由正式制度和非正式制度形成的影响经济变化的各种规范即为经济发展的制度环境。公共经济、民间经济存在的制度环境是指与经济相联系的由法律、法规和习俗形成的各种规范的总和。制度环境是公共经济、民间经济活动的直接依据和行为规范，对于经济活动有着决定意义。①

（一）我国现阶段制度环境的主要内容

我国当前的制度环境主要包括以下三个方面。

从社会形态上看，我国属于目前人类最高阶段的社会主义制度，它具有发展、解放生产力的巨大潜能，但其现实的生产力整体水平与发达国家相比还较低，且发展不平衡，这也正是我国公共经济、民间经济矛盾和问题产生的根本原因所在。

我国的政治制度主要包括人民民主专政、人民代表大会制度、中国共产党领导的多党合作和政治协商制度、民族区域自治制度以及基层群众自治制度等，这些民主制度维护和巩固着我国当前公共经济、民间经济“为人民、促进步”的本质目的，是优化公共经济与民间经济关系的根本政治制度保障，直接决定着政府调控机制的运行，间接影响着市场调控机制的运行。

与公共经济、民间经济存在融合在一起的是当前的经济制度，包括所有制、分配制度、产权制度、公司制度、金融制度、财税制度等，也包括在这些制度基础上形成的经济体制和经济运行机制等。这些经济制度是当前公共经济、民间经济关系需要优化的直接原因，同时也是优化的起点和基础。优化公共经济与民间经济的关系，实质上就是对这些经济制度加以改革和改进，形成更为规范、公平、有效的制度规范。在以上制度之外，还包括家庭制度、文化制度、风俗习惯等，它们都在各自的领域影响着经济活动。

①关于制度与经济活动的关系在本书第二章“经济的含义”中有较为详细的论述。

（二）完善公共经济、民间经济发展的经济制度环境

完善公共经济、民间经济发展的经济制度环境主要包括：（1）完善以公有制为主体、多种所有制经济共同发展的基本经济制度。这一基本经济制度是由我国社会主义初级阶段的国情决定的。这也是我国公共经济与民间经济的定位、范围、运行的基本依据。它决定了公有资产要在社会总资产中占优势，国有经济要控制国民经济命脉，对经济发展起主导作用。公有制经济的壮大即是国民经济（公共经济与民间经济）总量的增加，这一方面有利于公共经济汲取更多的公共收入以提高整个社会的公共福利——公共经济中的经营性部分绝大部分就是公有制经济形式；另一方面，也有利于民间经济发展。在我国，公有制经济很大一部分在提供着私人物品。随着公有制实现形式的多样化，公共经济与民间经济在资金、产品供给方面的交叉重叠部分不断增多。我国个体、私营、“三资”等各种非公有制经济是社会主义市场经济的重要组成部分，它们绝大多数存在于民间经济之中，是公共收入的重要来源，必须毫不动摇地鼓励、支持和引导非公有制经济发展。营造各种所有制经济依法平等使用生产要素、公平参与市场竞争、同等受到法律保护的体制环境。（2）完善按劳分配为主体、多种分配形式并存的基本分配制度，这是我国基本经济制度、所有制结构以及社会主义市场经济的要求。这一分配制度要求劳动、资本、技术和管理等生产要素按贡献参与分配，初次分配和再分配都要处理好效率与公平的关系，再分配更加注重公平。公共收入与支出完全处于再分配领域，这就决定了公共经济在维护公平方面的重要作用，同时，承认生产要素参与分配也是对民间经济中分配关系的认可和拓展。（3）建立现代企业制度。现代企业制度主要指公司制，这是发展社会化大生产和市场经济的必然要求，是经营性公共经济与民间经济健康、高效发展的必然选择，是我国各种企业形式改革发展的共同方向。现阶段，我国建立现代企业制度主要克服的问题是国有企业的政企不分、家族制企业的产权问题以及企业市场环境的构建问题。国有企业公司制改革重点是要建立各负其责、协调运转、有效制衡

的公司法人治理机构。（4）完善社会主义市场经济，建立和健全现代产权制度。这是克服计划经济弊端，激发市场经济活力的必然选择。无论对公共经济还是民间经济都具有重要的作用和意义。前文已有论述，不再赘述。

（三）构建公共经济运行的特殊制度环境

公共经济运行的特殊制度环境主要就是规范与公共经济存在和发展相关的公共经济体制、政治体制、金融体制、社会事业体制等构成的体制环境。

构建公共经济优化运行的特殊制度环境，应从以下几个方面着手：第一，加快推进政治体制改革。随着我国经济体制改革的不断深入和细化，加快政治体制改革已成为我国经济社会发展的必然选择。现阶段政治体制改革的主要内容包括：加快建设法治政府和服务型政府；深化行政审批制度改革；加快推进政企分开，减少政府对微观经济活动的干预；坚定推进大部门制改革，探索省直管县体制；完善政府绩效评估制度。第二，完善公共经济决策体制。加强各级人民代表大会在公共决策制定、监督方面的作用，加强社会组织、公民对公共决策监督、评价方面的作用，提高社会听证制度、决策咨询制度等在公共决策中的作用，从而提高决策的科学化、民主化、法治化，增强公共政策制定的透明度和公众参与度，提高公共决策的公信力。第三，财税体制改革方面，主要是依据事权与财力相匹配的原则，理顺各级政府间财税分配关系；完善转移支付制度，增加一般性转移支付的规模和比例；完善预算编制和执行管理制度，提高预算完整性和透明度；改革和完善税收制度；完善有利于产业结构升级和服务业发展的税收政策；逐步建立健全综合和分类相结合的个人所得税制度；继续推进费改税，全面改革资源税，开征环境保护税，研究推进房地产税改革。第四，金融体制改革须进一步深化，主要是构建逆周期的金融宏观审慎管理制度框架；稳步推进利率市场化改革和有管理的浮动汇率制度；加强金融监管协调，建立健全系统性金融风险防范预警体系和处置机制；改进外汇储备经营管理，逐步实现人民币资本项目可兑换；深化政策性银行体制改革；健全国有金融资产管理体制和地方政府金融管理体制。第五，加快社会事业体制改革，主要是积极稳妥地推进科技、教育、文化、卫生、体育等事业单位分类改革；改革基本公共服务提供方式，引入竞争机制，扩大购买服务；推进非基本公共服务市场化改革；培育扶持和依法管理社会组织，支持、引导其参与社会管理和服务。

（四）构建民间经济运行的特殊制度环境

民间经济运行的特殊制度环境主要就是市场经济制度以及在此基础上形成的市场经济体制。

结合我国民间经济发展的障碍，构建民间经济运行的制度环境，主要是对内开放，营建民营经济的市场准入制度环境。党的十六大报告第一次明确提出："放宽国内民间资本的市场准入领域，在投资、税收、土地使用和对外贸易的方面采取措施，实现公平竞争。"当前我国民间资本十分雄厚，但由于市场准入方面的限制，它不能通畅地进入投资领域，造成了一方面资金短缺成了经济发展的瓶颈，另一方面巨额民间资金被束之高阁，只能进入储蓄、股市、房地产等有限的几个领域，以至于"炒房"、"炒股"、"炒汇率"等给我国经济带来极大的不稳定。现阶段，扩大市场准入包括三个方面：一是放开尚未对民间资本开放的投资领域，如电力、国有石化、铁路、民航、金融、电信、旅游、劳务输出、服务和技术贸易的进出口等（这些混合物品需要公共经济与民间经济共同参与供给）。二是适当降低市场准入条件，减少行政许可审批，如公司的注册资金要求、无形资产在注册资本中的比例要求、经营方式和经营方式的核定，对无关国计民生的一些行政许可的取消（这些条件妨碍了民间经济的创造活力的发挥）。三是国家对民间经济在投融资政策、产业政策、优惠政策和配套服务上要一视同仁，平等竞争，消除市场准入的歧视性政策。在我国现有经济条件下，一些公共物品，即使是纯公共物品，由于各种条件的限制，完全由公共经济予以补足供给往往是不现实的。例如，对于保障经济发展的基础设施建设就应当引入民间经济。农村、城市现有设施已不能满足人们当前和进一步发展的需要，但单独依靠财政支出又显得捉襟见肘。基础设施建设的巨大资金缺口决定了仅靠政府资金无法满足投资需要，所以在公共物品供给中引入民间经济资本是必需的也是可行的。但让民间经济资本进入基础设施领域，不仅存在着严重的认为基础设施属于自然垄断行业、民间资本进入会带来市场失灵的传统观念障碍，而且民间经济进入基础设施还存在着众多显性和隐性壁垒。显性壁垒如电力、公路、通信、市政设施、教育、文化、卫生等一些公共事业尚未对民间经济完全开放，融资难、政府信用不高的问题；隐性壁垒如民间资本投资城市基础设施虽已不存在来自中央行政的市场准入障碍，但仍需中央审批部门“核准”的城建项目包括新建机场、燃煤热电厂、城市快速轨道交通、大型主题公园等，针对的都是项目类型而不是资本类型。

四、营建优良的政治环境、文化环境和自然环境

我国公共经济、民间经济关系的优化还要注重政治环境、文化环境和自然环境的构建。

公共经济、民间经济的政治环境是指与经济相联系由政治制度所规范的各种政治现象、条件的总和，包括一个国家的国体、政体、阶级、政党、民族、宗教、法律、意识形态以及国家之间的关系等。唯物史观认为，经济决定政治。从长期来看，政治现象的产生、性质、变化从根本上由经济决定的，但在特定条件下政治对经济也具有决定意义（如社会主义制度就是现有无产阶级专政的政治才有社会主义公有制的经济；再如，历史上，在一些实行中央集权的专制国家，政治的清明程度往往决定经济的发展速度和水平；当前朝鲜的“先军政治”同样可以说明这一观点）。我国的政治环境包括上述的主要政治制度，另外，诸如还包括马克思主义的意识形态、各个领域的法律制度、社会收入差距的拉大、台湾的分治状态、中国和平崛起的国际环境等。整体上看，我国当前的政治环境对于公共经济、民间经济关系的优化是非常积极的，这一点毋庸置疑。但由于计划经济体制下

政府调控机制的惯性、政府职能转变的长期性、政治体制改革的滞后性以及国际经济发展的诸多不确定性，致使当前的政治环境中还有部分环节不利于政府调控机制的健康运行和市场机制的高效运转，对这些环节有必要进行改革和优化。

公共经济、民间经济的文化环境是指与经济相联系的由特定的价值观念、行为方式、伦理道德规范、审美观念、宗教信仰以及风俗习惯等内容构成的文化传统的总和。文化环境影响和制约着人们的经济观念、需要欲望及特点、购买行为和生活方式等，是影响经济最复杂、最深刻的因素。我国当前的文化环境主要包括社会主义核心价值观（包括坚持马克思主义指导思想、中国特色社会主义共同理想、以爱国主义为核心的民族精神和以改革创新为核心的时代精神和坚持社会主义荣辱观）；以儒学为主兼具道、法等其他学派的传统文化；西方自由主义思潮；民族主义思潮等。改革开放以来，我国的文化领域以主流文化为中心，呈现了百家争鸣的状态，人们的思想受到各种文化的冲击。这反映在经济建设过程中，有的从政者坚持全心全意为人民服务、鞠躬尽瘁；有的则为了升官发财、腐败堕落；有的市场主体诚实守信、遵纪守法，有的则见利忘义、违法乱纪。我国当前的这种文化环境对公共经济与民间经济关系的优化从根本上讲具有积极意义，但必须扫清文化环境中的糟粕才更有利于二者的优化。

自然环境提供社会生产和生活资料的来源，影响生产部门的布局、产业结构的调整及其发展方向。我国国土辽阔、自然资源丰富、气候条件复杂、地区自然条件差别较大，这为我国经济发展提供了丰富的资源条件，是我国经济发展的物质依赖。另一方面，我国经济三十多年的快速增长过程中，资源利用率不高、环境污染严重，当前优化公共经济、民间经济关系不得不考虑这一负面因素，增加公共经济在环保方面的投入。自然环境对于公共经济、民间经济在地域、产业等方面的布局具有一定影响，但这种影响限于作为一种客观性的前提，要经济主体因地制宜地发展公共经济、民间经济，而人为的主观调整较少。

以上国际环境、制度环境、政治环境、文化环境和自然环境是一个系统的整体，这个整体以优化当代中国公共经济与民间经济关系为目标，统一在一起。拓展和利用国际环境是提升中国公共经济与民间经济总量、质量、整体实力、内部结构的重要手段和外部动力；良好的制度环境是公共经济、民间经济赖以运行和优化的总体规范和内部动力；政治环境和文化环境为公共经济、民间经济的优化提供智力支持和精神动力；自然环境则是公共经济、民间经济发展的物质条件。对于我国公共经济、民间经济发展和关系优化来说，这五大环境相互支持、不可分割。

结 论

处在上升和转型中的中国经济面临着诸多矛盾和问题，解决这些矛盾和问题需要有长远和全面的战略思维。显然，优化公共经济、民间经济及其关系，使之达到协调、均衡的“帕累托状态”，进而实现包容性增长，是中国经济、政治、社会、民生建设的迫切需要。

本书通过对公共经济、民间经济概念、特征、功能及二者逻辑关系的分析、阐述，从公共经济与民间经济的历史演进角度考察二者关系，然后从当前中国公共经济、民间经济及其关系的实际出发——公共经济失位与失衡，民间经济面临自身和环境的双重约束以及二者之间模糊、错位、失衡等，提出了优化公共经济、民间经济内部及其二者之间的关系的战略选择：定位发展空间，合理划分二者界区；完善调整机制，建立完善、高效、科学的混合经济体制；规范产权关系，建立现代产权制度；营建发展环境，寻求公共经济与民间经济互补、共进的生态位。

由于公共经济与民间经济关系的优化是个“大问题”，涉及国际和国内各个方面，并触及政治、经济、文化、社会等各个层面，因此，本书的研究难免有欠周详，尤其是对第一手材料的掌握不够充足，这就造成本书侧重理论性研究而实证性研究不足，强调战略性研究而战术性研究不足，抽象性研究多而具体操作性设计还不够的特点。有鉴于此，本书虽“曲终”但“人还不能散”，这个问题仍待进一步研究，其主要方向是实证性、战术性、操作性的研究。

参考文献

一、马克思主义经典著作

[1] 马克思恩格斯选集（第 1—4 卷）［M］. 北京：人民出版社，1973、1995.

[2] 马克思恩格斯全集（第 1、3、4、7、23、25、26、46、48 卷）［M］. 北京：人民出版社，1958、1959、1972、1974、1975、1980、1982、1985、1995.

[3] 马克思. 资本论［M］. 北京：人民出版社，1975.

[4] 恩格斯. 家庭、私有制和国家的起源［M］. 北京：人民出版社，1972.

[5] 恩格斯. 自然辩证法［M］. 北京：人民出版社，1971.

[6] 列宁选集（第 1—4 卷）［M］. 北京：人民出版社，1972.

[7] 列宁. 俄国资本主义的发展［M］. 曹葆华，译. 北京：人民出版社，1953.

[8] 毛泽东著作选读：上下册［M］. 北京：人民出版社，1986.

[9] 邓小平文选（第 1—3 卷）［M］. 北京：人民出版社，1993.

二、国内学者著作

[1] 齐守印. 中国公共经济体制改革与公共经济学论纲［M］. 北京：人民出版社，2002.

[2] 齐守印. 科学理财与理性从政［M］. 北京：中国财政经济出版

社，2008.

[3] 齐守印．构建现代公共财政体系的河北探索与实践［M］．石家庄：河北人民出版社，2010.

[4] 韩　康．中国公共经济的改革与发展——中国公共经济研究报告 2009［M］．北京：经济科学出版社，2009.

[5] 汪段泳．民营经济论文精品选·总序［C］．北京：北京大学出版社，2007.

[6] 黄恒学．公共经济学［M］．北京：北京大学出版社，2009.

[7] 张　馨．比较财政学教程［M］．北京：中国人民大学出版社，2004.

[8] 朱柏铭．公共经济学［M］．杭州：浙江大学出版社，2002.

[9] 白景明．经济全书·公共经济［M］．北京：人民出版社，1994.

[10] 董登新．现代财政与金融［M］．武汉：华中理工大学出版社，1995.

[11] 邓晓兰．财政学［M］．西安：西安交通大学出版社，2007.

[12] 王茂林．中国经济社会发展新思考［M］．北京：中国时代经济出版社，2007.

[13] 高洪深．经济系统分析［M］．北京：清华大学出版社，2007.

[14] 高培勇．公共经济学［M］．北京：中国人民大学出版社，2004.

[15] 章福宁，高祥钧．财政与税收［M］．武汉：武汉出版社，1998.

[16] 张九州．中国经济史概论［M］．开封：河南大学出版社，2007.

[17] 郭文涛．中国农业科技发展史略［M］．北京：中国科学技术出版社，1988.

[18] 陈　峰．清代盐政与盐税［M］．郑州：中州古籍出版社，1988.

[19] 李邢西，罗雄飞，刘亚玫．新编世界经济史（上）．世界中世纪经济史［M］．北京：中国国际广播出版社，1996.

[20] 刘克祥，陈争平．中国近代经济史简编［M］．杭州：浙江人民出版社，1999.

[21] 陈　真．中国近代工业史资料（第 3 册）［M］．上海：三联书

店，1961.

[22] 杨荫溥．民国财政史［M］．北京：中国财政经济出版社，1985.

[23] 罗家伦．革命文献（第22辑）［M］．台北市：正中书局．

[24] 吴承明．中国的现代工业：市场与社会［M］．上海：三联书店，2001.

[25] 曹现强．市政公用事业改革与监管研究［M］．北京：中国财政经济出版社，2009.

[26] 张世贤．西方经济思想史［M］．北京：经济管理出版社，2009.

[27] 李炳炎．中国经济大变革——从产品经济走向市场经济的理论分析［M］．北京：中国财政经济出版社，2000.

[28] 朱延福．市场经济国家中的计划［M］．北京：人民出版社，1996.

[29] 王延杰．中国公共经济理论与实践［M］．北京：中国财政经济出版社，2004.

[30] 叶振鹏．中国财经理论与政策研究［M］．北京：经济科学出版社，2003.

[31] 周太和．当代中国的经济体制改革［M］．北京：中国社会科学出版社，1984.

[32] 董锁成．中国百年资源、环境与发展报告：1950－2050年资源、环境与经济演变和对策［M］．武汉：湖北科学技术出版社，2002.

[33] 华　民．西方混合经济体制研究［M］．上海：复旦大学出版社，1995.

[34] 刘　伟，李风圣．产权通论［M］．北京：北京出版社，1998.

[35] 龚明聪．中国公共支出规模增长研究［D］．厦门：厦门大学，2009.

[36] 袁义才．公共经济学新论［M］．北京：经济科学出版社，2007.

[37] 许崇正．民营经济发展与制度环境［M］．北京：中国经济出版社，2008.

[38] 李文良．中国政府职能转变问题报告［M］．北京：中国发展出版社，2003.

[39] 北京师范大学经济与资源管理研究院．《2010 中国市场经济发展报告》［M］．北京：北京师范大学出版社，2010.

[40] 贾　康．财政本质与财政调控［M］．北京：经济科学出版社，1998.

[41] 单忠东．民营经济三十年——思考与展望［M］．北京：经济科学出版社，2009.

[42] 谢小军．民营企业产权制度创新研究［M］．长沙：湖南大学出版社，2007.

[43] 陈天宝．农村产权制度改革［M］．北京：中国社会出版社，2008.

[44] 李国荣，彭松建．民营经济概论［M］．北京：北京大学出版社，2008.

[45] 严汉平．国有经济边界及战略调整［M］．北京：中国经济出版社，2007.

[46] 葛　扬．经济转型期公有产权制度的演化与解释［M］．北京：人民出版社，2009.

[47] 樊勇明．公共经济学导引与案例［M］．上海：复旦大学出版社，2003.

[48] 杨　龙．公共经济学案例分析［M］．天津：南开大学出版社，2007.

[49] 贾海彦．公共品供给中的政府经济行为分析［M］．北京：经济科学出版社，2008.

[50] 樊丽明，石绍斌．新农村建设中的公共品供需均衡研究［M］．北京：中国财政经济出版社，2008.

[51] 赵德馨．中国经济通史［M］．长沙：湖南人民出版社，2002.

[52] 国家统计局．中国统计年鉴（1978—2010 年）［M］．北京：中国

统计出版社，2010.

[53] 项怀诚．中国财政通史［M］．北京：中国财政经济出版社，2006.

[54] 李　燕．公共支出分析教程［M］．北京：北京大学出版社，2010.

[55] 王玉华．中国财政支出结构调整与优化［M］．上海：上海三联书店，2009.

[56] 杨仁忠．公共领域论［M］．北京：人民出版社，2008.

[57] 刘永佶．劳动社会主义［M］．郑州：河南人民出版社，1993.

[58] 郎咸平．郎咸平说全集［M］．北京：东方出版社，2009.

[59] 张　通．中国公共支出管理与改革［M］．北京：经济科学出版社，2010.

[60] 马立行．中国国有企业产权制度改革研究［M］．上海：上海社会科学院出版社，2010.

三、国外学者著作

[1]［英］亚当·斯密．国民财富的性质和原因的研究（下卷）[M]．北京：商务印书馆，1972.

[2]［古希腊］色诺芬．经济论雅典的收入［M］．张伯键，陆大年，译．北京：商务印书馆，1961.

[3]［古希腊］古希腊教育论著选［C］．北京：人民教育出版社，1994.

[4]［古希腊］亚里士多德．政治学［M］．吴寿彭，译．北京：商务印书馆，1965.

[5]［法］西斯蒙第．政治经济学新原理［M］．北京：商务印书馆，1983.

[6]［日］坂入长太郎．欧美财政思想史［M］．北京：中国财政经济出版社，1987.

[7]［美］布坎南，马斯格雷夫．公共财政与公共选择：两种截然不同

的国家观［M］．北京：中国财政经济出版社，2000.

［8］［英］彼得·蒙德尔．经济学解说［M］．北京：经济科学出版社，2000.

［9］新帕尔格雷夫经济学大辞典［M］．北京：经济科学出版社，1996.

［10］［英］彼德·M. 杰克逊．公共部门经济学前沿问题［M］．郭庆旺，等，译．北京：中国税务出版社，北京腾图电子出版社，2000.

［11］［法］J. 杜丹．古代世界的经济生活［M］．北京：商务印书馆，1963.

［12］［美］雷麦．外国在华投资［M］．蒋学楷，等，译．北京：商务印书馆，1962.

［13］［美］詹姆斯·M. 布坎南．公共物品的需求与供给［M］．马珺，译．上海：上海人民出版社，2009.

［14］［英］约翰·斯图亚特·穆勒．政治经济学原理及其若干对社会哲学的应用［M］．上海：世界书局，1936.

［15］［美］阿兰·C. 格鲁奇．比较经济制度［M］．北京：中国社会科学出版社，1985.

［16］［美］埃岗·纽伯格，威廉·达菲．比较经济体制——从决策角度进行的比较［M］．北京：商务印书馆，1985.

［17］［美］保罗·A. 萨缪尔森，威廉·D. 诺德豪斯．经济学（第12版）［M］．胡代光，等，译．北京：中国发展出版社，1992.

［18］［美］罗伯特·吉尔平．国际政治经济［M］．北京：经济科学出版社，1989.

［19］［美］塞缪尔·P. 亨廷顿．变革社会中的政治秩序［M］．王冠华，等，译．上海：三联书店出版，1989.

［20］［美］加布里埃尔·A. 阿尔蒙德，等，著．比较政治学［M］．曹沛霖，等，译．上海：上海译文出版社，1987.

［21］［美］约瑟夫·E. 斯蒂格利茨，卡尔·E. 沃尔升．经济学（上、

下卷）［M］．北京：中国人民大学出版社，2010.

［22］［英］约翰·亚当斯，王德章，阿利斯泰尔·杨，宋德军．公共经济学——理论、论据和案例研究［M］．北京：科学出版社，2010.

［23］［美］马斯格雷夫．公共经济学手册（第一卷）［M］．北京：经济科学出版社，2005.

［24］［美］阿特金森，斯蒂格利茨．公共经济学［M］．上海：上海人民出版社，1994.

［25］［美］詹姆斯·M. 布坎南．自由、市场与国家［M］．北京：北京经济学院出版社，1988.

［26］［美］丹尼斯·C. 缪勒．公共选择理论［M］．北京：中国社会科学出版社，1999.

［27］［美］卢瑟尔·S. 索贝尔，等．经济学：私人与公共选择［M］．王茂斌，等，译．北京：机械工业出版社，2009.

［28］［美］C. V. 布朗，P. M. 杰克逊．公共部门经济学［M］．北京：中国人民大学出版社，2004.

［29］［美］马克斯·韦伯．世界经济通史［M］．上海：上海译文出版社，1981.

四、中文报刊

［1］温家宝．2010 年政府工作报告［N］．人民日报，2010－03－16.

［2］吴敬琏．警惕权贵资本主义［N］．北京青年报，2001－03－04.

［3］薛维军，梁　枢．建立中国公共经济学的四大难题［N］．光明日报，2003－06－19.

［4］樊继达．公共经济思想的演进与当代中国转型［N］．学习时报，2007－01－01（6）．

［5］杨志勇．公共经济学的前沿问题［N］．人民日报，2005－03－25（15）．

［6］迟福林．公共服务制度改革与创新［N］．经济参考报，2004－

05－09.

[7] 罗福群．重视和解决社会保障中存在的问题 [N]．羊城晚报，2005－04－14.

[8] 齐守印．公共经济责权在各级国家机构之间的纵向配置 [J]．财政研究，2002 (4)．

[9] 齐守印．论公共经济的分工规律与中国公共经济体制改革 [J]．财政研究，2006 (6)．

[10] 齐守印．论我国财政收入权纵向配置格局的调整 [J]．河北学刊，2004 (1)．

[11] 齐守印．论公共经济学与马克思主义的相容性 [J]．理论视野，2002 (4)．

[12] 齐守印．论公共经济活动范围的合理界定 [J]．西北农林科技大学学报（社科版），2004 (3)．

[13] 许廷星．对当前财政理论问题的若干探讨 [J]．财经科学，1995 (1)．

[14] 常修泽．垄断行业改革必须树立“公共利益至上论” [J]．人民论坛，2009 (19)．

[15] 李晓嘉．中国财政支出地区差异的问题研究 [J]．经济研究导刊，2010 (27)．

[16] 董瑞华，胡德平．中国公共经济学研究的马克思主义视野 [J]．当代经济研究，2007.

[17] 曹　新．马克思关于宏观调控的思想及其现实意义 [J]．学习与探索，1994 (6)．

[18] 黄乐桢．企业应承担的八大社会责任——专访全国政协常委、国务院参事任玉岭 [J]．中国经济周刊，2005.

[19] 周其仁．中国农村改革：国家和所有权关系的变化 [J]．中国社会科学季刊，1994（夏季卷）．

[20] 曾学文．中国市场化指数的测度与评价：1978－2008 [J]．中国

延安干部学院学报，2010（7）.

[21] 谢旭人. 坚定不移深化财税体制改革 [J]. 求是，2010（7）.

[22] 鄢　奋. 马克思公共物品思想解读 [J]. 中共福建省委党校学报，2009（9）.

[23] 马尔·菲尔德斯坦. 公共经济学研究的变化：1979—2000 [J]. 财经论丛，2002（6）.

[24] 钟文娜. 公共经济学中关于公共产品定义的文献综述 [J]. 时代教育，2008（9）.

[25] 陈　龙，于晓彦. 中国公共经济学的发展和未来 [J]. 中共天津市委党校学报，2007（3）.

[26] 甘行琼. 公共经济与私人经济的比较分析 [J]. 财政研究，2004（2）.

[27] 陈志楣. 论公共经济存在的依据 [J]. 中国特色社会主义研究，2008（4）.

五、外文著作

[1] Brown. C. V. and P. M. Jackson. Public Sector Economics [M]. Oxford: Martin Robertson, 1988.

[2] William Vickrey. Public Economics [M]. Cambridge: Cambridge University Press, 1994.

[3] Joseph E. Stiglitz. Economics of Public Sector, Second Edition [M]. Harvard: Harvard University Press, 1988.

后 记

逝者如此，来者不息。抱着“自强不息，完善自我，改造世界”的信念，我一直在这个时空中忙忙碌碌。所幸既无“抚凌云而自惜”，也无“奏流水以何惭”，只是“不知春去几多时”。

饮其流者怀其源，学有成时念吾师。著作即将付梓，宝剑很快离砥，在此，我衷心感谢我敬爱的导师——齐守印研究员，在他身上我看到了一位师长的温文尔雅与博学、一位经济学家的博闻强志与深邃、一位官员的明于治乱与大度。正是他的一篇篇论文、专著丰富了我的学术素养，增益了我前进的动力；也同样感谢我的硕士生导师林广瑞教授及师母邓春老师，感谢他们一如既往的关怀与指导。唯愿“山蕴玉两生辉，水怀珠两相润”；感谢我的妻子，在我完成本书过程中对我的理解、支持与帮助。

人类对真善美的追求是无止境的，我的学术研究之路也只是万里长城走完了第一步。我浅陋的见解、拙钝的表达使本文难免有遗漏之处需要弥补、纰缪之处有待纠正。但慰“路漫漫其修远兮，吾将上下而求索”。

王彦林

2013 年 11 月 18 日晚

重要术语索引表

X

Y

Z